A BRIEF HISTORY OF MANKIND

人类简史

A BRIEF HISTORY OF MANKIND

[美]亨德里克·威廉·房龙◎著
白马◎译

北京时代华文书局

图书在版编目（CIP）数据

人类简史 /（美）亨德里克·威廉·房龙著；白马译. -- 北京：北京时代华文书局，2019.12

ISBN 978-7-5699-3249-2

Ⅰ. ①人… Ⅱ. ①亨… ②白… Ⅲ. ①社会发展史－通俗读物 Ⅳ. ①K02-49

中国版本图书馆CIP数据核字（2020）第038233号

人类简史

RENLEI JIANSHI

著　　者 | ［美］亨德里克·威廉·房龙
译　　者 | 白　马

出 版 人 | 陈　涛
责任编辑 | 张彦翔
装帧设计 | 余　微
责任印制 | 刘　银

出版发行 | 北京时代华文书局 http://www.bjsdsj.com.cn
北京市东城区安定门外大街136号皇城国际大厦A座8楼
邮编：100011　　电话：010-64267955　64267677
印　　刷 | 德富泰（唐山）印务有限公司　022-58708299
（如发现印装质量问题，请与印刷厂联系调换）
开　　本 | 880mm × 1230mm　1/32　　印　　张 | 11.5　　字　　数 | 224千字
版　　次 | 2020年4月第1版　　印　　次 | 2020年4月第1次印刷
书　　号 | ISBN 978-7-5699-3249-2
定　　价 | 32.00元

译 序

房龙(1882—1944)是荷兰裔的美国作家和历史地理学家。房龙全名亨德里克·威廉·房龙,1882年1月14日生于荷兰鹿特丹,家庭富有,但与父亲的关系并不融洽,因而他从小就喜欢逃避到“过去”中,在历史著作中找到心灵的慰藉。房龙1903年后前往美国和德国求学,在美国期间,他在康奈尔大学完成了本科课程。之后前往德国,于1911年获慕尼黑大学博士学位。但他没有从此开始纯书斋的学术生涯,相反,他颇看轻这种生活,他说:“学问一旦穿上专家的拖鞋,躲进了它的所谓华屋,且将它鞋上泥土之肥料抖去之时,它便预先宣布了自己的死亡。与人隔绝的知识生活是会把人引向毁灭中去的。”房龙一生漂泊不定,他周游世界,先后当过编辑、记者,也曾在美国的数所大学任教。他的天才、他的苦读、他的人生历练、他的刻意修炼(他一度专门从通俗剧场中学习说话风趣的技巧),使他成为一个多才多艺的人。他通晓十种语言,拉一手优美的小提琴,他也喜欢画画,他所有著作的插图皆出于自己的手笔。这一切的一切,给他的成功打下了坚实的基础。

从1913年起,房龙开始写作历史书籍,1921年他以《人类简史》一举成名,从此风靡世界,直至1944年去世,房龙一共写了二十多部作品。这些作品包括《文明的开端》(《上古人》《古代的人》)、《人类简史》《发明的故事》《圣经的故事》(《漫话圣经》)、《美国的故事》《房龙地理》(《人类的家园》)、《人类的艺术》《宽容》(《人类的解放》)、《与世界伟人谈心》《巴赫传》《航行于七大洋的船舶》(《荷兰航海家宝典》)、《伦勃朗传》和《荷兰共和国兴衰史》等。房龙的作品在当时可谓饮誉世界,中国、荷兰、德国、法国、瑞典、丹麦、芬兰、挪威、日本、印度、苏联、西班牙、意大利、波兰、匈牙利、希腊等国都先后翻译出版了他的作品。1944年3月11日，房龙在美国康涅狄格州去世。他去世的当天，美国《星期日快报》刊登讣告时用了这样的标题：历史成就了他的名声——房龙逝世。房龙是科班出身的历史学博士，可是他没有把历史学限定在少数专家的畛域中，他用生花妙笔把历史写成人人能懂且与人人相关的东西。

《人类简史》一问世就引来了书评界的一致欢呼，并为房龙赢得了当年的最佳少儿读物奖。在五年之内，这本书就印行了三十余版，不下一千万册，房龙本人仅这本书的收入据说就达到五十万美元。确实，《人类简史》一书看上去像是一本给孩子读的书，实际上也的确如此，房龙妙趣横生的语言引人入胜，而他亲自手绘的插图又把全书装点得格外光彩夺目。五年内大家疯狂地读着这本书，而十年之后，以至更长的时间内，人们还在继续读着这本书，它还被译成二十多种文字。世界上许多地方的人都把这本书当作那个时代最好的历史通史类入门书。人类生命史和命运史通过房龙对一个个细节的精雕细镂就变成了一场语言盛宴，读者们在轻松愉悦中不知不觉就得到了教益。甚至连那些本意在给这本书挑刺儿的职业历史学家，也在展读之后承认：在房龙的妙笔之下，历史上的那些化石般的人物都好像苏醒过来，一个个栩栩如生。

《人类简史》一书内容的重点在古老的东方和近代的欧洲。在篇幅上明显以西方文明的发展为主。关于中国文化，房龙仅在《佛陀与孔子》一章中用不多的篇幅涉及。作为西方学者，房龙更关心西方文化的近代化过程，正是这个过程成为推动近几个世纪文明变迁的最大动力。

西方世界从文艺复兴开始，从“对神的关注”转移到“对人的关注”，这不是突然出现的，而是一种点点滴滴中的希腊精神的复兴，这种复兴和罗马法典的影响以及近代商业的兴起，奠定了近代世界的基础。在房龙的这本书中，历史在一次次交战中前进着，从东方古老土地上的一次次纷争，到雅典与斯巴达之争、罗马与迦太基之争，到基督教与伊斯兰的碰撞，到宪政国家的兴起，到殖民化运动，直到第一次世界大战。房龙在本书中似乎要证明这样一件事：人类一直在探索一个更好世界的可能性，以理智和常识为基础的启蒙精神仍然在激励着人类寻找一个更好的精神家园，尽管屡遭挫折，人类仍然在惨淡地期望最终能以宽容之心抵挡住总是一再涌涨的无知和偏执的洪水。

房龙学识渊博，思想敏锐，文笔亲切而灵动，最终成为一个知名人士，可是他的启蒙工作带给他的常常只是孤独和寂寞。由于房龙在《人类简史》中宣扬进化论，使得这本书当时在美国二十四个州内禁入公共图书馆；而《圣经的故事》一书中房龙关于圣母圣子的描写被视为不敬，使他颇受责备；还有那本强烈批判政治和文化专制、大力张扬所谓异端思想和自由精神的读物《宽容》，也一度遭到冷遇。房龙终其一生都在盼望着人类的常识和相互之间的理解能够成为建立一个更理性和更美好的人类社会的基础，然而，他的社会理想并没有完全实现，他在一片怀疑和猜忌中离开了这个世界。但在房龙的一生中，他从来不曾气馁或陷入消极。房龙寄希望于更年轻的一代人，希望他们能把文明之光薪火相传。

中国出版界对房龙作品的译介始于20世纪20年代。商务印书馆于1925年出版了沈性仁女士的译本，分上、下两册。中国现代著名学者、历史学家、报人和作家曹聚仁先生在候车时偶然买到《人类简史》中译本，书拿在手上后，他一直从真如车站看到了上海北站，“又从北站看到了家中，从黄昏看到了天明，看完了才睡觉”。这段往事被记录在他的《书林新语》中。曹先生在后来的回忆录《我与我的世界》中又写道：“这五十年中，总是看了又看，除了《儒林外史》和《红楼梦》，没有其他的书这么吸引我了。我还立志要写一部东方的人类故事。岁月迫人，看来是写不成了；但房龙对我的影响，真的比王船山、章实斋还深远呢！”

众所周知，房龙的书籍知识量很大，专有名词较多，且由于房龙本身站在西方人的文化立场，自然会在言说中产生许多中国读者不甚明了的提法。为解决这一问题，本书一方面尽量采用在学界比较通行的专有名词译法，另一方面做了大量的注释，注释部分参考和引用了最新版《中国大百科全书》的内容。本书希望通过这样一种方式，来提供一个能够与中国读者的文化背景相嫁接的新译本。

当然，此译本还有许多需要改进的地方，希望方家批评指正。

译者

2011年1月

原 序

给汉斯吉与威廉：

当我十二三岁的时候，我的一个叔叔——正是他使我爱上书本和绘画的——答应带我经历一次值得回味的探险，即：我将和他一起攀上鹿特丹[①]老圣劳伦士塔的塔顶。

于是，在一个晴朗的日子，一位教堂司事拿着一把大钥匙——如圣彼得的钥匙一样大——打开一扇神秘的门。他说：“当你回来，想出去的时候，你摁一下门铃就好了。”随着生锈的古老铰链的沉重声响，他把我们与外面喧嚣的街市隔开，将我们锁进了一个充满崭新和陌生体验的世界。

这是我生活中第一次遭遇可以听闻的寂静。当我们爬上第一道楼梯后，在我有限的对自然的知识中又新添了一项——可以触及的黑暗。一枚火柴向我们显示向上的道路往哪儿延伸。我们到达了上一层，然后再一层，然后又是一层，直到我们记不清究竟已经到了第几层——接着总会又是一层。突然，我们的四周有了充足的光线。这一层与教堂的穹顶处于同一高度，它被当作储藏室使用。在数英寸厚的积尘之下，横陈着若干神圣信仰的象征器物——它们已经被这个城市的善男信女们在多年前遗弃了。我们的祖先一度把这些物件视为象征生死的神器，现在却成了枯朽的垃圾。勤勉

① 荷兰第二大城市，世界最大的港口，位于莱茵河与马斯河汇合处。

的老鼠在神人的雕像里筑窝，警觉的蜘蛛在一位圣徒舒展的臂膀上织起大网。

再上一层，我们才得知刚才的光的来源。庞大而敞开的众窗户（窗户上有沉重的铁栅栏）使得这间又高又荒凉的屋子成了几百只鸽子的巢穴。风从铁栅栏间吹过，空气中充满了奇怪而又悦耳的音乐。这是在我们脚下的市井之声，但距离已经将这种声音净化。大车的轰鸣声，马蹄的嘚嘚声，起重机和滑轮的轧轧声，耐心的蒸汽机发出的咝咝声（它们以成百上千种方式干着本来应该是人干的活）——这些都融汇成一种轻柔曼妙的沙沙低语，给鸽子们起伏的咕咕叫声提供了美妙的音响背景。

这里是楼层的尽头，却又是梯子的起点。在第一节梯子（这是一节古老的、光滑的梯子，我们不得不用脚去小心探索）之后，又是一个全新的、更大的奇观——城市之钟。我看到了时间的心脏。我可以听到快速疾行的秒钟的沉重脉搏——一声、两声、三声，一直到六十声。然后突然出现了一声战栗，似乎所有的轮子都停止了转动，一分钟的时间从永恒那儿被切割下来。大钟不间断地又开始了下一分钟：一分钟——两分钟——三分钟。直到最后，经过一阵警告似的震颤，许多轮子摩擦着在我们头顶发出雷鸣般的轰响，向世界宣告正午的莅临。

再上面一层是钟楼。有精美的小钟以及它们可怕的姊妹。在中间是个大钟——当我子夜时分听到它的声响时，我会不寒而栗，因为那是在向人们警示即将到来的火灾或洪灾。在庄严的孤独中，它似乎在沉思着过往六百年的历史（在这六百年间，它分享着鹿特丹人的欢乐和哀愁）。在它的周围，整齐地挂着许多小钟，就像老式药铺里整齐排列着的蓝色罐子。每过两周，它会向乡里百姓们奏响美妙的音调，在那个日子里，乡亲们会来赶集，或买或卖，打探大千世界里所发生的一切。但在无人问津的角落里，尚有一口孑然独立的黑色大钟——远离它的同类，肃然而严厉——这是宣布死亡的丧钟。

再往上行是更多的黑暗以及其他的梯子，比我们前面爬过的更陡、更险。忽然之间，空气清新的宽阔天宇出现在我们面前。我们已经抵达最高的楼顶，头上是天空，脚下是城市——一个小小的玩具般的城市，城里蝼蚁般的人群急匆匆地来回奔忙，每个人都一心想着自个儿的事。而在石头城墙之外，是开阔的乡村绿野。

这是我第一次目击了这个浩瀚的世界。

从那以后，一旦有机会，我就会攀上塔顶自娱。虽然爬楼梯很辛苦，但在我看来费这点力气还是完全值得的。

另外，我也知道我将得到怎样的回报。我会看到大地和天空，会听到我的更夫朋友讲的故事——他住在一个建在楼座避风处的小棚里，负责看管大钟，是这些钟的父亲。另外他还肩负发布火警的任务。但他也享受那闲暇的时光，在那些时候，他会点上烟管，沉浸在自己平和的思绪中。他在大约五十年前进过学堂，虽然几乎没读什么书，但由于在塔顶待了这么多年，已经从四面环绕着他的广阔世界中汲取了丰富的智慧。

关于历史，他知道得很多，对他而言历史是活生生的。“那儿，”他会指着河道的拐角对我说，“在那里，我的孩子，你看见那些树了吗？就是在那儿，奥兰治公爵凿开堤岸，淹没了土地，从而拯救了莱顿。[①]”或者，他会给我讲老默兹河[②]的故事，一直讲到这条宽阔的河流不再仅仅是一个方便的港口，而成为一条奇妙的通衢，载着德·鲁伊特和特隆普[③]的船队，开启那最后一次声名远播的征程——为了让大海成为所有人的大海，他们献出了自己的生命。

---

① 荷兰西南部城市。

② 源出法国东北部，流经比利时，在荷兰西南部注入北海。

③ 17世纪荷兰的两位海军将领。

我们还看到了那些小村庄，环列于护佑它们的教堂周围，许多年以前，那教堂曾经是它们的神圣护佑者的家。远远地，我们可以看到代尔夫特[①]的斜塔。就在离斜塔穹顶不远的地方，沉默者威廉[②]被暗杀，而也就是在那儿，格劳修斯[③]学会了造自己的第一个拉丁语句子。再远一些，是长矮形的高德教堂，那是伊拉斯谟[④]早年的家园。这个男人的智慧力量被证明比许多国王的军队更为强大，伊拉斯谟——这个救济院出身的人的大名现已为全世界所熟知。

最后是无边无际的大海的银色海岸线。而就在我们脚下，与大海形成鲜明比照的是：斑驳的屋顶、烟囱、房屋、花园、医院、学校、铁路，这就是我们称之为家的所在。但这座塔楼使我们得以用全新的眼光审视我们古旧的家园：嘈杂混乱的街道和集市、工厂和作坊，成为对人类能力与意志的极佳表述。而这一切中最好的东西，则是从四面八方包围着我们的浩瀚辉煌的过去。当我们重新回到日常生活所需面对的任务时，这辉煌的过去会给予我们新的勇气去面对未来的问题。

历史是宏伟的经验之塔，它是时间在过去岁月的无边原野上构筑起来的。想要到达这古老建筑的穹顶，一窥它所赐予的全景，绝非易事。塔内没有电梯，但年轻人的双脚是强劲有力的，它们能使年轻人登攀而上。

现在，我把能打开大门的钥匙给予你们。

当你们回来的时候，你也就会明白为什么我热衷于此。

亨德里克·威廉·房龙

---

① 荷兰西部一个小城。

② 即奥兰治的威廉一世（1533—1584），尼德兰革命时北方七省联盟的首领。详见本书第四十四章。

③ 格劳修斯（1583—1645），荷兰律师、法学家，“公海”说的提出者。详见本书第四十四章。

④ 伊拉斯谟（约1466—1536），荷兰哲学家，16世纪人文主义运动的主要代表人物，著有《愚人颂》，强烈指责教会和贵族的腐败。详见本书第三十九章。

目　录

第一章　舞台布景

我们生活在一个巨大问号的阴影之下。

我们是谁?

我们从哪里来?

我们向何处去?

慢慢地,但凭着坚忍的勇气,我们把这个问号一步步推向遥远的界限,越过地平线——在那儿,我们希望能找到我们所要的答案。

我们还没有走出多远。

我们所知的仍然非常有限,但是我们已经达到了这样的境地:我们已经能够(以相当的准确性)猜测出很多事情。

在这一章里,我将根据我们现在深信不疑的知识告诉你们,当人类第一次出现之时,舞台布景是怎样的。

如果我们把动物在地球上得以生存的时间表示为这么一条长线,那么下面这条细小的线,就表示人类(或者多多少少类似于人的生灵)在地球上生活的时间。

人类是最后一个登场的,却是第一个运用自己的大脑来达到征服自然的目的的。这就是为什么我们要研究人类,而不是研究猫啊狗啊马啊或任何别的什么动物——尽管就这些动物自身而言,也都有一个非常有趣的历史进化过程。

就我们所知,在最初始的时候,我们居住的这个星球是一个燃烧着的大火球，是浩渺的宇宙之海中一团小小的烟云。慢慢地，经过了几百万年，地球的表面烧光了，外面覆盖了一层薄薄的岩石，如注的大雨一直在下，击打在这了无生命的岩石上，磨蚀了坚硬的花岗岩，并把泥沙冲入山谷——在冒着热气的地球上，这些山谷隐藏在高高的悬崖之间。

当太阳破空而出时，最后的时刻来临了，它看到这个小星球上有几个小水洼——这些小水洼后来发展成了东西半球上的浩渺海洋。

然后有一天，伟大的奇迹出现了。本是无生命的东西，却创造出了生命。

第一个包含生命的细胞漂浮在茫茫海水之中。

在几百万年的光阴里，它都毫无目标地随波逐流。但是就在这一漫长的时段里，它萌生出一些习性，使它得以更容易地在处境恶劣的地球上生存下来。这些细胞中，有些最喜欢待在湖泊和水洼的黑暗深处。它们在水中沉积的淤泥里扎下根（淤泥是雨水从山顶上冲下来的），于是它们成了植物。其他的细胞则喜欢四处游走，从而长出了奇怪的有关节的腿，就像蝎子一样，开始在海底爬行，它们的周围是植物和像水母一样的淡绿色生物。还有另一些细胞（覆盖着鳞片），依靠游泳动作，从一个地方移动到另一个地方找寻食物。渐渐地，它们使海洋里充斥了无数的鱼类。

同时，植物的种类也日益繁多，它们开始寻找新的家园。海底空间已经不够它们居住了。它们不情愿地离开了水，在海滩或山脚下的泥岸上找到自己新的家园。一天两次，大海的潮汐用咸咸的海水将它们淹没。而其余的时间，这些植物尽量去适应不太惬意的环境，努力在覆盖地表的稀薄空气中生存下来。经过几个世纪的适应，它们学会了如何在空气中活得和在水中一样舒服。它们变得越来越大，长成了灌木林和树丛。最后，它们学会了盛开芳艳的花朵，吸引忙碌的大黄蜂和鸟类前来，把它们的种子带到远方的角角落落，直到整个地球都覆盖了绿色的草原，或是沐浴在大树的浓密树荫之下。

可是有些鱼也开始离开大海，尝试用肺来呼吸，就像以前用鳃呼吸一样。我们称这类生物为"两栖动物"，意思是：它们能在陆地上生活得跟在水里一样自如。从你面前的路上跳过的第一只青蛙就能告诉你，左右逢源的两栖生活是多么的逍遥如意。

这些动物一旦离开了水，就逐渐适应了陆上生活。有些成了爬行动物（这类生物像蜥蜴一样爬行），与昆虫共享森林的寂静。为了能在松软的土地上更快地移动，它们的腿日益发达，个头也越来越大，直至全世界都遍布了这样一些庞然大物（生物学手册称之为鱼龙、巨龙、雷龙），它们一直长到三四十英尺[①]，能像大猫耍小猫一样地逗弄大象。

爬行动物家族的某些成员开始了树上生活（当时的树木常有一百多英尺高）。它们已经不需要用腿行走，但它们必须迅速地从一根树枝移动到另一根树枝上。因此，它们把自己身上的一部分皮肤变成一种类似降落伞的东西，它从体侧一直延展到前脚的小脚趾。逐渐地，它们在这个皮降落伞外面覆盖上羽毛，把尾巴变成转向杆，从一棵树飞向另一棵树，成了真正的鸟类。

此后发生了一件奇怪的事：所有的大型爬行类动物在一个很短的时间内灭绝了。我们不知道原因。也许是因为气候突变，也许是因为它们已经长得太大，既不会游泳也不会行走和爬行，眼睁睁地看着巨大的蕨类植物和树木，但就是够不到，于是便饿死了。无论原因何在，持续了上百万年的巨型爬行类动物的古老帝国算是完结了。

然后，这个世界开始被完全不同的生物占据。它们是爬行动物

---

① 英美制长度单位，1 英尺合 0.3048 米。

的子孙，但它们与爬行动物全然不同，因为它们用乳房，用母兽的乳房来哺育幼崽。因此，现代科学称它们为“哺乳动物”。它们已经褪去了鱼鳞，也没有像鸟一样长出羽毛，而是长出了一身毛发。不管怎么说，哺乳动物发展出了一些特有的习性，使它们比之其他动物有着很大的优越性。母亲把幼子之卵置于体内，直到出生。而在此之外的所有动物——到那时为止——都让自己的孩子们暴露于寒冷、酷热以及受其他野兽袭击的危险之下。哺乳动物长期把幼子带在身边，在它们仍然太弱小、无法抗击敌人之时，护佑着它们。这样，幼崽哺乳动物的成活希望就大为增加了，因为它们能从母亲那里学会许多本领。如果你曾见过母猫教小猫咪如何照顾自己，教它们如何洗脸、如何捉老鼠，你就能明白这一点。

但关于这些哺乳动物我无须多言，因为你们已经知道得够多了。它们围绕在你的周围。它们是你在街上和家里的日常伙伴，而在动物园的铁栅栏后面，你还能瞧见自己不甚熟悉的它们的远亲。

现在，我们到了指明分界线的时候了：人类离开了浑浑噩噩、生生灭灭的生物种群的漫长队伍，开始运用自己的理性来造就自己种群的命运。

有一种哺乳动物，其找寻食物和栖身之所的能力要远甚于其他族类。它学会了用自己的前脚拿住猎物，经过练习，它发展出了手一般的爪。经过无数次的尝试，它学会了把全身的重心置于两条后腿之上（这是一个高难动作，虽然人类做这个动作已有一百多万年的历史，但每个孩童还得从头学起）。

这种动物半猿半猴，但比两者都要优越。它成了最成功的猎捕者，在任何气候条件下都可以生存。为了更安全地生活，它一般成群活动。它还学会发出奇怪的叫声，警告孩子们有危险迫近。几十万年之后，它开始用喉部发出的这些声响来交谈。

这种动物——也许你很难相信——是你们最早的“类人”祖先。

第二章　我们最早的先人

关于第一个“真正”的人，我们所知甚少。我们从来没有看过他们的照片。在某片古老土地的最深层，我们有时会发现他们的骨头碎片。这些骨头和其他动物的残骸埋在一起，而那些动物早已在地球上绝迹。人类学家（这些博学的科学家，终其一生致力于将人类作为动物王国之一员的研究）取得了这些碎骨，并依此较准确地重现了我们古老祖先的容颜。

人类种群的曾曾祖父，是一种颇为丑陋、缺乏魅力的哺乳动物。他相当矮小，比现代人要矮小许多。烈日热光的暴晒，严冬寒风的吹刮，使他的皮肤变成了深褐色。他的头和大部分的躯干上，他的胳膊和腿上，都覆盖着长而粗的毛发。他有很细但有力的手指，这使他的手看起来像猴子的爪子。他的前额很低，下颚类似野兽——把他的牙齿当作刀叉使用。他赤身裸体，除了轰鸣的火山喷涌出的火焰（火山让大地上布满了浓烟和熔岩），他没有见过别的火。

他生活在潮湿而黑暗的广袤森林里，就像今天的非洲矮人一样。当他感到饥饿袭来的时候，就吃植物的生的叶子和根茎，或者会从一只愤怒的鸟雀那儿拿走鸟蛋，给他自己的孩子做食物。偶尔，经过漫长而耐心的追逐，他也能抓住一只麻雀或小野狗，或是一只野兔。这些他都生吃，因为他还从来不曾知道食物烹饪之后味道会更好。

白天的那些时间，这个原始人四处游荡以寻找食物。

当夜晚降临大地，他把他的妻子和儿女藏在空树干里或是一些大石头的后面，因为他被四面八方的猛兽围困着——一到天黑，这些野兽就要出来游荡，为自己的配偶和孩子们找些吃的，而它们也喜欢人肉的味道。这儿就是这么一个世界：你要么吃别人，要么被别人吃。因为这个世界充满了恐怖和悲惨，所以活着是很不惬意的。

在夏天，他要暴露在毒辣的日头之下；而在冬日，他的孩子们或许会冻死在他的怀里。当他受了伤（捕猎动物的时候总是容易弄断自己的骨头或扭伤脚踝），如果没有同伴帮助，他必惨死无疑。

就像动物园里的许多动物都会发出奇怪的叫声一样，早期的人也喜欢咕哝。也就是说，他不断地重复同样的、含混的咕哝，因为他喜欢听到自己的声音。后来他慢慢意识到，当危险来临时，他可以用这种喉音来警告他的同伴，他可以发出某些小小的尖叫声——大意是"那儿有一只老虎"或者"这儿来了五头大象"。然后，别人也会回喊一些声音，这些咆哮声的意思是"我看到它们了"，或者"让我们逃走并躲起来"。大概这就是一切语言的起源。

但是，就像我前面所说过的那样，关于这些起源的事，我们知之甚少。早期的人没有工具，也不给自己造房子。他们生生灭灭，除了几根锁骨和一些头骨碎片，便没有留下任何他们曾经存在过的迹象。这些骨头告诉我们，在几百万年以前，世界上曾经居住着一些哺乳动物，他们和所有其他动物都很不一样。他们可能进化于另一种未知的类猿动物，他们学会了用后腿走路，并把前爪当手来用。他们极可能与我们自己的直系祖先有关联。

对于这些初始的故事，我们所知的少之又少，其余的一切尽在黑暗中。

第三章　史前人类

史前人类开始自己制作物品

早期人类不知道时间意味着什么。他并没有关于生日、结婚纪念日或死亡忌日的记录。他没有天、星期甚至年的概念。但大体上，他知道季节轮转的轨迹，因为他已经注意到，严冬之后永远跟着温和的春天。然后春天变成了炎热的夏天，果实成熟了，野稻谷的穗谷可以吃了。然后，当突然刮起来的风把叶子从树上吹落下来，夏天结束了。然后，一些动物已经为长长的冬眠做好了准备。

但是这个时候，发生了一件不寻常的、相当骇人的事情：是关于气候上的事情。温暖的夏天来得很晚，果实来不及成熟，过去覆盖着绿草的山顶，现在深埋在厚厚的积雪之下。

然后，一天早晨，几个与当地人不同种类的野人，从高山地区游荡下来。他们看起来有点瘦，显示出他们正处于饥饿状态。他们发出一些当地人听不懂的声音，似乎在说他们饿了。这里没有足够的食物同时供应给老居民和新来乍到者。当新来者想多待几天时，爆发了可怕的拳打脚踢的争斗，有些人家一家子都被杀了。其余的人逃回到自己的山坡，却在紧接着袭来的暴风雪中死于非命。

在森林中居住的人们非常恐惧。白天变得更短，而夜晚又变得反常地冷。

最后，在两座高山之间的一个裂隙之中，出现了一块发绿的小冰块，它迅速增大。一块巨大的冰块滑落在山脚下，巨大的石块被推进山谷中。随着十数声轰雷般的巨响，冰块、泥浆、成块的花岗岩劈头盖脸地砸到尚在睡梦中的林中人身上，一下子把他们砸死了。许多百年老树被压成了引火棍。接着就开始下雪。

雪接连下了好几个月，这里所有的植物都死去了，动物们纷纷出逃，去南方寻找和煦的阳光。人类背负着自己的孩子，跟着这些动物一起逃生。但人跑得不如这些动物快，要么快些想出办法，要么就是快速走向死亡，他们不得不在这两者之间做出抉择。他们似乎更倾向于前者，因为他们必须想方设法在可怕的冰川期生存下来——这样的冰川期一共有四次，几乎把地球上的人类消灭殆尽。

首先，人必须给自己穿上衣服以免被冻死。他学会了如何挖洞，并用树枝和树叶覆盖洞口，用这些陷阱来捕获熊和土狼。他随后用大石头把它们砸死，用它们的毛皮给自己和家人做大衣穿。

接着是居住的问题。这简单，许多动物都习惯于睡在黑暗的洞穴中。人类现在也以它们为榜样。他们把野兽逐出温暖的巢穴并把洞穴据为己有。

即便如此，这样的气候对大多数人来说还是太严酷了。老人和孩子以可怕的速率死去。然后，一个天才想到了火的使用。有一次外出打猎，他曾被森林大火围困。他记得他差点被火烧死。一直以来，火都是敌人。现在，火成了朋友。他把一棵枯树拖进洞穴，并用燃烧着的树林中的一个余烬将其点燃。这使洞穴成了一个舒适的小房间。

然后，有一天晚上，一只死鸡掉进了火堆里，当人们把它捡出来时，它已经烤熟了。人们发现鸡在烤过以后变得尤为鲜香酥嫩。从此以后，人们放弃了和其他动物共有的生食习惯，开始吃熟食。

就这样，千百年过去了。只有具备最聪明头脑的人，才能生存下来。他们必须日夜与寒冷和饥饿做斗争。他们被迫去发明工具。他们学会了如何把石头削成一把斧子，如何制作锤子。他们迫不得已储存大量食物，以应付漫长的冬天。他们发现可以用黏土做成碗和罐，然后晒在阳光下使它们硬化。就这样，冰川期——本来差一点毁灭了人类，却成了人类最伟大的教师——因为它迫使人类运用自己的头脑。

第四章　象形文字

埃及人创造了书写的技术，于是有文字记载的历史开始了

我们这些居住在欧洲旷野中的先祖很快就学会了许多新事物。我完全可以说，只需一些时间，他们就会放弃他们野蛮的生活方式而发展出一套文明来。但是他们与世隔绝的状态很快就结束了。他们被外界发现了。

一个流浪者从无人知晓的南方走来，跋山涉水，发现了这些欧洲大陆上的野蛮人。他来自遥远的非洲。他的家在一个叫埃及的地方。

在西方人梦想着发明刀叉、车轮、房屋之前几千年，尼罗河谷就已经发展出了高度的文明。因此，让我们暂且把我们的远祖留在他们的洞穴里，而先去探访地中海的南岸和东岸，那里建有人类最初的学校。

埃及人教会了我们很多事情。他们是出色的耕者，精通灌溉。他们善于兴建神庙，后来古希腊人模仿它们建造了最早的教堂（迄今为止我们还在这样的教堂里祈祷）。他们发明了一套历法，那被证明是有效的测量时间的工具，经过改进后一直沿用至今。但所有这些发明中最为重要的是，埃及人学会了怎样把语言记录下来，以

流传给以后的时代。他们发明了书写技术。

现代人已经习惯了报纸杂志和书籍，想当然地觉得人类向来就会阅读和书写。然而事实上，文字这个最重要的发明是相当晚才出现的。试想如果没有文字记录，我们就会像猫和狗一样只能教小猫小狗一些最简单的事情，不会书写，也就无法利用前代猫狗所拥有的生活经验。

罗马人在公元前1世纪初到埃及的时候发现河谷中充斥着各种奇形怪状的图案，仿佛与这个国家的历史有关联。但是罗马人对任何异域的东西都不感兴趣，也就没去追究这些奇怪图案的来源。在埃及上下的神庙、宫殿的四壁以及许多莎草纸上，都能看到这样的图案。最后一位通晓图案制作技术的埃及祭司已经在几年前去世了。丧失了独立权的埃及成了人类重要历史文献的储藏室，没有人能破解这些秘密，它们也似乎没有太多实际用途。

十七个世纪过去了，埃及对世人来说依然充满了神秘。然而在1798年的时候，一个名叫拿破仑·波拿巴的法国将军来到非洲东部，准备进攻英属印度殖民地。他最终没能渡过尼罗河，战争也失败了，但是这场著名的法国远征意外地解决了古代埃及的象形文字问题。

事情是这样的。一位年轻的法国军官有一天厌倦了尼罗河口罗塞塔河边驻地中的单调生活，就到尼罗河谷的废墟中四处寻摸以打发无聊的时间。但是你们看，他发现了一块奇异的石头。上面像在埃及其他地方发现的物件一样布满了小图案。但是这枚黑色玄武石上的图案跟以前发现的不大一样，它刻有三种文字，其中一种是古希腊文。对于古希腊文大家都不陌生，于是他肯定地认为："只要把古希腊文跟古代埃及人的图案放在一起两相比较，就马上能揭开这些图案的秘密了。"

他的计划看似简单，但真正解开这个谜却一直等到了二十多年以后。1802年，法国教授商博良开始了比较这块著名的罗塞塔河石头上的古希腊文和古埃及图案的工作，直到1823年他才宣布破译了其中的十四个小图案。不久他因劳累过度而死去，但古埃及文字的重要法则已经被人们知晓。我们今天对尼罗河谷历史的了解远远超过密西西比河，这完全有赖于我们拥有这样一种穿越了上千年时光的文字记录。

古埃及人的象形文字在历史上起着重要作用，一些象形文字甚至在变形之后进入了我们的字母表。因此，你们还是应该了解一下，这些五千年前的古代人类到底用了怎样高妙的技法来为后人保存住了语言信息。

你是知道符号语言的。美洲平原上印第安部落发生的事件几乎都用一些小图案记录下来，用以代表一些特有的信息，如在一次狩猎中杀死了几头野牛，有几名猎手参与，等等。一般情况下这些记号是浅白易懂的。

古埃及文字却不是一种浅白的符号语言。尼罗河两岸的智慧人士早已超越了这个语言的初级阶段。他们的图案的意义要比图案所代表的物象更为抽象。我试着给你们做些解释。

假如你就是商博良，正在研究一叠写满象形文字的莎草书卷，突然看到一个画着手握锯子的人的图案。“是的，”你会说，“它的意思肯定是代表一个劳动者在伐木。”然后你看到另一张莎草纸记载的是一位女王死于八十二岁的事件，而在其中的一个句子里面，又出现了“人手握锯”的图案。显然，八十二岁的女王是不会去拿锯子的。因此这个图案肯定另有他意。

法国人商博良就解开了这样的奥秘。他发现埃及人已经开始使用“语音文字”——当然这一文字系统的叫法是我们现代人的发明，它的特点在于重现了口语的“声音”，使一切口头语言得以转化成书面语言，其办法是只要再添加几个小点、横线或者S就可以了。

回到刚才那个人手握锯的图案。“锯”(saw)这个字可以用来表示你在木匠铺子里看到的一种工具，同时却还可以代表“看”(see)这个动词的过去式。

这个字在千百年间经历了这样的变化：起初它只代表它所描摹的那种工具。后来其原始意义消失了，变成一个动词过去式。几百年后埃及人把这两种含义都抛弃了，这个图案开始只代表一个抽象字母，即S。我将用下面这个句子来进一步阐明我的意思。一个现代英语的句子如果用象形文字来表达，可能会写成这样：

既可以意指你脸上那两个用以视物的网球，也可以指“I”(我)，即说话人(eye 与 I 同音)。

图形，可以指一只采蜜的昆虫，也可以代表动词“to be”(bee 与 be 同音)——它表示存在。再进一步，它可以是动词“be-come”或“be-have”的前面部分。在前面列举的句子中，它后面的图案是，它既可以指涉“叶子”(leaf)，也可表示“leave”(离开)和“lieve”(欣然地)，它们具有相同的读音。然后又是前面见过的“eye”。

句子最后的是一只长颈鹿，它源于古老的符号语言，象形文字正是由符号语言发展而来的。

你这下不用太费力就能读出这个句子了：“I believe I saw a giraffe.”①

古埃及人凭借超凡的智慧发明了这种语言体系，并用数千年的时间加以发展完善，直到能够随心所欲地记录一切。他们就是用这些“框中字”来给朋友传送信息、记录账目、记载国家历史，以告语后人。

---

① 意为：“我相信我见到了一只长颈鹿。”

第五章　尼罗河谷

尼罗河谷展现出人类文明的最初一缕曙光

人类历史就是一个饥饿的生命不断追寻食物的历史。哪里有丰富充足的食物，人类就会迁徙到哪里。

尼罗河谷地盛产粮食的声誉很早就响彻四海。从非洲大陆、阿拉伯沙漠、西亚而来的人群蜂拥入埃及，去攫取那里的丰饶物产。入侵者组成了一个新民族“雷米”（即“人”的意思），就好像希伯来人自称是“上帝的选民”一样。他们实在得感激命运将他们带到了这片狭长土地上。尼罗河会在每个夏天把整块谷地变成一个浅湖，而等到河水退去时，所有的耕地都会被盖上几英寸厚的肥沃泥土。

埃及的这条慈爱之河，用相当于百万人力的巨大能量，养育着人类最早几个大城市中的人民。当然并不是说河谷中的每一处都是水源富足的良田，但在那些地方，人们用小型运河和升降装置组成了一个复杂的运水系统，把河水从尼罗河面引导到高岸上，然后由更复杂的灌溉系统灌输到岸上的每寸田地里。

史前人类通常一天要用二十四小时中的十六小时来寻找食物，而埃及农民和市民的生活却常有空闲。他们利用余暇给自己做了许多纯粹装饰性、无实际功用的小物件。

事情还远远不止这些。埃及人某天突然发现，他们的大脑居然可以思考各种与吃饭、睡觉、给孩子寻找住所都没有关系的事情。这时埃及人开始思索一些超越日常生活的问题：天上的星星源自何方？那些恐怖的雷声出自谁的手笔？是谁的力量使得尼罗河定期泛滥，以至于人们可以根据潮水涨落来编订历法？而他们自己又究竟是谁？像他们自己这么一个奇怪的小生命，常年受困于死亡和病痛，却又为什么终日沉浸于快乐和欢笑之中？

他们问了很多类似的问题，通常会有人礼貌地走上前来勉力作答。埃及人把这些善于给出问题答案的人称为"祭司"，他们成了埃及人的思想卫士，在社会上享有崇高威望。他们因学识渊博而被赋予保管文献记录的神圣职责。他们以为人生在世如果只考虑自身利益是难以善终的，因而他们把注意力转向来世，在那时，人的灵魂飘荡在西方群山以外的遥远境地，并向奥西里斯这位掌管生死的神祇汇报自己的行为，以便他做最后的审判。事实是祭司过度夸大了伊西斯和奥西里斯统治的来世王国的重要性，以至于埃及人都把今生今世看作通往来世的短暂过渡，甚至把生机勃勃的尼罗河谷地变成了充斥着死亡气息的墓地和坟场。

更为奇特的是，埃及人相信肉体是灵魂在尘世的寄居地，灵魂必须据有肉体才能进入奥西里斯的王国。因此，每当有人死去的时候，他的亲人就会在他的尸体上涂满香油，放在碳酸钠溶液里浸泡数周，然后把树脂填入尸体。波斯语称树脂为"木米埃"(Mumiai)，因此这些涂满香油的尸体被叫作"木乃伊"(Mummy)。木乃伊被专用麻布包起来，放在一口特制棺材里，最后送进坟墓。埃及人的坟墓可真是名副其实的"家"，里面摆置着各式家具、用以消磨最后审判前无聊时光的乐器，甚至还有厨师、面包师和理发师的雕像，用以保证这个黑暗之家的主人能够安然享用食物，并且仪表端正。

这些坟墓最初开凿在西边山上的岩石里。后来埃及人北迁，被迫在沙漠上修建坟墓。但是沙漠里凶狠的野兽不计其数，还有盗墓的强盗会来破坏木乃伊和劫掠陪葬物品。埃及人为防止盗墓者对死者的亵渎，只好在坟墓上堆起石堆。这些小丘渐渐地变得越来越大，因为有钱人总想把它建得比穷人的高大一些，于是大家就互相攀比，看谁的石丘建得最高。后来生活在公元前 3000 年的胡夫王创下了这项纪录。古希腊人称胡夫王为切普斯，把他的坟堆称作金字塔（pyramid，埃及语中 pir-em-us 表示“高”）。

胡夫金字塔高五百多英尺，面积十三英亩多，是圣保罗大教堂的三倍，而我们知道圣保罗大教堂是基督教世界里最大的建筑。

在长达二十年的时间里，十多万人被逼做苦力，把沉重的石料从尼罗河对岸运过来——我们无从知晓他们是怎样做到的——在沙漠中长途拖拽石料，最后还要把石料吊到准确的高度和位置。国王的建筑师和工程师的出色施工真是令人称奇：金字塔底通往国王墓室的那些狭窄甬道，居然直到今天都没有被上万吨石料压变形。

第六章　埃及的故事

埃及的兴衰起落

尼罗河既是人类亲切的朋友，偶尔也会成为一个严师，把“团结协作”的高贵精神传授给两岸人民。住在这里的人要在相互依赖中修建灌溉沟渠以保护堤防，由此他们学会了与邻居和睦共处，从中形成的合作组织很快发展成一个国家。

这其中总会有一个人变得比他的大多数邻居都强大，并一跃成为众人的首领。当西亚邻邦心怀嫉妒和贪婪侵入这块肥沃谷地时，他又摇身一变成为军事统帅。之后又经过若干事件，他终于做了这块从地中海沿岸延伸至西部山区的广阔疆域的国王。

然而终日在田地里劳作的农夫对于法老们（法老意指“住在大屋里的人”）的政治赌赛实在没什么兴趣。只要不被强迫向法老缴纳过多赋税，他们就会像接受奥西里斯的统治一样甘心服从于法老的统治。

但后来事情起了变化，外来侵略者闯入家园，夺走了属于埃及人的财产。在经历了两千年的与世隔绝之后，一个名叫希克索斯[①]

① 由亚洲侵入埃及的游牧部族，原居于叙利亚、巴勒斯坦一带，公元前 18 世纪后半叶侵入尼罗河三角洲，公元前 16 世纪上半叶被埃及人驱逐出境。

的阿拉伯游牧民族攻入埃及，在尼罗河谷地做了五百年的主人。他们遭到了原住埃及人的痛恨，同时埃及人对希伯来人也怀恨在心。这些希伯来人在沙漠中游荡良久之后，也来到了所谓的歌珊地[①]，他们成为侵略者的帮凶，为侵略者充当征税官和仆人。

底比斯[②]的居民在公元前1700年起兵反抗，在经历了长期战争之后把希克索斯人赶了出去，使埃及重新恢复自由。

一千年后亚述人[③]征服了整个西亚，埃及也成为萨丹纳帕路斯[④]的强大帝国的组成部分。公元前7世纪时埃及再次独立，由住在位于尼罗河三角洲的萨伊斯城中的国王统治。公元前525年，波斯[⑤]国王冈比西斯[⑥]占领埃及。公元前4世纪，亚历山大大帝[⑦]灭了波斯，埃及又成为马其顿[⑧]帝国的一个省。后来亚历山大手下一位将军自立为新埃及托勒密王朝的国王，定都于新建的亚历山大城，埃及也进入准独立状态。

最后在公元前39年，罗马人登上了埃及的土地。埃及最后一任女王克里奥佩特拉极力想挽救国家。对于罗马的将军们而言，克里奥佩特拉的美貌实在比六七支埃及军队还要有威胁。两位罗马

---

①《圣经》所载以色列人在出埃及以前所居住的下埃及地区。

② 中王国和新王国时代埃及首都，古代埃及政治、经济、宗教中心。原名瓦塞，希腊人称为底比斯。位于今开罗以南约700公里的卢克索村。

③ 古代西亚奴隶制国家，位于底格里斯河中游。

④ 亚述的最后一任国王。

⑤ 古代伊朗。

⑥ 即冈比西斯二世（公元前529—前522年在位），居鲁士二世之子。公元前525年征服埃及，留驻埃及到公元前522年，及至得知有人夺取王位，仓促赶回波斯，中途被自己的剑误伤，因伤口感染身亡。

⑦ 亚历山大大帝（公元前356—前323），古代马其顿国王，卓越的军事统帅。生于马其顿首都培拉，早年曾师从亚里士多德。即位后镇压了希腊城邦的起义。公元前334年发动侵略亚洲和非洲的远征，历时十年。公元前323年染疾死于巴比伦。详见本书第二十章。

⑧ 公元前5—前4世纪的奴隶制国家，位于巴尔干半岛北部，居民主要由希腊的多利亚人、色雷斯人和伊利里亚人组成。

统帅[1]的心先后被她征服。但公元前30年，恺撒大帝的侄子和继任者奥古斯都大帝[2]驾临亚历山大城。和他叔叔不一样，他对这位美丽的女王毫不动心。他一举击溃了女王的军队，但没有取她性命，准备把她当作凯旋时的战利品。克里奥佩特拉听到这一计划之后立即就服毒自尽了。埃及终于成了罗马帝国的一个行省。

① 指罗马统治者恺撒大帝和罗马将军安东尼。详见本书第二十四章。

② 奥古斯都大帝（公元前63—公元14），罗马帝国第一位皇帝，元首制的创立者，恺撒的侄子，原名盖约·屋大维。

第七章　美索不达米亚

美索不达米亚——另一个东方文明的中心

我将带你到高耸入云的金字塔顶端俯瞰，请你想象自己拥有雄鹰般的眼睛。在很遥远很遥远，远到无尽沙漠的漫漫黄沙之外，你会看到一片莹莹绿色。那是一块被两条大河包夹的谷地，也是《圣经·旧约》中提及的天堂。古希腊人称这块神妙的土地为“美索不达米亚”，意即“两河间的国家”。

这两条著名的河流，一条是幼发拉底河（古代巴比伦人把它叫作“普罗图河”），一条是底格里斯河（也被称作“迪科罗特河”）。它们都发源于亚美尼亚群山（传说中诺亚方舟的停泊处）上的皑皑积雪，之后缓缓流经南方平原，直抵波斯湾的泥岸。它们的伟业在于把西亚这块贫瘠的沙地变成了肥沃的种植园。

尼罗河谷的诱人之处在于它能够为人们提供富足的食物，而两河流域之所以成为各民族争夺的焦点，无非也是出于这一点。这块土地曾被反复许诺，不管是北方的山民还是南方的沙漠游客，都一边自称是这片土地的法定拥有者，一边进行着毫不妥协的争夺，战火长年不息。通常只有最强壮彪悍的人才有机会生存下来。也正出于这一原因，我们说两河流域培育了一个强悍的民族。这个民族创造的文明不管从什么意义上讲都不亚于古代埃及的伟大文明。

第八章　苏美尔人

苏美尔人用刻着楔形文字的泥板，给我们讲述了闪米特民族的大熔炉——亚述和巴比伦王国的故事

15世纪是地理大发现的时代。在那个伟大的年代里，哥伦布[①]希望找到一条通往震旦之岛[②]的路线，却在误打误撞中发现了新大陆。一位奥地利主教[③]装备了一支探险队伍，向东进发，意图寻找莫斯科大公的家乡，最后却失败而归。整整隔了一代人之后，西方人才首次造访莫斯科。与此同时，一个名叫巴贝罗的威尼斯人考察了西亚文明的废墟，并在回国后报告说发现了一种罕见的文字，它们被刻在设拉子[④]庙宇的石头上，也有的被刻在难以计数的焙干的泥板上。

但在当时，欧洲人全神贯注于其他的事物而无暇顾及此事，一直到18世纪末，才由丹麦测量员尼布尔带回了第一批"楔形文字"——称它为"楔形文字"，是由于其字母形似楔子。三十年后，耐心的德国教授格罗特芬德破译出其中四个字母：D、A、R和SH，

---

① 哥伦布(1451—1506)，世界著名航海家，美洲的发现者，出生于意大利热那亚。详见本书第四十一章。

② 当时欧洲人对中国的称呼。

③ 指提洛尔大主教。详见本书第四十七章。

④ 今伊朗法尔斯省省会，以产酒著称。

并认为这代表波斯国王大流士的名字。又过了二十年，英国官员亨利·罗林生发现了贝希斯吞铭文[①]，从而为破解西亚地区的楔形文字提供了有利线索。

解读这些楔形文字的工作相比商博良的工作要困难许多：埃及文字至少是具体可感的图像，而这些居住在两河流域的苏美尔人却出乎意料地抛弃了泥板文字的图像表意功能，发展演变出一套完全脱离早期象形图案的V形字母系统。举个例子：最初用钉子把“星星”刻画在泥板上时，其图形是这样的。苏美尔人似乎嫌它过于复杂，不久后，为了表达更丰富的含义“星空”，上图便简化为，这就有点难以辨识了。出于同样的理由，“牛”从变成了，“鱼”从变成了。“太阳”最初是很简单的一个圆圈，后来经过变化成了。假使苏美尔人的楔形文字到今天还有人使用，恐怕就要把写成。这种记录人们思想言行的文字体系看来着实复杂难解，但苏美尔人、巴比伦人、亚述人、波斯人以及其他侵入此地区的民族却都接受了这种文字，并沿用了三十多个世纪。

两河流域同样战乱频仍。最初是从北方山区来的苏美尔人占据了这块宝地，这是些白种人，来到两河流域后依然保留着到高山顶峰去祭拜神灵的民族习惯，因此他们会在平原上垒起山丘，还在山丘顶筑造祭坛。他们不会造楼梯，就环绕祭坛造一圈倾斜上升的游廊。我们今天在大型火车站里看到的一层接一层的倾斜长廊，兴许就是现代工程师仿造苏美尔人祭坛游廊的产物。我们肯定还从苏美尔人的创造发明中获得了其他许多灵感，只是没有被觉察到。

① 指记录波斯帝国国王大流士功勋的石刻，是流传至今最重要的波斯铭文。它用古波斯文、新埃及文和巴比伦文三种楔形文字，刻在古都埃克巴坦郝西南的贝希斯吞大崖石上。

后来苏美尔人被侵入河谷的其他民族彻底同化了，但他们的祭坛却始终屹立不倒。多年后流亡到巴比伦的犹太人看到了这些祭坛，就叫它们“巴比利塔”，又叫“巴别塔”。

苏美尔人是在公元前40世纪进入两河流域的，没过多久阿卡德人征服了他们。阿卡德人来自阿拉伯沙漠，属于“闪米特人”(就是我们常说的闪族人)的一支——称他们“闪族人”是由于他们被认为是诺亚的大儿子闪的后代。一千多年以后，阿卡德人又被另一支闪族部落亚摩利人所征服。亚摩利人的国王汉谟拉比在巴比伦城建造了一座豪华宫殿，并向其子民颁布了一套法典[①]，从而使巴比伦国成为一个政治昌明、治理有序的著名古国。在这以后，《圣经·旧约》中提到的赫梯人把这片肥沃富足的谷地洗劫一空。但没多久赫梯人又被信仰沙漠神阿舒尔的亚述人所征服。这些彪悍的亚述人占据了整个西亚和埃及，然后到处横征暴敛，使他们的都城尼尼微成为一个广阔而森严的大帝国的中心。这样的局势持续了很久，直到公元前7世纪末，又一个闪族部落迦勒底人为巴比伦实施了重建，使之再次成为当时最显赫的城市。迦勒底人的著名国王尼布甲尼撒在他的治地大力鼓励科学研究，为我们的现代天文学和数学建起了若干最基本的准则。

公元前538年，一支来自波斯的游牧蛮族侵入这片古老的土地，颠覆了迦勒底帝国，而他们自己又在二百年后被亚历山大大帝所颠覆。亚历山大大帝英勇盖世，一举征服了这片融合了诸多闪族部落的丰饶谷地，并把它划为古希腊的一个行省。但随后罗马人接踵而来，之后土耳其人也赶来分一杯羹。两河流域这个曾经的世界文明中心经历了几许沧桑变幻，最终成为一片旷古寂寥的荒野，唯有祭坛和石丘还在向世人吟唱它风流无限的昔日荣光。

---

① 即《汉谟拉比法典》，古巴比伦王国法典，以楔形文字刻在高2.25米的黑色玄武岩石碑上，是迄今已发现的古代奴隶社会第一部比较完整的法律。

第九章　摩西

关于犹太领袖摩西的故事

公元前20世纪的某一天，一支弱小的闪族部落离开了幼发拉底河口乌尔的故园，去往巴比伦开拓牧场。在那里他们遭到了国王军队的驱赶，只好又往西方流亡，希望能找到一块尚无人占据的地方来建立家园。

这支四处流亡的游牧部落就是希伯来人，我们又叫他们犹太人。他们在经历了多年的漂泊生涯之后，终于在埃及定居下来。他们和埃及人一起生活了五个多世纪。后来他们的驻地被希克索斯侵略者征服（我在埃及的故事中已经提到过），依靠臣服于希克索斯人，他们保住了他们的牧场。但是埃及人在长久的反抗之后终于把侵略者撵出了尼罗河谷地，于是他们和犹太人之间的友谊断绝了。埃及人把犹太人贬为奴隶，强迫他们去修建金字塔，还在边境派重兵把守，防止犹太奴隶出逃。

犹太人在埃及历经磨难，终于有一天，一个年轻人成为犹太人的首领，发誓要把大家带出苦海，他就是摩西。摩西早年长期居住在沙漠里，学习并获得了犹太先祖的美德——远离浮华的城镇生活，能抵御安逸和奢靡的诱惑。

摩西决心要让他的人民重新过上简朴诚实的生活。他逃脱了埃及士兵的追击，带领族人转移至西奈山脚下的广阔地带。漫长的沙漠生活使摩西知道应该敬畏雷电与风暴之神。这位神祇居于九天之外，掌握着游牧民的生命、光明以及呼吸。这位大神在西亚地区广受崇拜，被那里的人称为“耶和华”。在摩西的传道之下，耶和华逐渐成为希伯来人唯一的主。

突然有一天，摩西从犹太人的驻地消失了，有人看到他出走时带着两块粗石板。那天下午天空中突然布满乌云，狂风暴雨骤起，将西奈山顶笼罩在昏暗中。过了好一会儿摩西才回来，但是看啊，他拿回的石板上刻满了神启的文字，那是耶和华通过雷电向他的以色列子民所作的示谕。从那一刻起，耶和华被犹太人尊奉为唯一的真神，犹太人将在耶和华十诫的训导下过一种圣洁的生活。

犹太人追随着摩西继续在沙漠中前行。摩西教导他的族人该如何吃喝，有哪些禁忌，以免在炎热干燥的沙漠中被疾患夺走生命。长途跋涉很多年以后，犹太人终于找到一处丰饶富足的土地。这处土地叫作“巴勒斯坦”，意为“法利赛人之国”。法利赛人是克里特人的一支，他们被赶下海岛后一直居住在西亚沿岸。然而很不幸，巴勒斯坦此时早已被另一支闪族部落迦南人所占据着。但犹太人还是强行闯了进去，并在那里修建自己的城市。他们在那里为耶和华修造神庙，把神庙所在的城市称为“耶路撒冷”，意为“安宁的所在”。

此时摩西早已不是犹太人的首领了。他有幸在生命最后一刻望见了遥远的巴勒斯坦群山，然后就永远合上了他那疲惫的眼睛。他自始至终虔诚地侍奉着主耶和华。他把他的族人从外族的奴役中解救出来，带领他们找到了新的家园，过上了幸福自由的生活。不仅如此，摩西的功绩还在于，他用他的努力使犹太人成为人类历史上第一个只信仰一神的民族。

第十章 腓尼基人

腓尼基人创造了我们的字母

作为犹太人的邻居，腓尼基人也是闪族的一支。他们在很早的时候就已经沿地中海海岸定居下来，还建造了两座坚固堡垒——泰尔和西顿[①]。他们只花费了一点点时间就垄断了西部海域的所有贸易。他们的船队定时前往希腊、意大利和西班牙办理业务，甚至还会穿过直布罗陀海峡[②]，到锡兰群岛购买锡矿。他们把在各地建起的贸易据点称为“殖民地”，我们现代的许多海港城市，其实都是由这些早期腓尼基殖民地发展而来的，最典型的如加的斯[③]和马赛[④]。

腓尼基人把所有可能赚钱的东西都拿来买卖，而丝毫感受不到良心的谴责。据他们的邻居说，腓尼基人从不知道何为诚实和正直。他们的人生信条是，把钱包装得满满的就是每一个公民的光荣。这一事实使他们很少有朋友。但是他们为人类文明留下的遗

---

① 古腓尼基重要城市，位于今黎巴嫩西南部海岸附近的小岛。

② 大西洋和地中海之间唯一的海上通道，位于欧洲伊比利亚半岛南端与非洲西北端之间。

③ 西班牙城市。

④ 法国第二大城市，最大的港口。

产依然具有伟大而永久的价值，他们发明了拼音文字的字母。

腓尼基人对苏美尔人的楔形文字早就很熟悉了，但他们嫌这些东倒西歪的图案太过拙劣和繁杂。他们是职业商人，万事求实用、讲效率，不可能花上几小时时间去描画那么两三个意义有限的符号。在商业的刺激下他们发展出一种远较楔形文字先进的新型文字系统。他们借来几幅埃及人的象形图案，把苏美尔人的楔形文字加以简化，经过合并处理后牺牲了文字的优美外观，终于把数目繁多的文字图案精简成二十二个字母，这就使文字变得富于变化且易于掌握了。

这些古老的字母在很久以后经过爱琴海传到了古希腊。古希腊人添加了几个他们自己发明的字母，然后把这些字母带到了意大利。罗马人略微修改了字母的外形，再将它们传授给西欧的蛮族。这些野蛮部落就是我们现代欧洲人的祖先。照这么看来，本书既不是用埃及人的象形文字，也不是用苏美尔人的楔形文字，而实在是用起源于腓尼基人的拼音字母文字写成的。

第十一章　印欧人

属于印欧族的波斯人征服了闪族与埃及

埃及、巴比伦、亚述和腓尼基在世界文明史上存在了将近三千年，随着时光的流逝，这些依靠丰饶河谷成长起来的古代民族终究逐渐衰落下来。我们看到一支充满活力的新兴民族在地平线上显现，似乎在宣告这些古老民族的衰亡命运。这支新兴民族被称为"印欧族"，因为他们同时是英属印度地区和欧洲大陆的统治者[①]。

这些印欧人和闪族人同属白种人，但他们的语言全然不同。印欧语言是所有欧洲语言——除匈牙利语、芬兰语和西班牙北部的巴斯克方言以外——的共同始祖。

印欧族在我们最早得知有关他们的消息的时候，已经在里海沿岸居住了好几百年。突然有一天，他们放弃故土到遥远的世界去开辟新的家园。一部分人走进了西亚的群山，长期居住在伊朗高原的山峰上，这就是所谓的雅利安人。另一部分人向着日落的西方前行，跨越欧洲平原并在那里安身。我将在讲希腊和罗马的章节里为你作更具体的述说。

我们现在只管跟踪雅利安人的行踪。一些雅利安人跟随他们

① 作者撰写本书时，印度还是英国的殖民地。

的伟大导师查拉图斯特拉（又名琐罗亚斯德）离开了高山地区的家园，沿着印度河一路往下，最终来到大海之滨定居。

其他留在西亚群山中的雅利安人逐渐演变成了米底亚人和波斯人。这两个民族的名字最初都来自古希腊史书。米底亚人在公元前 17 世纪建立起米底亚王国。后来安善部落的首领居鲁士①自立为波斯族国王，他在消灭了米底亚王国之后四处征战。不久后，他和他的子孙就顺理成章地统治了整个西亚和埃及。

印欧族的波斯人身强力壮，借着胜利的东风一路向西推进。可是在几个世纪以前，另一支印欧部落就已经占据了欧洲的希腊半岛和爱琴海岛屿，于是这两个同属印欧人的强悍民族开始大打出手。

这就是著名的三次希波战争。波斯国王大流士和泽克西斯先后率军挺进希腊半岛北部，希望在欧洲大陆上建立一个坚固的据点。

但波斯人的侵略总是以失败告终。雅典海军向世人证明了他们的所向无敌。雅典水兵每次都能机智地切断波斯军队的补给，把他们赶回在亚洲的老家。希波战争是亚洲与欧洲之间第一次真正意义上的交锋，一方是老气横秋的师父，一方是年轻气盛的学生。我们将在本书的其他章节中屡次看到东西方之间的这种延续至今的争斗。

---

① 即居鲁士二世（约公元前 590 或公元前 580—约前 529），古代波斯帝国的建立者。

第十二章　爱琴海

爱琴海人把古老的亚洲文明带到了尚处在野蛮状态中的欧洲

海因里希·谢尔曼[①]在孩提时代最喜欢听他父亲讲特洛伊的故事。从那时起他就已经决定，等自己长大后一定要亲自到希腊去寻找特洛伊的真实遗迹。谢尔曼出身德国梅克伦堡州一个贫寒的乡村牧师家庭，但他对自己的出身并不十分在意。为了攒够寻找特洛伊所需的昂贵花销，他先加紧赚钱，之后才转向考古。好在他真的在短时间内赚到了大笔金钱，使他足够组建起一支职业探险队。于是他信心百倍地出发了。他率队向小亚细亚的西北角开进，因为他相当确信地认为，传说中的特洛伊古城应该就坐落在那里。

谢尔曼在小亚细亚找到一座杂草丛生的小丘，据说普里阿摩斯王的特洛伊城就埋藏在这座小丘之下。谢尔曼激情澎湃，在没有进行任何先期考察的情况下就立即开始了挖掘工作。热情驱使下的高速挖掘使他开挖的壕沟直穿过他要寻找的特洛伊城，将深藏地底的另一座城市废墟展现了出来，这是一处比《荷马史诗》记载的特洛伊城还要古老一千年的远古文明遗迹。然后有意思的事情发生

① 著名的德国考古学家，迈锡尼文明遗址和古希腊特洛伊城遗址的发现者。

了：如果谢尔曼找到的只是几把磨光的石锤或者几个粗制的陶器，那并不会引起人们的惊异，人们最多把这些物品与远较古希腊人早的史前人类相联系。可是谢尔曼发现的却不是这些物品，相反，那尽是些精美的雕像、昂贵的珠宝和绘有非希腊风格图案的花瓶。谢尔曼据此大胆揣测：远在特洛伊战争发生的一千年前，曾有某个神秘的民族居住在爱琴海沿岸地区，他们的文明已经极度发达，甚至远远超过了古希腊文明——尽管很可能是希腊人侵入并征服了他们的国家，灭绝或同化了他们的文明。后来的科学研究倾向于赞成谢尔曼的大胆推测。19 世纪 70 年代末，谢尔曼再次考察了这座迈锡尼城①的古老废墟，在一堵圆形小围墙的石板下面又一次出乎意料地发现了神奇的宝藏，宝藏的主人依然是那个比古希腊人早一千年的神秘部落。这些迈锡尼人曾在希腊海滨建造起许多城市，它们的城墙高大而厚重，古希腊人甚至崇敬地以为它们是“泰坦巨神所作”——泰坦是古希腊神话中远古时代的巨大神人，喜欢把山峰当小球耍。

考古学家的深入探究揭去了附在传说上的浪漫色彩。我们得知，这些早期的工艺品及坚固城堡的制造者并非具有神力的魔法师，而是住在克里特岛和爱琴海诸岛上的平实的水手与商人。这些辛勤的海上劳动者把爱琴海变成了繁荣的商贸中心，使当时已经高度文明的东方世界与仍处于野蛮状态的欧洲各族实现了物资交换与流通。

这个海岛国家在统一的一千多年时间里发展出了超乎人们想象的建筑工艺。他们在克里特岛北部沿岸建起的重要城市克诺索斯，其卫生设施和宜居度都堪与现代人的城市建筑相比。克诺索斯

① 位于伯罗奔尼撒半岛，其文明是希腊青铜时代晚期的文明，与克里特文明同称为爱琴文明。

人的王宫拥有极其精良的排水系统，一般住宅也都配有火炉，甚至在日常生活中他们还使用浴缸，这恐怕是历史上对浴缸的最早使用了。克里特王宫那弯曲的廊梯和宽敞的会堂也十分有名，而宫殿下面则建有巨大的深入地下的地宫，用来储藏葡萄酒、粮食以及橄榄油。这个庞大的地宫使最早得见此处的古希腊人大为惊异，因此就有了关于克里特“迷宫”的传说。“迷宫”一词意指通道复杂难寻的建筑物，常常在封闭状态下使游客迷失方向。

可是最后这一伟大的爱琴岛国究竟发生了什么突然灾变，从而在一夜之间彻底覆亡？我们暂时还并不知晓。

克里特人也拥有较成熟的文字，可人们迄今还未能破译已出土的克里特碑文，因此我们无法根据文字来了解他们的神秘历史，只能凭借爱琴海岸残存的废墟来想象他们当时所经历的情形。遗留的废墟表明爱琴海文明突然间遭受了欧洲北部野蛮民族的攻击而被摧毁。如果我们没有猜错，这个摧毁克里特人和爱琴海文明的野蛮民族应该就是我们通常所称的古希腊人——那个刚占领了处在亚得里亚海和爱琴海之间的岩礁半岛的游牧民族。

第十三章　古希腊人

在爱琴文明辉煌发展的同时，印欧族的赫楞人进入并占据了希腊半岛

当金字塔在沙漠中屹立千年而渐显衰颓，当巴比伦国王汉谟拉比已沉睡于地下六百年，此时此刻，有一支人数不多的游牧部落开始离开多瑙河畔的家园向南方进发，去寻求开辟新的牧场。他们用丢卡利翁[①]和派拉的儿子赫楞的名字为自己命名，称自己为赫楞人[②]。他们的神话故事中有这样的传说：人类在很久以前突然变得非常邪恶，奥林匹斯山的众神之王宙斯怒火中烧，降下洪水冲毁了尘世，灭绝了人类，唯一从灾祸中幸免的就只有丢卡利翁和派拉夫妇。

早期赫楞人的事迹我们已难以通晓。古代世界最伟大的历史学家之一修昔底德也认为他的这些先祖并无需要特别提及的历史功绩。我们只知道这些赫楞人野蛮有如牲畜。他们对待敌人的手段极其残忍，经常把敌人的尸体用以喂食他们的牧羊狗。他们蛮横无理，对希腊半岛的原住民佩拉斯吉人极尽烧杀抢掠之能事。亚加

① 古希腊传说中大神普罗米修斯之子。
② 即古希腊人的祖先。

亚人曾为赫愣人占领塞萨利和伯罗奔尼撒山区而冲锋陷阵，赫愣人就作歌大肆颂扬亚加亚人的英勇气概。

他们偶尔也会从高高的石山上看到爱琴海人的城堡。但是他们畏于爱琴海人的金属兵器，不敢越雷池攻击这些城堡。赫愣人的粗陋石斧是不可能在装备先进的爱琴海人那里占到便宜的。

多少个世纪里，他们就以野蛮的方式游弋于一个又一个谷地与山坡，直到占领了岛上的所有土地，才终于停下脚步开始了定居生活。

从那时候起，古希腊文明拉开了序幕。这些刚刚转型的古希腊农民现在成了爱琴海人的邻居，终于某一天，在好奇心驱使下造访了那些看似高傲的爱琴海人。他们从这些居住在迈锡尼和泰伦斯的高墙后面的奇人那里学到了许多有用的东西。

他们作为学生确实堪称聪慧，很快学会了怎样制造和利用铁制兵器，而这种制铁方法最初是爱琴海人从巴比伦和底比斯学来的。他们还慢慢掌握了航海的知识和技术，开始驾着自己建造的船只出海航行。

这些恩将仇报的人在学会了所有对他们有用的技艺之后，立刻用老师的刀剑长矛把老师赶回了爱琴海岛屿。后来他们又驾船出海进攻爱琴海岛屿，并于公元前 15 世纪将克诺索斯城洗劫一空。于是在出现于人们视野中十个世纪以后，赫愣人终于成为整个希腊、爱琴海和小亚细亚沿岸的绝对统治者。公元前 11 世纪，赫愣人攻占了最后一个属于古代文明的贸易中心特洛伊。欧洲文明的历史就此上演。

第十四章　古希腊城邦

古希腊的城市就是一个个独立的国家

现代人对“大”这个词情有独钟。我们总是自豪于居住在全世界“最大”的国家，这个国家拥有一支“最大”的海军，盛产“最大”的橙子和土豆。我们酷爱那些百万人口的巨型城市，连死后都希望被葬在“最大”的墓地里。

古希腊人如果知道我们现代人的这种偏好肯定会以为我们在发疯。他们在生活中遵从一种“适度”的理性原则，对数量的巨大和规模的庞大没有一丝一毫的好感。古希腊人对适度的追求并不是嘴上说说的，而是渗透在实际生活的每一个细节当中。适度原则体现在他们文学作品的每一个章节里，体现在精巧完美的神庙建筑上，体现在男男女女的穿着打扮上，体现在众人喜闻乐见的戏剧里——如果有哪个剧作家胆敢违反适度原则而在作品中营造奢靡的场面，将立刻遭到观众的唾弃。

古希腊人甚至要求政治家和运动员也严守适度准则。曾经有一位彪悍的长跑手来到古希腊的斯巴达城，向众人吹嘘说他单脚站立能够比任何希腊人都站得更加长久。希腊人哄笑着把他赶出了斯巴达，他们诘问道，若论单脚站立，谁能站得比一只普通的鹅更加长久？

你或许会说：“适度与节制对人类而言可是一种美德啊。但在古代世界里为何单单只有古希腊民族培育和发展了这种美德呢？”对于这一问题的回答必须从古希腊人的日常生活状态说起。

埃及或两河流域的神秘统治者总是住在院墙林立、护卫森严的宫殿里面，平常老百姓作为“臣民”与统治者距离遥远，恐怕一辈子都无从得见。而古希腊却有上百个小型“城邦”，城邦人口最多也就和现代一个小村落相当，而希腊人都是这些小城邦里的“自由国民”。当一个乌尔农民说自己是巴比伦人时，他其实是在说他仅仅是数百万个向西亚国王纳税进贡的人当中的一个。而当一个古希腊人自豪地声称他是雅典人或忒拜人时，那么他所说的那个地方既是他的家园，也是属于他自己的国家。古希腊的城邦国家不设最高统治者，万事都由集市上的老百姓说了算。

祖国对古希腊人来说意味着他的出生之处，意味着他在雅典卫城的神圣墙廊下玩捉迷藏、与小伙伴共度童年的地方，意味着埋葬着他父母双亲的那一块神圣土地，意味着高墙之内他与妻儿安详生活的幸福小屋。你无疑会意识到，这种生活环境影响下的人们的思想言行必定是与众不同的。巴比伦人、亚述人和埃及人都只是淹没在他们各自国家广大人群中的一个微不足道的子民，而古希腊人却始终保持着与周围环境及他人的亲密联系和接触，每一个人都是那座大家都彼此熟识的小城市的重要组成部分。他能感受到他的那些聪明的邻居无时无刻不在关注着他。不管他在做什么，写戏剧也好，雕大理石塑像也好，甚或谱曲写歌也好，他都不会忘记他的所有乡邻都会以职业的眼光来评判他的成果。这种略显特别的意识促使他做每件事都要力求完美。根据他自小就接受的教育，他清楚地明白如果缺乏节制的品质，就永远都难以企及公众所要求的完美。

在这种环境的严格训练之下，古希腊人在人类文明的方方面面都取得了惊人的成就。他们创造了前无古人的政治体制，奠定了泽被后代的文学形式，发展出独树一帜的文艺理念，让我们现代人叹为观止。尽管他们成就这一切时所居住的小城只有现代都市的四五个街区那么大。

可是后来发生了什么呢？

公元前 4 世纪，马其顿的亚历山大大帝征服了当时的整个文明世界。战争刚结束，亚历山大就迫不及待地要把真正的古希腊精神传播给所有他所统治下的人民。他把偏居一隅的古希腊精神带到了世界各地，使之在新征服的各国宫殿里发扬光大。可一旦离开了日夜守望的神庙，断绝了故乡里弄的亲切声色，古希腊人赖以创造美与永恒的均衡感和适度精神也就随之烟消云散了。他们一夜之间沦为平凡的匠人，只能炮制出一些不入流的粗劣产品。当古希腊的自治城邦失却了独立自主的地位，沦为一个强大帝国的政治附庸时，古老的希腊精神也就宣告死亡了。

第十五章　古希腊的自治

古希腊人艰难迈开了民主自治的第一步

最初的古希腊人在财产上是贫富均等的，每个人都拥有相当数量的牛羊以及可以随意进出的土制小屋。当有公共事务需要集体讨论的时候，所有的村民都会汇集到市场上参与商议。人们往往会选出一位受信任的主事，以保证每个人都有发表各自意见的机会。如果遇有外敌入侵，大家就会选举出一名精壮而自信的汉子来担任军队统领，而那些把领导权赋予他的众选民，同样拥有在战事过后免除他的军事领导权的权力。

可是渐渐地，最初的小村庄逐渐发展成了一定规模的城市，于是分化出现了，有的人终其一生辛勤劳苦，有的人则无所事事游手好闲，有人诚恳朴实却屡遭厄运，有人则依靠欺骗与敲诈大发横财。于是城邦中的市民不再拥有均等的财富，相反，他们中的一部分人变得相当富有，另一部分人则日趋贫困窘迫。

与此同时，另一件事情也在起变化。从前那些依靠本领而被公民选举出来的军事统领不见了，取而代之的是贵族，即那些在社会分化过程中取得了超额土地和财产的暴富之人。

贵族享有许多普通公民无从享有的特权：他们能够到地中海东部去购买坚固锋利的武器，能够拥有许多空闲时间来操练军械，能够住在坚固的城堡里花钱雇人为自己卖命打仗。他们为了争夺城邦统治权而相互争斗，获胜的一方就能够对其他贵族发号施令，直到某天另一个野心勃勃的贵族把他赶下台甚至杀死。

这种拥兵自重攫取城邦统治权的贵族被称为“僭主”。公元前7世纪到公元前6世纪，差不多每个古希腊城邦都由僭主统治。应该说，他们中有些人还是略有才能的。可长此以往，终于大家都无法忍受了，于是大家开始聚在一起商议改革事宜。世界上最早的民主制度就此诞生。

公元前7世纪初，雅典人决定废除古旧的僭主制，把管理城邦的政治权力广泛赋予众多自由公民——以前他们的先祖亚加亚人就曾拥有这样的权力。一位名叫德拉古的公民被众人委托编定一套法律，用以保护穷人免遭富人剥削。遗憾的是德拉古出身职业律师阶层，对普通公民的实际生活并不了解。他认为犯罪就是犯罪，无论轻重缓急，都应受到严厉制裁。结果他的立法工作刚一完结，雅典人就发现他的法律太过严酷以至于根本无法付诸实施。根据德拉古的律条，偷个苹果都要被判死罪，如果真的将此付诸实施，那恐怕全雅典都没有足够的绳子来吊死所有的罪犯。

于是雅典人求贤若渴地寻访更为仁厚的立法者，终于他们找到了最佳人选梭伦[①]。这位梭伦出身贵族，曾经遍访全世界，考察过各国的政治体制。在深入调查研究之后，梭伦给雅典人制定了一套完全符合古希腊人“适度”精神的法律。该法律一边力求改善穷人的处境，一边留意不去触犯贵族的利益——贵族毕竟要在战争期间承担重任。法官是没有薪水的，通常从贵族中选出。为使穷人免遭贵族法官滥用职权的侵害，梭伦特别规定，如果市民对判决不满，将有权向三十位雅典公民组成的陪审团提起申诉。

---

① 公元前6世纪初雅典的执政官，他以立法者的身份进行了广泛的改革。

梭伦法典的重要意义在于，它迫使每一个普通公民都投入到对城邦事务的关心和参与中。他们再也不能赖在家里推脱社会责任："噢，今天我实在很忙！"或者："你看天又下雨了，我还是待在家里不出去了！"城邦需要每一个公民都能履行自己的义务，出席公共议会，为全社会的安定繁荣出一份力。

全体"民众"共同处理事务时肯定会有过多的闲扯和空谈，当然不易成功；同时部分人为了一己私利，也会在议事时互相攻击取闹。然而民主法制毕竟给了古希腊人以独立自主的生存空间，使他们能依靠自己的力量获得自由，这就是它最好的结果了。

第十六章　古希腊的生活

古希腊人怎么生活

你或许会发问，古希腊人总是忙于参与社会公众事务，哪有时间顾及家庭生活？这一章就是来解答你的这一问题的。

根据古希腊民主制的规定，只有自由公民才拥有管理城邦的权力。在每一个古希腊城邦里，自由公民只是少数，剩下的则是大量的奴隶和若干外乡人。

通常只有在少数情况下，比如战争需要征兵的时候，古希腊人才会把公民权暂时赐给那些“野蛮”的外乡人。自由公民的身份是血统赋予的，你是一个雅典公民，那完全是因为你的父亲和祖父也都是雅典公民。如果你的父母都不是雅典公民，那么无论你是一个多么成功的商人或是有多少战功的士兵，你这辈子都只能是个无从享受城邦管理权的外乡人。

古希腊城邦摆脱了僭主的统治之后，又得接受自由公民的统治，为自由公民谋利益。雅典城里奴隶的数量足足占到自由公民的五到六倍，他们长年累月地为自由公民操持生意和家务——我们现代人为了应付这些往往要花去所有的时间和精力。城邦是无法离开奴隶而独自运转的。

奴隶是城邦里的厨师、面包师和蜡烛匠人，又是理发师、木匠、珠宝匠、教师和图书管理员。他们要看好主人的店面和工厂，使主人能够安心在城邦会议上讨论是战是和的重大问题，或者安心到大剧院去看一场埃斯库罗斯[①]新作的悲剧，又或者去跟大伙儿一起议论欧里庇得斯[②]对主神宙斯表示怀疑与不敬的先锋思想。

古代雅典的上流社会就像我们今天的俱乐部一样，那些自由公民就像是世袭的会员，而奴隶则是世代相传的服务人员，要听从自由公民的差遣和命令。所以关键是要能当上俱乐部的终身会员，这样才能享受到快乐。

当然我们所说的奴隶并不是指《汤姆叔叔的小屋》[③]里描绘的那种极端悲苦低下、一无所有的奴隶。古希腊的奴隶每天替人耕田种地，确实非常劳累，但那些家境一般的普通自由公民为了生计也不得不为贵族做工干活。甚至城市里的许多奴隶比许多最底层的自由公民还要富有一些。古希腊人自来就信奉适度和节制，从来不会以罗马人的行事方法来对待奴隶——罗马人的奴隶没有任何人身权利，只是一部部做苦力的机器，做得不好就会被扔进斗兽场喂野兽。

奴隶制对古希腊人而言是一种必不可少的城邦制度，它保证古希腊城邦成为真正文明人的家园。

奴隶们还要做的工作就是相当于今天的商人或是专业技工的一些活计。至于那些占去现代人许多时间，因而经常使大家发愁的琐碎家务，古希腊人向来是把它极力压缩到最低限度的，因为他们对生活没有过高的物质追求，只求安逸闲适。

古希腊人的家庭条件非常简易，即使是富有的贵族也都终身住在土制的房屋里。现代人追求的家居物件在他们的土屋里是绝对

---

① 古希腊著名悲剧作家。详见下一章。

② 古希腊著名悲剧作家。详见下一章。

③ 美国作家斯托夫人的一部现实主义杰作，又译为《黑奴吁天录》，讲述黑奴与美国白人的矛盾。

找不到的。他们的这些土屋由四面土墙和一个泥屋顶组成，外加一扇临街的木门，但没有窗户。厨房、厅堂、卧室中间有一个露天的小院子，院子里通常建有用以美化环境的小喷泉，或是一些雕塑和植物。一家人在天晴的日子里会喜欢待在院子里各行其是：奴隶厨师在院子的一角为大伙做饭，奴隶教师在院子的另一角教孩子们记诵字母和乘法口诀，女主人和她的女奴隶裁缝则在院子另一端合作缝补男主人的外衣。女主人是不大出门的，在古希腊，妇女上街总会引来一些非议。在隔壁的办公室里，男主人正拿着农庄的奴隶监工送来的账本在细心对账。

用餐时间一到，全家人就聚在一起吃饭。吃饭是很简单的，花不了多少时间。古希腊人不像现代人那样把吃饭当作休闲或者消遣，而是把吃饭看成是一件不得不做的事情。他们每顿饭都以面包和葡萄酒为主食，另外稍加一点肉和蔬菜。他们似乎认为喝水是不利于身体健康的，因而只有在没有葡萄酒可喝的情况下才会偶尔喝一次水。他们也会请客吃饭，但现代人那种吃得越多越好的奢侈观念是会让他们感到不适的。他们在餐桌上聚会只是为了更好地交流，绝对不会大吃大喝。

这种崇尚俭朴的风范同样体现在他们的衣着上。他们很爱整洁，总把发须打理得很干净。他们注重锻炼身体，运动场是他们经常去的场所。他们从不像亚洲人那样穿得奢华艳丽，而是简单地套一件白色长袍，就像现代的意大利军官一样精神。

当然他们也欢喜自己的妻子略微佩戴一些小首饰，但决不会到公共场合去加以炫耀。妇女偶尔外出时穿着是很朴素的。

一言以蔽之，古希腊人的生活节制而简朴。椅子、桌子、书籍、房子、马车等会占去人们大量的时间用以擦拭保养，一旦陷入其中就会沦为物的奴隶。古希腊人追求的精神境界是内心的绝对自由，对于这一点来说，日常物质需求是次要甚至是累赘的。

第十七章　古希腊的戏剧

戏剧作为人类第一种大众娱乐形式，它是如何起源的

古希腊人很早就开始采集和编制民歌，以歌颂他们英勇的祖先。这些早期民歌讲的是希腊人的祖先如何把佩拉斯吉人赶出希腊半岛，并摧毁特洛伊城的伟大战功。这些民歌最初被行吟诗人当街唱诵，大家都从家里赶出来听。可是那种现代人生活中已无法或缺的戏剧并不是起源于这些最初传唱的民歌。戏剧的起源是非常独特的，我得专门花一章篇幅来为你讲解。

古希腊人对游行有特殊的喜好，每年都要举行一次盛大游行来向酒神狄奥尼索斯祝祷。古希腊人尤其喜欢喝葡萄酒，认为水只对游泳或者海上航行有所裨益。你由此可以想象酒神的受欢迎程度。

传说酒神与一群叫萨提尔的半人半羊的奇怪动物一起住在葡萄园里。因此所有参加游行的人都会身披羊皮学山羊叫。古希腊语中山羊写成“tragos”，歌手写成“oidos”，因此这些山羊歌手就被称作“tragos-oidos”，这就是“悲剧”(tragedy)一词的由来。若单从戏剧的角度而论，悲剧意指收场悲惨不幸的戏，就好比歌唱愉快之事的喜剧“comos”总是有着大团圆的结局一样。

你或许对这些山羊歌手的嘈杂叫声是如何发展成享誉千年的高尚悲剧这一事实有所疑惑。

事实上，山羊歌手向《哈姆雷特》[1]的过渡并非如你想象般困难与复杂。我试着向你说明。

开始的时候，山羊歌手的咩咩声吸引了大批观众站在路边围观嬉笑。但不久人们对这种声音感到厌烦了。在古希腊人眼中，沉闷乏味是仅次于丑陋、疾患的恶事，他们极力要求能看到更有趣的表演。后来，一位来自阿提卡地区伊卡利亚村的聪明的青年诗人想出了一个新点子，事实证明这个点子带来了巨大成功。他让羊人合唱队的一名成员出列向前，与走在游行队伍前排吹奏牧神潘之笛的乐队领队对话。这位合唱队队员可以走出队伍，一边挥舞双臂作出种种手势，一边大声说话（这就是说，当别人站在一旁歌唱的时候，他是在那里“表演”）。他大声问问题，乐队领队就根据作家写在莎草纸上的答案作答。

这类粗糙的对话通常是在讲述酒神狄奥尼索斯或其他神祇的故事，它一经推出就立刻受到群众的热情欢迎。于是从那以后，每年酒神节游行都要安排一段这样的“表演”。不久，人们觉得“表演”比游行和咩咩叫更重要了。

埃斯库罗斯是古希腊最伟大的“悲剧诗人”，他生于公元前 526 年，卒于公元前 455 年，在这漫长的一生里，一共写了不下八十部悲剧。他对酒神节的表演作了大胆革新，把“演员”由一个增加到了两个。下一代悲剧诗人索福克勒斯则把演员数量增加到三个。公元前 5 世纪中期，当欧里庇得斯写作他的那些令人震颤的雄伟悲剧时，演员数量已经任由剧作家选择了。后来阿里斯托芬在他创作的喜剧中嘲笑天下人，甚至嘲笑奥林匹斯山上的众神时，合唱队已被排在主要演员的身后，他们会在前台主人公犯下渎神大罪时齐声高唱：“看这个恐怖的世界吧！”

---

① 英国文艺复兴时期文学家莎士比亚的代表作品之一。

这种新戏剧形式需要合适的舞台。不久每个古希腊城市都建起了剧场，这是在附近小山的崖壁上开凿出来的。观众们坐在木凳上，面朝一个相当于现代剧场中的乐池的宽敞圆圈。圆圈里面的半圆形场地就是舞台，演员和合唱队就在这里上演戏剧。他们身后有专供演员化装的帐篷。化装其实就是在脸上戴一个黏土面具，以显示角色的喜怒哀乐。古希腊文中帐篷写作“skene”，这就是“舞台布景”(scenery)一词的最初由来。

当观看悲剧成为古希腊人生活中必不可少的组成部分之后，人们就对它抱以严肃的态度，决不会单纯为了放松心情或娱乐而去一趟剧场。在古希腊人看来，新剧上演的重要性绝不亚于选举，每一个成功的戏剧诗人所获得的赞誉要远远超过立下战功的军事将领。

第十八章　希波战争

古希腊人在欧亚对抗中获胜，将波斯人从爱琴海上赶了回去

古希腊人从爱琴海人那里学会了做贸易的生意经，而在这方面爱琴海人又是腓尼基人的学生。古希腊人建起了许多腓尼基式的殖民地。他们还改进了腓尼基人的交易方式，大量使用货币与外国商贩做买卖。公元前6世纪的时候，他们已经在小亚细亚沿岸站稳了脚跟，迅速抢走了腓尼基人的大部分生意。腓尼基人当然很不乐意，但他们还没有强大到敢跟希腊人一战以决高下。他们只能忍气吞声，默默等待报复的机会。

前面有一章里我曾经提过，一支不大的波斯游牧部落四处杀伐，在很短的时间里征服了西亚的大部分土地。这些波斯人还算文明，并不对已经投降的臣民下毒手，前提是这些臣民每年要按时纳贡。当波斯人到达小亚细亚海滨时，他们强硬要求吕底亚地区的希腊殖民地奉波斯国王为主人，并按波斯国王的规定向他们纳贡。那里的希腊殖民地拒不接受波斯人开出的条件，而波斯人也丝毫不肯让步。于是这些希腊殖民地在无奈中只好向爱琴海对岸的宗主国求助，就这样，希波战争的幕布开启了。

如果史书的记载是正确的，那么我们可以知道以前每一任

波斯国王都将古希腊的城邦制视作是极端危险的政治制度，它将使其他民族有可能效仿。而波斯国王自然希望这些民族安安心心做他的奴隶。

当然，希腊国家隐藏在波涛汹涌的爱琴海对岸，这使他们相当有安全感。但在此关键时刻，古希腊人的宿敌腓尼基人出头了，他们站出来明确表示愿意帮助波斯人。于是波斯人与腓尼基人达成一纸协议，波斯人出动兵力，腓尼基人负责提供运送波斯士兵漂洋过海的船只。公元前 492 年，亚洲方面准备就绪，摩拳擦掌要一举击溃欧洲的新贵。

波斯国王在战前发出了最后通牒，派人到古希腊索要“土和水”以作为臣服于波斯的信物。希腊人谈笑间就把波斯使者扔到了水井里面，说那里有的是波斯人想要的“土和水”。于是大战爆发了。

英明的奥林匹斯山诸神护佑着他们的孩子们。当载着波斯士兵的腓尼基船队驶过阿瑟斯山时，风暴之神怒气冲冲地吹起了飓风，吞没了亚洲人的船队，波斯军队全军覆没。

波斯人在两年后卷土重来，他们这次安全驶过爱琴海，在希腊半岛马拉松村附近成功登陆。雅典人得知情报后组织起十万大军去严守马拉松平原，同时派出一名长跑能手向斯巴达求援。可是斯巴达人向来对雅典心存嫉妒，因而拒绝出兵。其他古希腊城邦也仿效斯巴达的做法，只有小小的普拉提亚城邦派来一千名士兵给予援手。公元前 490 年 9 月 12 日，雅典统帅米泰亚德率领英勇的战士手持长矛突破了波斯人的密集箭阵，在人数处于劣势的情形下将号称无敌的波斯军队一举击溃。

决战那天晚上，雅典市民看着熊熊战火将天都染成了红色，一个个焦虑地盼望着前方能早些传来战报。终于，通往北方的道路上隐隐约约扬起一团尘土，那是雅典人的长跑能手费迪皮迪兹赶来了。这位英雄已经能够看到眼前的目的地，但他感到自己身心疲惫，快支撑不住了。就在几天前，他刚刚长途跋涉跑去斯巴达求援，一无所获后又急着跑回来参加战斗，战争刚刚大获全胜，他又主动要求把胜利的喜讯亲自带回给他无限热爱的城市。雅典市民看到他时，他一头栽倒在地，大伙赶紧上去将他扶起。“我们胜利了！”他从嗓子眼里送出这句大家等待良久的话语，然后闭上双眼死在了亲人怀中。他光荣地死去，获得了所有人的深深景仰。[①]

战败的波斯人又企图在雅典附近再次登陆，在看到海岸线上驻守的重兵之后，波斯人只好灰溜溜地撤回亚洲。希腊的国土重新恢复了和平。

这以后的八年时间里，波斯人始终在养精蓄锐，等待新的机会，而古希腊人也不敢有丝毫松懈。他们知道波斯人最后的全力反扑即将到来，但在如何应对新的战争危机的问题上，希腊人内部却意见纷纭。有些人认为应该积极扩充陆军，另一些人则认为建立强大的海军才是当务之急。主张扩充陆军的一方以阿里斯提得斯为首，主张建立海军的则由德米斯托克勒斯[②]领导。他们彼此争执不下，直到后来把阿里斯提得斯流放才了结了纷争。于是德米斯托克勒斯抓紧时机全力打造战船，并建成了坚固的海军基地——比雷埃夫斯港。

公元前 481 年，装备一新的波斯军队在塞萨利[③]出现了。在这关乎全希腊生死存亡的危急关头，以军事力量强大著称的斯巴达被希腊盟国推为联军盟主。可是自私的斯巴达人只在乎自己城邦的安全，而对北方的军事布防不以为然。

斯巴达人只派出一支由李奥尼达率领的小股军队前往守护连

---

① 为了纪念费迪皮迪兹的英雄事迹，古希腊人的第一届奥林匹克运动会举办了马拉松长跑比赛。

② 德米斯托克勒斯（公元前 525—前 460），古代雅典海军将领，曾在希波战争中大败波斯军队，后被雅典人指控为叛徒，出逃并投靠了波斯人。

③ 古希腊北部省份。

接塞萨利和南部诸省的交通要道。这是一道位于高山与大海之间的险要关隘。李奥尼达指挥英勇的斯巴达士兵死守关口。但关键时刻一个名叫伊菲亚特斯的叛徒出卖了斯巴达人，他带着一支波斯军队沿马里斯附近的小路穿过山区，从后方包夹李奥尼达。于是在温泉关口爆发了一场激战，双方激烈厮杀至深夜。最后，李奥尼达及其部下全部英勇阵亡。

温泉关口失守之后，波斯军队得以在希腊平原上长驱直入，希腊许多土地相继失落。波斯人攻至雅典，激战之后占领了雅典卫城，一把火把卫城烧成了平地。幸存的雅典人狼狈逃往萨拉米岛。看起来希腊人的这一仗似乎没有翻盘的希望了。但是在公元前480年9月20日，德米斯托克勒斯率领着雅典海军出场了，他诱使波斯舰队驶进大陆与萨拉米岛之间的狭窄海面。双方仅仅交战了数小时，雅典人就击沉了四分之三的波斯战舰，一举扭转了战局。

这场战役下来，波斯人温泉关口的胜利战果就化为乌有了。波斯国王薛西斯只好率部撤回到塞萨利地区，把与希腊人进行最后决战的日子继续延后到不可预知的来年。

这场战争终于让斯巴达人认识到了局面的严重性。他们毅然离开了建在科林斯地峡上的坚固城墙，在英勇的鲍萨尼亚斯的率领下，主动向波斯将领马尔东的军队发起攻击。在普拉提亚附近，来自十二个城邦的十万希腊军队向三十万波斯军队发起了总攻。像前次马拉松平原战役一样，希腊步兵的重兵器再一次粉碎了波斯人的箭阵，将波斯人打得溃不成军。就在希腊步兵取得普拉提亚大捷的同一天，雅典海军也在小亚细亚附近的米卡尔角将敌人的战舰全部击沉。

亚洲与欧洲之间的第一次争斗就这样结束了。雅典人赢得了荣耀，斯巴达人也因其骁勇善战而声名远播。如果这两个城邦能够消除彼此间的间隙，携起手共同创业，他们应该是可以建立起一个强大而统一的希腊共和国的。

但是事实却令人扼腕叹息，这两个希腊世界的领袖在胜利的热情中任由时光流逝，而把合作的机遇悄然错过了。

第十九章　雅典与斯巴达

雅典与斯巴达为争夺希腊世界的领导权而展开漫长的战争，给希腊人带来了无可挽回的灾难

雅典和斯巴达都属于古希腊城邦，两个城邦的人说着共同的语言，但除此以外却毫不相同。雅典矗立在平原上，海风吹拂下，雅典人喜欢以孩子般天真好奇的眼光打量这个世界；而斯巴达则坐落在深深的山谷里，四周环绕的群山成为一道天然屏障，阻挡了外来的新鲜思想。雅典是贸易繁荣的商业城市，斯巴达却像个军队训练营，人人都力争做一名出色的战士。雅典人喜欢沐浴在阳光下，谈诗论赋或者倾听哲人智慧四射的对话。斯巴达人却从来不肯与文字打交道，只知道如何击倒对方或是如何在战争中抢得先机，甚至愿意为了争强好胜而牺牲一切人类情感。

这就不难理解为什么严肃的斯巴达人会对雅典的强盛感到嫉恨。雅典人在保卫家园的战争中表现出了旺盛的精力，战后他们又把这些精力用以重建家园。他们满怀崇敬地修复了雅典卫城，把它建成了供奉雅典娜女神的宏伟的大理石神殿。雅典的民主制领袖伯里克利[①]为了美化家园、熏陶年轻人，广邀著名的雕塑家、画家和

① 伯里克利（约公元前 495—前 429），古代雅典政治家。

科学家来共同参与城市建设。与此同时，他还时刻警惕着斯巴达的军事动向，修筑了一道连接雅典与海洋的高耸城墙，使雅典具备了全希腊最完备的防御工事。

可是一个不起眼的小争端却最终引发了两个强大城邦间的武力冲突。双方刀光剑影大战了三十年，最终雅典在一场灾难中败下阵来。

开战后第三年，可怕的瘟疫侵袭雅典，超过半数的雅典人以及他们的英明领袖伯里克利都在瘟疫中不幸身亡。瘟疫过去以后，雅典人对继任的城邦领导不甚信服。后来一位名叫阿尔西比亚德斯的聪明年轻人在公民大会中取得了民众支持，提出派兵远征西西里岛上的斯巴达殖民地西拉库斯。雅典人的远征军整装待命。然而倒霉的阿尔西比亚德斯不知为什么卷入了一场私人仇杀，被迫逃离了家乡。接替他的军事统领一再指挥失当，先是导致海军损失了许多战船，接着又使陆军遭到沉重打击。少数雅典战俘被敌人驱赶至西拉库斯的采石场做苦力，最终都在又饥又渴中悲惨死去。

这场战争几乎使雅典所有的青年男子都死于非命。雅典城已经难以逃脱被征服的命运。在最后坚持反抗了一段时间之后，雅典人在公元前 404 年 4 月宣布投降。辛辛苦苦建造起来的高大城墙被推倒在地，军舰也被斯巴达人全部抢走。雅典在它的全盛期曾纵横四野并建立起了强大的殖民帝国，如今却失去了作为帝国中心的崇高地位。尽管如此，雅典人在强盛时期所持有的对真理的无限执着和对自由的强烈渴求，并没有随着城墙和军舰的覆灭而一起消亡。它继续在雅典人心中成长壮大，并逐渐展示出它的色彩。

雅典已经无法以一己之力决定整个希腊半岛的政治经济走向。可是现在，它作为历史上第一所高等学府的诞生地，凭借对那些热爱智慧的心灵的养育，它的精神影响已深入到世界文明之中，远不是希腊半岛的狭隘边界所能限制的。

第二十章　亚历山大大帝

马其顿人亚历山大想要建立一个希腊化的世界帝国，他能否实现他的宏图伟业呢

当亚加亚人离开多瑙河畔的家园去寻找新牧场时，曾经在马其顿山区居住过很久。从此，古希腊人就与这些北方邻居有所往来。而马其顿人也同样密切关注着希腊半岛的时局变化。

如今，斯巴达和雅典已经结束了争雄希腊半岛的战争。这时候马其顿的君主是一位能力过人的杰出领袖，名叫菲利普[①]。他对古希腊的文学艺术怀有深切的感情，但对他们在政治上的无能十分不满。他常常因为这个优秀民族为一些无谓的战争耗尽人力而大为恼火。在他看来，解决希腊问题的唯一办法，就是让自己成为希腊人的统治者。他真的这么做了，他还让被降伏的希腊子民跟随他远征波斯，以报复一百五十年前薛西斯对希腊的侵犯。

然而不幸的菲利普在远征军还没出发时就因故被谋杀了，这就使征讨波斯为希腊人雪耻的重任落到了他儿子亚历山大身上。众所周知，亚历山大是古希腊最渊博的哲学大师亚里士多德的学生。

亚历山大于公元前334年春离开欧洲，七年后抵达印度。他

① 菲利普，也称腓力二世（公元前359—前336年在位），他统一了上、下马其顿。

在一路征战中消灭了古希腊商人的世仇腓尼基人，还把埃及也收入版图，成为尼罗河谷的法老继承人。他一举消灭了波斯帝国，宣布要重建巴比伦，甚至还率军深入到遥远的喜马拉雅山腹地。他几乎把整个世界都变成了强大的马其顿帝国的行政区域，然后他停止征战，推出一套令人瞠目结舌的宏伟计划。

根据这一规划，新帝国的各个行政区域都必须广泛发扬古希腊精神，学习古希腊的语言，居住在仿古希腊风格的城市里。亚历山大的士兵们突然间弃武从文，一个个都成为传播古希腊文明的文化导师。杀气腾腾的军营一转眼变成了和平开明的文化中心。古希腊的生活方式和精神理想如狂潮般席卷亚非欧。可是年轻的亚历山大突然在这时染上了无可治愈的热病，公元前 323 年，踌躇满志的帝国领袖遗憾地死在了汉谟拉比的巴比伦王宫里。

希腊化浪潮随着亚历山大的逝世而逐渐消退，但文明的种子却已经在各地生根发芽。亚历山大大帝以他的天真和雄心，为人类文明做出了不可磨灭的贡献。帝国在他死后便开始分裂，权欲熏心的将军们重新瓜分了国家，但他们对先主的美好梦想——实现古希腊文明与亚洲文化的伟大融合——却始终没有放弃。

从马其顿帝国中分出来的这些小国都长久保持着各自的独立，直到很久以后罗马人一路席卷和吞并了西亚与埃及。这样希腊化文明（既有古希腊的，也有波斯的，还包括埃及和巴比伦的）的精神遗产薪火相传到了罗马人手中。在这以后的数个世纪里，它在罗马大地上开花结果，其影响远及今朝。

第二十一章 小结

第一至二十章的小结

目前为止，我们的目光一直被限定在世界的东方。但随着世界历史的前行，埃及和两河流域的文明将渐趋暗淡，我们将转而注目西方的图景。

让我们在观看新的文明世界以前，先暂停脚步回顾一下我们之前所看到的。

我们最先看到的是史前人，他们的生活方式淳朴而不惹人注意。我曾经说过，他们是所有早期生物中最缺乏身体优势的，是勤劳、智慧和创造力使他们在恶劣环境中幸存了下来。

后来世界经历了冰川纪，寒冷持续了数百年。生存日渐艰难，人类需要更为出色的创造。求生的本能是各种生物能够竭力拼搏的力量源泉，历来都是如此。于是人类就在极端恶劣的气候条件下全速运转他们的头脑，依靠他们的顽强与智慧，从曾使许多动物丧命的寒冷中坚挺过来。当地球气候重新变暖时，他们已经掌握了许多避免被灭绝的生存技巧和法则，这是他们渐渐比他们的野蛮邻居优越起来的主要原因。

我后来说到，人类的远祖在前光明的世界里徘徊良久之后，突然在尼罗河谷实现了文明的突破，创造出最早的文明中心，尽管其原因我们今天尚无法得知。

接着我们看到了两河流域美索不达米亚的故事，这是人类文明进阶的第二个营地。还有神奇的爱琴海诸岛，它们起着桥梁的作用，在古老的东方和年轻的西方之间实现了文明转接。

后来我们讲到了印欧族的赫愣人，他们于数千年前离开亚洲，在公元前 11 世纪抵达满是山岩的希腊半岛，从此被称为古希腊人。我们又讲到其实是一个个独立小国的古希腊城邦，那里的智慧人群把古代埃及和亚洲的文明施以改造，从而生发出比以前任何一种文明都远为优越的全新文化。

我想现在你会发现，文明的地图已经呈现出一个半圆，它始于埃及，中经两河流域、爱琴海诸岛一路向西，然后抵达欧洲大陆。在人类走向光明的最初四千年里，埃及人、巴比伦人、腓尼基人以及包括犹太人在内的许多闪族部落，都曾经担任过文明火炬手的角色，而他们又将文明火种传给了印欧族的古希腊人，之后古希腊人还将把它传给另一个印欧部族罗马人——地中海东部的绝对统治者。而差不多在同时，闪族人由非洲北海岸向西进发，在地中海西部建立起势力范围。

下面你将看到，这各自有着悠久历史和伟大文明的两支部族之间将爆发甚为惨烈的战争。罗马人取得胜利并建立了帝国，把埃及、两河流域、古希腊的文明全部搜罗到欧洲大陆，成为我们现代社会的精神之源。

也许你对这一切已经叹为观止了，但你只需抓住最关键的线索，就能较好地理解我们接下来所要讲到的新内容。看一看地图能使你明白许多我很难用语言讲述清楚的东西。现在，在这短暂的清理之后，让我们重新回到先前停下脚步的地方，去看看迦太基和罗马之间发生了怎样的激烈争斗。

第二十二章　罗马与迦太基

闪族在非洲北海岸开辟了一片殖民地，世称迦太基。意大利西海岸的印欧族罗马人为了争夺地中海西部的霸权而与闪族人展开激战，最后迦太基被消灭了

腓尼基人的贸易中心卡特哈德沙特建在山丘之上，往下正面对着宽九十英里、分隔亚欧的阿非利加海[①]。卡特哈德沙特作为贸易中心是完美的，它在很短时间内就变得极为富有。公元前6世纪，巴比伦国王尼布甲尼撒[②]征服泰尔，迦太基乘机与其宗主国腓尼基切断了联系，自己发展成一个独立的国家。从此，它就变成闪族向西方扩展影响的触角。

然而有一点很不幸，千余年来腓尼基人身上的许多不良习性都在这座城市身上打下了深刻的烙印。它只是一个受海军保护的商业机构，不懂得何为生活、何为精美。迦太基地区内所有的城市、乡村以及较远的殖民地，都是由一帮满脑子金钱的富商控制着。古

① 即今天的突尼斯海峡。

② 即尼布甲尼撒二世（约公元前630—前562），古代西亚新巴比伦王国国王，著名的军事统帅，曾在国内大兴土木，在巴比伦修建了马尔杜克神庙，其中的塔庙就是《圣经·旧约》里提到的“巴别塔”；为取悦其米底王妃，又在巴比伦的王宫中建空中花园，被誉为古代世界的七大奇迹之一。

希腊语中富人叫作“ploutos”，因此这些富人组成的政府被古希腊人称为“plutocracy”（财阀政府）。迦太基是最典型的财阀政府，实权完全被十二个大船主、矿主和商人一手把持。这些人就在办公室后面的密室中商讨国事，国家被当作他们的赚钱机器。不过出于经济利益，他们办事倒也很勤奋，处事也极机敏。

岁月流逝，迦太基逐渐扩大它的影响力，非洲北部海岸的大部分地区都已进入它的势力范围，西班牙和部分法国的土地也都臣服于它，向这个地处阿非利加海滨的强大城邦定期进贡和纳税。

当然，“财阀政府”的运转有时候也会受到民意的影响。如果政府提供的工作机会和薪水比较合理，那么感到满意的民众就会听从掌权者的命令，不会去深究什么。可是如果碰到船只无法航行或缺乏冶炼原材料而导致码头搬运工人失业的情况出现，那么民众就会抱怨着要求召开公民大会。在很久以前迦太基还是自治共和国的时候就已经是这样了。

为避免出现这样的情况，财阀们的最好办法就是极力维持高效的商业运营。他们在漫长的五百年里都一直保持着这样的效率。但是突然有一天，意大利西海岸传来的某种流言瞬间让这些财阀坐立不安了——据说台伯河边的一个小村庄在一夜之间成长为意大利中部所有拉丁民族的核心领导。更糟糕的是，这个叫罗马的村庄正在积极修建船只，准备与西西里①及法国南部海岸建立贸易联系。

迦太基决定立马铲除这个年轻的竞争对手，以免夜长梦多，影响他们在西地中海贸易区的绝对优势地位。他们在深入了解敌情之后终于摸清了对方的来头。

意大利西海岸长久以来都被文明所遗忘。在古希腊，所有的港口城市都向东注视着爱琴海上的文明世界，充分汲取着它的养料。

---

① 地中海岛屿，后属于意大利领土。

而对意大利西海岸而言，地中海的冰冷海涛和荒凉海岸是他们唯一可以面对的景象。文明世界的商贩很少踏足这片贫穷的土地，只有少数原住民安详寂寞地生活在这片绵延宽广的山脉和辽阔无际的平原上。

来自北方的民族第一次对这片土地发起侵占。搞不清具体是在什么时间，一支印欧部族发现并跨越了阿尔卑斯山脉[①]的险要隘口，然后顺势向南发展，直到在这个靴形半岛[②]的每一处都布满了村庄与牛羊。我们对这些最初的占领者并不了解，并不像希腊有荷马用诗歌唱颂过过去的历史。荷马没有歌唱过他们的辉煌。八百多年之后，当罗马成为帝国中心时，他们才开始有了一些关于罗马城之初建的记述，但那都只是些神话传说，远非历史真相。罗慕洛斯[③]或是瑞摩斯[④]跨过了对方城墙（我实在记不大清楚是谁跨过了谁的城墙）的传说颇具趣味性，但罗马城的实际建立过程恐怕要枯燥得多。罗马最初成为一个城市中心应当与其他任何城市的起源一样，得益于它地处交通要道，可以为人们提供一个交换粮食、马匹的地方。罗马位于意大利平原中部，其内河台伯河直通大海，沿河的七座小山常被当地百姓用以抵御外敌。虎视眈眈的敌人环峙在四周，有的来自山区，有的来自大海。

从山区来的敌人是野蛮的萨宾人，他们就是依靠劫掠为生的。但他们的装备很落后，尽用些石头斧子和木制盾牌，根本不是拥有

---

① 欧洲最高大的山脉。位于欧洲南部，西起法国尼斯附近地中海岸，经意大利北部、瑞士南部、列支敦士登、德国西南部，东至奥地利的维也纳盆地。山脉主干向西南延伸为比利牛斯山脉，向南延伸为亚平宁山脉，向东南延伸为迪纳拉山脉，向东延伸为喀尔巴阡山脉。最高峰勃朗峰位于法国和意大利边境。

② 意大利所在的亚平宁半岛状如皮靴。

③ 罗马城的建造者，传说中战神马尔斯之子。

④ 罗慕洛斯的孪生兄弟，因在修建城墙时与罗慕洛斯争吵而被杀。

铁制刀剑的罗马人的对手。相对而言从海上来的伊特鲁里亚[①]人是比较危险的敌人，关于他们的来历在历史上是一个尚未解开的谜，我们只能看到他们在意大利海岸留下的城市、墓地、水利等遗迹。他们也留下过许多碑文，但是迄今还没有人能够识别伊特鲁里亚文字，因此这些碑文就成了一些费脑筋的神奇图案。

我们最多只能做这样的猜测：伊特鲁里亚人最初居住在小亚细亚，战争或瘟疫把他们赶出了家乡，迫使他们外出寻找新的家园。不管到底是什么原因致使他们迁到了意大利，我们都得承认他们在历史上起过重要作用。他们把东方的古代文明带到了西方，教会了来自北方的罗马人最基本的生活技术，如建筑、街道建设、战术、艺术、烹饪、医疗以及天文。

古希腊人对他们爱琴海的文化老师向来很不屑，罗马人对他们的伊特鲁里亚老师也一样感到厌烦，他们总是在寻找消灭伊特鲁里亚人的机会。机会果然来了。希腊商人在与意大利的通商中尝到了甜头，就把商船直接驶进了罗马城。这些希腊人原来是想到这里来做贸易的，后来却不知什么原因居留下来成了罗马人新的生活老师。希腊人发现，这些当时被称作拉丁人的罗马人最喜欢实用的东西。罗马人逐渐认识到文字记录能带来巨大便利，于是就在希腊字母的基础上发展出了拉丁文。他们还看到货币制度和度量衡体系的统一对商贸活动极具促进作用，也就拿来仿效。罗马人一口咬住了古希腊文明的渔钩，连同渔线和浮坠都吞进了肚子里。

他们甚至对古希腊崇拜的神明也一股脑儿加以接受。希腊人的主神宙斯被带到罗马，只是换了个名字叫朱庇特，其他的希腊古神也被一一接纳进来。不一样的是，古希腊神明是常伴在希腊人的

---

① 位于距今两千至三千年前的亚平宁半岛的中北部，对古罗马及后世的西方文明产生深远的影响，其文字到现在还未被破译。

具体生活中的，而一旦变成罗马诸神之后就全然不是这么回事了。罗马的神祇都有如政府官员，各自掌管着隶属于自己的部门。同时作为对他们工作的回报，他们要求信徒对他们绝对服从。罗马人在这一点上小心翼翼，做得很好。也正因为如此，罗马人从来没有像古希腊人那样，能够与他们的奥林匹斯山诸神保持一种亲密和谐的关系。

罗马人在政治体制上并没有模仿希腊人。但这些与希腊人同属印欧族的罗马人，其早期历史却与雅典人及其他希腊人的历史十分接近。罗马人也花了一些精力来推翻意大利原住部落的酋长，然后他们开始设法限制贵族的势力，并花了足足好几个世纪来建起一套全民参与管理城邦事务的民主政治制度。

罗马人在政治上比希腊人更有天赋，他们在管理国家时从来不讲空话。罗马人缺乏希腊人的想象力，因此相比于天花乱坠的话语，他们更喜欢选择实际行动。他们认为平民议会（plebs）最容易流于空疏，因此把城邦事务的实际操作交由两名执政官负责，并设立一个元老院（“senex”一词表示老年人，所以我们叫它“元老院”）来监督和协助他们的工作。根据传统，同时也考虑到实际效果，元老通常都来自贵族，当然他们的权力是被严格限制在一定范围内的。

我们前面说到，雅典人为了解决穷人和富人之间的矛盾，只得制定了德拉古法典与梭伦法典。公元前5世纪，罗马的穷人和富人之间也开始出现纠纷。诸多自由公民经过一番抗争之后制定了严格的法律条文，用一套全新的“护民官”制度来保护他们免受贵族法官的欺凌。护民官作为城市的行政长官，将由自由公民共同推选，其工作是防止政府官员的不公行为侵害到公民的正当利益。根据罗马法律，执政官握有判死刑的权力，但只要案子的证据还不够充分，护民官就有权插手解救这个很有可能是被冤枉的倒霉蛋。

在我讲到“罗马”的时候，它仿佛仅仅指涉那个只有数千人口的小城市，然而实际上，罗马的真意隐匿在城墙外的郊区与村野。罗马人在管理外省的手段上已经显露出作为殖民帝国的潜质。

罗马在很久以前曾是意大利中部唯一的坚固堡垒。但它一直很大方，会为任何一支正遭受外敌侵袭的拉丁民族提供庇护场所。慢慢地，罗马的拉丁邻居们开始认识到，有这么一个强大的朋友，对自己来说是有百利而无一害的，因此他们开始极力推动以一种较合理的方式来与罗马结盟。以前的埃及、巴比伦、腓尼基还有古希腊，都坚持要那些寻求庇护的蛮族绝对地臣服于他们。罗马人的做法与他们不同，他们对待外来者一视同仁，无论是何血统都可以成为共和国的合法公民。

“如果你想成为我们的一分子，”罗马人说，“那当然欢迎，我们会把你当作罗马的正式公民对待。但作为回报，希望你能够在需要的时候为国家、为我们共同的母亲全力而战！”

外来者对罗马的高姿态心怀感激，总是拿出全部的忠诚来回报国家。

古希腊城邦在遭受外敌入侵的时候，外来居民总是在第一时间就出逃了，在他们眼里那里只是临时的寄居地，希腊人是因为他们缴了税才予以接纳的，完全没有必要为之卖命。然而当有敌人胆敢进犯罗马时，所有拉丁部族的人都会挺身而出与之浴血奋战，因为居然有人欺负到他们共同的母亲身上来了。即使是那些远离罗马城，一辈子没见过罗马圣山和城墙的拉丁人，也仍然会把罗马当成是自己真正的家。

即使是失败和灾难都改变不了拉丁人对罗马的深厚感情。公元前 4 世纪初，野蛮的高卢人攻入意大利，在亚利亚河畔打败罗马守备军之后进军罗马。他们在罗马城里坐等前来求和的罗马人。可是一等再等却始终不见动静。不久高卢人发现，他们四周充满了敌意，一切维持生命的供给都被切断了。苦撑了七个月后，他们在饥饿的胁迫下仓皇退兵。罗马人平等对待外来公民的政策发挥出了实效，并成为罗马逐步走向强盛的一大保障。

从这些罗马早期历史中你可以看到，罗马人与迦太基人的国家理想真的是天差地别。罗马人的政体是以与外来公民平等合作为保障的，而迦太基人效仿埃及和西亚的统治方式，要求外来臣民绝对顺从（常常是极不情愿的）。如果这种要求得不到实现，他们就会雇用职业军队对其施以讨伐。

这下你就能够明白，为什么迦太基人会对这个强大而聪颖的敌人感到如此害怕，以至于迫不及待地要挑起战争，来把这个危险的对手在完全成长起来以前就铲除掉。

可迦太基人这些精明圆熟的商人深知莽撞并不能带来理想的效果。于是他们跟罗马人商议，在地图上划出各自的势力范围，并保证不去争夺不属于自己的经济利益。双方的协议在达成之后没多久就被撕毁了。当时的西西里岛经济富庶但政治败坏，对任何一个窥伺者而言都极具诱惑力。迦太基和罗马都一眼看上了这块肥肉，都想派兵把它纳为已有。

随后就爆发了历经二十四年的第一次布匿战争。战争在海上打响。最初大家都以为深谙战争之道的迦太基人会轻易制伏稚嫩的罗马军队。迦太基人用的是传统战术，就是用自己的坚固战船猛烈撞击敌船，或者从侧面齐身折断对方船只的船桨，并用弓箭与火球击打慌乱的敌兵。但是聪明的罗马工程师发明了一种备有吊桥的新式战船，能够让罗马士兵登到敌舰之上与敌军展开面对面的厮杀。这样一向在海战中所向无敌的迦太基人彻底走到胜利终点了。在马累战役中，罗马人把迦太基舰队打得全无还手之力，迦太基人被迫投降，拱手让出西西里岛。

时隔二十三年之后，双方又起了新的争端。罗马人为了得到铜矿，牢牢占据了撒丁岛，而迦太基人为了争夺银矿，把整个西班牙南部都抢到手中。两个敌国之间的地理距离突然被拉近，成了邻居。这引起了罗马人的不满和担忧，他们派兵翻越比利牛斯山去密切监视迦太基的军事动向。

战争的局势已经形成，第二次布匿战争临近爆发。关键时刻，一个古希腊殖民地点燃了战争导火线。迦太基向西班牙东海岸的撒衮顿发起攻击，撒衮顿人立刻请求罗马人施予援手。罗马像以往一样慨然应允，元老院答应派一支军队前往增援。但就在罗马人花时间组织远征军的时候，撒衮顿已经被迦太基人攻陷并夷为平地。这让罗马人大为光火，元老院立即向迦太基宣战。罗马军队兵分两路，一支渡过阿非利加海在迦太基本土登陆，另一支前往打击还居留在西班牙的迦太基部队，以防止他们回头增援。人人都以为依靠这一完美计划定能如愿取得胜利。然而这一次，神明仿佛不想让罗马人如此轻易地得手。

公元前 218 年秋，计划打击驻西班牙迦太基军队的罗马士兵向目的地开拔，全罗马人都在翘首盼望一个取得完胜的美好消息。但这时，波河平原[①]上突然传开一个恐怖的流言，许多粗陋的山区牧民几乎颤抖着说，他们看到有几十万棕色人骑着房子般大小的巨型怪兽，突然出现在格莱恩山口的云端里。在神话传说中，千余年前赫克里斯[②]曾经赶着吉里昂公牛[③]跨过这个山口经由西班牙前往希腊，这引发了大家的恐怖联想。不久后罗马城里陆续到了许多狼狈的逃难者，他们带来了比较翔实的战报：敌军统帅是哈密加尔[④]的

---

① 意大利最大和最重要的平原，夹在阿尔卑斯山脉和亚平宁山脉之间，原为古海湾，后被波河冲积而成。

② 古希腊神话中最伟大的大力士。

③ 被赫克里斯杀死的怪物。

④ 迦太基著名将领。

儿子汉尼拔，他带了五万步兵、九千骑兵外加三十七头战象，连夜翻过比利牛斯山，在罗讷河[①]畔把西庇阿麾下的罗马士兵打得落花流水。尽管10月的北方山区冰雪覆盖，汉尼拔还是以惊人的意志力率军跨越了阿尔卑斯山。然后他与高卢人合兵一处，把正在抢渡特蕾比亚河[②]的另一支罗马军队彻底击垮。现在汉尼拔已经率军重重围住皮亚琴察，这是地处罗马与山区各省交通要道上的北部重要战略点。

元老院大为震惊，但很快镇定下来。他们想方设法掩饰了罗马军队战败的消息，重新组织起两支部队去阻击汉尼拔。然而汉尼拔又在特拉西梅诺湖[③]边的狭路上突袭了罗马的新军，把所有的罗马官兵全部杀死。罗马人愈加惊慌了，只有元老院还保持着冷静，他们又组织起第三支军队，交由昆图斯·费边·马克西姆斯指挥，并允许他在万不得已时行使特权。

费边知道必须万分谨慎才能避免重蹈前面那些将士的覆辙。更严峻的是，他手下的士兵都是临时召集拼凑起来的，缺乏正规的军事训练，很难与汉尼拔身经百战的精兵强将交手。因此费边总是尾随汉尼拔而避免正面冲突，他设法在游击中烧掉对方的食物，毁掉敌军可能要走的道路，并三番五次去骚扰迦太基人的小股部队，企图以这种扰乱对方军心的战术来一步步拖垮汉尼拔。

但是广大市民躲在罗马城里已经忍受不了长时间的惊恐，他们在费边的这种战术中丝毫看不到希望，因此极力呼吁要采取更为坚决果敢的打法。有一个名叫维洛的市民在罗马城里吹嘘说，他有一套比羸弱的费边更为高明的战术打法。维洛很快获得了群众的拥戴而被推为新的司令官。于是公元前216年，康奈战役爆发，维洛

---

① 流经瑞士和法国的河流。
② 在意大利北部。
③ 意大利境内最大的淡水湖泊。

的军队遭受了最大的惨败，七万官兵全军覆没，汉尼拔成了纵横意大利的霸主。

汉尼拔在亚平宁半岛上来回厮杀讨伐，四处宣扬自己是百姓的解放者，并号召各个边地省份的民众加入到他的战团中来。这时，罗马那套最英明的民族政策再次显示出它的威力和效用来。除了卡普亚与西拉库斯两个边陲小省，其他所有的省份都对罗马忠心耿耿。拯救者汉尼拔试图伪装成百姓的朋友，却发现反抗声远远大于附和声，再加上经历了远征和长期作战的疲乏，他的处境开始每况愈下。他派人回迦太基请求支援，但是很遗憾，迦太基已经一无所有，给不了他什么了。

海上因为罗马海军吊桥战船的存在而显得不可逾越，汉尼拔走到这一步只能自己靠自己了。面对罗马派来的一支支后续部队，他一一战而胜之，与此同时，他自己的兵力也快消耗得差不多了。而那些意大利农民依然对这位自封的民众解放者保持敌对，使他很难补足供给。

长此以往，汉尼拔虽然收获了许多小的胜利，却逐渐发现自己日益陷人深不可测的重围之中。曾有一段时间，迦太基军队仿佛有了转机，这是因为汉尼拔的兄弟哈斯德鲁拔在西班牙挫败了罗马军队，想要翻越阿尔卑斯山来给予援助。他派人前往意大利联络汉尼拔，约汉尼拔到台伯河平原与之会师。很不幸，联络员被罗马人在半途劫持，使汉尼拔独自望穿秋水。直到某一天，罗马人擒住了哈斯德鲁拔，把他的头颅用篮子装着扔进了汉尼拔的驻地，他才明白迦太基再也不可能派援兵来了。

此后，罗马将军普比流斯·西庇阿重新征服了西班牙。四年后，罗马人开始准备同迦太基一决生死了。汉尼拔被迦太基国王急匆匆召回本国，他渡过了阿非利加海，在迦太基城全力部署防御工事。公元前 202 年，迦太基军队在扎马战役中遭受了最后的失败。

汉尼拔从泰尔出逃，到达小亚细亚后又在那里煽风点火，企图挑起叙利亚和马其顿对罗马的攻击。他在亚洲一无所获，却给了罗马人一个最好的借口，使之能够堂而皇之地把军事势力扩张到东方的爱琴海地区。

汉尼拔只能在一座座异地城市中继续他的流亡生涯。他已经看不到任何希望，他一生为之奋斗的迦太基城在战争中被摧毁，海军最后也被消灭。迦太基人与罗马当局签订了极其屈辱的和约，规定迦太基人未经罗马批准不得擅自出战，另外还要在望不到头的年月里向罗马人赔偿巨额战争赔款。汉尼拔彻底陷入绝望，于公元前190年自杀。

四十年以后，罗马人最终还是对迦太基下了毒手。古老的腓尼基殖民地的人们与新兴罗马共和国全力周旋，力战三年之后，终于忍不住饥饿而缴械投降。罗马人把没有战死的迦太基人贩卖为奴，城市则以大火焚毁，粮仓、王宫、军械厂……所有这些被大火烧了足足两个星期。罗马士兵一边咒骂一边肆意踩踏着这片给他们带来仇恨的焦土，然后得意地扬起风帆凯旋。

在随后的一千年里，地中海实际成了欧洲的一个内海。要等到罗马帝国最终灭亡时，亚洲才又重新控制了这片内陆海域。我在讲穆罕默德的故事时，会再向你作详细介绍。

第二十三章　罗马的崛起

罗马帝国如何崛起

罗马帝国的诞生是一个偶然现象，它是在没有人策划的情形下自然而然成形的。并没有哪个统帅、政治家或者刺客在人群中高呼："各位罗马公民，我们现在要建立一个大帝国了！请大家一起跟随我们去征服赫丘利大门[①]与托罗斯山脉[②]之间的广阔地区！"

在罗马，名统帅、名政治家和名刺客辈出，其军队也是声名远播。但罗马帝国并不是被一个周密详尽的计划给炮制出来的。罗马人很务实，平常百姓都不谈国事，如果他们遇到有谁激情豪放地说"我觉得罗马应该向东方发展其势力范围……"大家都会敬而远之。事实上，罗马疆域的扩张只是因为环境驱使，而不是说罗马人有多好战、有多贪心。喜欢从事农务的罗马人更愿意终生守在温暖的家园里。但遇有外敌入侵，罗马人会毫不犹豫地奋起抗击。如果敌人来自遥远的地中海对岸，罗马人也会毫无怨言地长途跋涉，跨海去给敌人以重击。战争结束后他们会想办法以自己的方式管理这些地区，以免野蛮人再度控制此处，对罗马不利。你兴许觉得有

---

① 即直布罗陀海峡。
② 位于今天土耳其南部。

些复杂了，可是那时的人却认为这稀松平常，请看下面的这则例子。

公元前 203 年，西庇阿带领罗马军队渡过阿非利加海直取非洲。迦太基召回汉尼拔予以抗击。由于得不到援军支持，汉尼拔在扎马战败。面对罗马人的劝降，汉尼拔只身逃往叙利亚和马其顿。这是上一章已经说过的。

叙利亚和马其顿是亚历山大大帝强大帝国的两个残留部分，当时他们的统治者正在筹划如何瓜分尼罗河谷。埃及国王闻讯急匆匆向罗马发出求救信号。舞台已经搭好了，眼看就要上演一场阴谋攻歼的精彩戏剧。不料毫无想象力的罗马人未等戏剧开场就已将幕布拉上了。罗马士兵以迅雷不及掩耳之势击垮了马其顿从希腊人那里学来的步兵方阵。这是在公元前 197 年，战争地点在塞萨利中部辛诺塞法利平原一个人称“狗头山”的地方。

然后罗马人朝南向阿提卡进发，宣称要把希腊人“从马其顿的严厉迫害下彻底解救出来”。可是这些已经被奴役麻木了的希腊人实在是不经世事，他们对新的自由不知珍惜，反而任意挥霍。一个个希腊城邦刚获独立就开始了彼此间的争吵和聒噪，就像他们从前一样。罗马人对这个奇怪民族的啰唆与鼓噪感到十分厌烦，一开始他们还克制一下自己，可后来终于失去耐心。他们索性派兵攻入希腊，放火烧毁了科林斯城（作为对其他希腊城邦的警示），把希腊作为自己的一个行省并向它派遣总督。这么一来，马其顿和希腊就变成了罗马东陲的巨大屏障。

与此同时，安条克三世统治着达达尼尔海峡[①]对岸辽阔的叙利亚王国。四处流亡的汉尼拔此时成了国王的座上客，他正极力向国王灌输攻入罗马城其实很简单的诱人观念，安条克三世心动了。

---

① 黑海海峡南段，为沟通马尔马拉海和爱琴海之间的唯一航道。

曾在非洲扎马击败汉尼拔的西庇阿将军有个叫鲁修斯·西庇阿的弟弟，他被派往小亚细亚展开军事行动。公元前190年，小西庇阿在马革尼西大败叙利亚军队。不久安条克三世被叙利亚人刺杀，小亚细亚就此成为罗马的附属国家。罗马终于从一个小小的城邦壮大为整个地中海沿岸的强大统治者。

第二十四章　罗马帝国

经历了数个世纪的社会离乱和政治运动，最终造就了罗马帝国

罗马大军在捷报频传之后凯旋，受到了热情民众的夹道欢迎。但是战争的荣誉并不能改善人们的生活，相反，年复一年的兵役使老百姓们一直无法过上正常的乡间生活。战争的直接获利者只有那些立有战功的将士，他们在战后获得了大量的物质利益。

古罗马共和国的上层曾一度过着和老百姓一样的朴素生活。可现在共和国面对着战争夺取的大量物质财富，已经觉得俭朴生活是一种耻辱了。他们抛弃了祖先的崇高生活方式，把罗马变成了一个物质优先、财富至上的贵族共和国。这一点注定了罗马必无善终。且听我慢慢道来。

罗马只用了不到一百五十年的时间就成为地中海沿岸的绝对统治者。在早年的征战中，罗马人总是剥夺战俘的自由，把他们贩卖为奴。罗马人的战争态度是严肃的，对待战俘决不留情。我们曾说过在迦太基被攻陷之后，那里的妇女儿童及其仆人都被一股脑儿卖作奴隶。还有那些大胆反叛的希腊人、马其顿人、西班牙人、叙利亚人，其下场也是一样的。

在两千多年的人类社会，奴隶就是一部机器。现代的有钱人会

把多余的钱拿来投资办厂，同样，罗马的这些一夜暴富的元老、将士、商贩也把自己新获得的大笔钱财用于投资土地和购买奴隶。土地除了花钱买以外，还要通过战争来夺取。奴隶则是公开出售的，只要在市场上看见合意的就出钱买下即可。在公元前3世纪和前2世纪的罗马，奴隶的供应量一直是足够的。因此主人们随心所欲地使用奴隶，如果他们在耕作中累死了，主人们就会到附近的奴隶市场去购买一些新的科林斯或者迦太基俘虏。

再来看看罗马农民的生活与命运。

罗马的自由农民在战时尽心尽力为国效忠，但在经过十年、十五年甚至二十年的漫长战争，满怀喜悦回到家乡时，看到的却是一幅荒草丛生的衰败景象。这是个坚强勇敢的男子汉，发誓要用自己的双手重建新的生活。于是他开始了勤劳的播种和耕作，然后耐着性子等到收获的季节，满心喜悦地将稻谷、牛羊、家禽等农产品运到农贸市场。但是他突然发现市场上的农产品价格非常之低，原来是因为很多农庄主人用大批奴隶来种地而导致了农产品的低廉，可怜的农民只好也降低了自己农产品的价格。数年之后他再也支持不住，只好离开家园去城市谋求出路。可是城市生活依然要忍饥挨饿。等待他们这些无权无势的底层人民的，只能是惨淡的命运。他们群居在城市郊外腐臭的棚户区里，恶劣的生活环境使他们疾病不断。他们开始有怨言了：国家居然这样报答这些曾经为国浴血奋战的功臣！于是那些有野心的政治家的鼓动性演讲就很能得到他们的共鸣。政治家利用这些可怜无知的人们提升自己的影响力，为国家安全埋下了隐患。

新贵族对此并不在意，他们辩解道：“军队和警察会为我们制伏企图骚乱的暴徒。”他们深藏在院落重重的别墅花园里，自在地读着由希腊奴隶翻译的六韵拉丁文体的《荷马史诗》。

只有在几个古老的贵族家庭里还保留着古代罗马人的质朴精

神。西庇阿·阿夫里卡努斯的女儿科内莉亚嫁给了罗马贵族格拉库斯，生下了两个儿子，他们就是提比略和盖尤斯。这两兄弟后来都从了政，开始酝酿改革方案。他们经过详细调查了解到，意大利的土地大部分都被两千个贵族分别占据着。提比略·格拉库斯在大选中被推为护民官，他想为绝望的自由农民争取更多的权利。为此，提比略动用了两条被搁置已久的古老法律，限制个人拥有的土地数量，这样一来，小生产者阶层就能从中获益并利于国家复兴了。新贵族当然极力反对，还管提比略叫“土匪”“国家公敌”。终于在一次街头动乱中，受人雇用的暴徒刺杀了这位爱民的护民官。当时提比略正准备跨入公民议会厅，突然间遭到不明不白的围攻并被殴打而死。他的兄弟盖尤斯在十年后继承哥哥的遗愿，试图通过新一轮的改革来压制特权阶层。为了救助贫苦的农民，他颁布了“贫民法”，可结果却使更多的农民沦为乞丐。

盖尤斯在偏远地区为贫民建立了收容站，但没能收容到他想要收容的那些人。在盖尤斯·格拉库斯做出更多“糟糕”事情以前，他也被密谋刺杀了。他的一些追随者也遭到了被刺杀或是被流放的悲惨命运。与这两位出身贵族阶层的改革者不同，接下来登上政坛的两名改革家都出身军人，那就是马略和苏拉，他们两人从者甚众。

苏拉是农场主人的领袖。马略曾在阿尔卑斯山下击退了条顿人[①]和辛布里人[②]，因此是被夺去权力的自由民的英雄。

公元前 88 年，亚洲的情形又使元老院不安起来。消息称黑海边有一个国家，它的国王米特里达提斯是希腊人的后裔，正在致力于打造新的亚历山大帝国。为了开始他征服全世界的伟大征程，他

---

① 指古代日耳曼民族。

② 指古代奥地利民族。

把小亚细亚的罗马公民连同妇孺屠杀一光。这种行为无异于宣战。元老院立刻组建了一支军队要对此人施以讨伐。但在选择军队统帅的问题上罗马人起了分歧，元老院说："当然是苏拉，他现在是执政官。"但普通民众不能同意："当然是马略，他是五任执政官，他能为我们争取权利。"

在这样的争吵中，财富经常是决定因素。苏拉依靠其势力掌控了军权，率军征讨米特里达提斯。马略则被迫流亡非洲以等待新的机会。当苏拉及其军队远赴亚洲时，马略突然返回意大利，聚集了大批不满现状的穷凶之徒杀向罗马。马略一举攻入罗马城，并展开持续了五天五夜的杀戮，把元老院里的异党全部清除。马略终于重新当上了执政官，可马上就因为两星期前的极度兴奋而突然死去。

此后四年是罗马城的混乱时期。苏拉在击败米特里达提斯之后发誓要回罗马算账，他说到做到，把罗马城里所有支持改革的人全部杀死，屠杀持续了好几个星期。某一天，苏拉的部下抓住一个经常和马略厮混在一起的年轻小伙，依命令得把他绞死。围观者于心不忍，为之求情："他可只是个小孩子啊！"士兵闻言就把他给放了。这个小男孩名叫尤利乌斯·恺撒，等会我们就要说到他。

苏拉后来自封为"独裁官"，意指罗马所有一切的唯一的最高统治者。他做了四年独裁官之后寿终正寝。苏拉晚年的大部分时间都被用来浇浇花、种种菜，就像其他许多罗马刽子手一样。

罗马的局势不仅没有向好的方向发展，反而越来越糟糕。苏拉的亲密战友庞培将军再次带领罗马大军东征，讨伐麻烦不断的米特里达提斯国王。这位激情洋溢的国王被驱赶进深山的绝境，他明白成为罗马人的战俘将会极端悲惨，所以就服药自尽了。庞培在叙利亚重又树立起罗马的威望，他攻克了耶路撒冷，然后横扫整个西亚地区。公元前62年，庞培凯旋，他带回的十二艘战船上全都是被俘虏的国王、王子和将军，他们在罗马人的庆功宴上被无情地示众。庞培还带回了数目惊人的战利品，都是些价值连城的宝物，恐怕连最贪婪的人都无从想象。

此刻的罗马急需一位强权分子来整顿。几个月前，罗马城的领导权差点被一个无德无能的年轻贵族所攫取。这个家伙叫喀提林，赌光了所有的家产，想通过盗取政治权力来为自己捞油水。幸好正义的西塞罗律师得知了喀提林的诡计并向元老院及时告发，才使他知趣地逃走。但罗马城里已经危机四伏，像这样的年轻贵族还有很多。

于是庞培组建了一个三人小组来共同管理罗马，自己则理所当然成为这个三人小组的核心领导。尤利乌斯·恺撒由于在做西班牙总督时获得了良好的声誉，也就顺理成章成为其中的老二。老三克拉苏并没有什么强大的政治背景，他的当选纯粹是因为他为罗马军队提供了一笔可观的资费。没过多久他随军远征帕提亚[①]，然后不幸战死了。

恺撒是三人小组中最精明能干的一个。他野心勃勃，并清醒地认识到要想成为世所臣服的大英雄，还必须多立些显赫的战功才行。于是恺撒开始率军远征，他越过阿尔卑斯山，征服了现在的法国，接着又通过在莱茵河上成功架起木桥而打击了条顿人。他还乘船直逼英格兰，要不是因为紧急的国内事态逼他匆忙赶回罗马，谁都不知道强悍的恺撒还会杀向哪里。据国内传来的情报，庞培已摇身一变成为“终身独裁官”，这就是说恺撒将面临被打入退休名单的窘境。这是恺撒所不愿看到的。他记起了当年跟随马略横冲直撞的场景，于是决定狠狠教训一下元老院及其“终身独裁官”。他

① 伊朗古代奴隶制王国，在大致相当于今天伊朗的呼罗珊地区，中国史籍称之为安息。公元前 53 年，克拉苏率罗马大军强渡幼发拉底河，进军帕提亚，结果在卡尔莱大败，克拉苏及其子被杀。此后三个世纪，帕提亚与罗马之间战争不断。

渡过南阿尔卑斯高卢[①]行省和意大利之间的卢比孔河[②]，挥军直逼罗马。一路上意大利的老百姓都出来热烈欢迎他，把他看作人民的朋友。他没费一兵一卒就杀进了罗马城，并发现庞培已经往希腊逃窜。恺撒一路追杀，在法萨鲁斯歼灭了庞培的护卫军。庞培仓皇渡过地中海，想逃往埃及避难。不料他刚一上岸就被年轻的埃及国王托勒密的手下杀死了。恺撒在几天后也率兵追至埃及，但随后就落入了圈套，遭到了埃及士兵和庞培残部的联合袭击。

被幸运眷顾的恺撒成功烧毁了埃及人的战舰，可是这把大火却殃及了海岸边的亚历山大图书馆，使这座文化史上的著名建筑轰然倒地。随后恺撒把埃及军队赶入了尼罗河，托勒密也随之被淹死。后来托勒密的妹妹克里奥佩特拉组建起了新的埃及政权。这时北方又传来战报，说米特里达提斯的儿子法纳塞斯正在积极筹备为老父亲报仇的工作。恺撒又率领大军直取北方，花了五昼夜时间将法纳塞斯击败。他在传给元老院的捷报中写下了他的旷世名言"Veni, vidi, vici"，意为："我来了，我看见了，我征服了！"然后恺撒又折返埃及，因为他竟然痴狂地爱上了埃及女王克里奥佩特拉。公元前 46 年，恺撒和克里奥佩特拉女王一起返回罗马城，共同执掌国务。恺撒在他的一生中一共赢得了四次堪称辉煌的重大胜利，每次战后凯旋，他都威风凛凛地走在仪仗队的最前面。

恺撒向元老院邀功，五体投地的元老们决定封他做为期十年的"独裁官"。不幸的是，这一举动其实是致命的。

恺撒新官上任后立刻颁布了许多新条令来整顿现状。他首先允许自由公民加入元老院。他又重新实施古代制度，让边部省份的百姓也能够享受到正常的公民权。他允许外族血统的人参政议政。

---

① 指荷兰、卢森堡、瑞士和德国的一部分。

② 欧洲西部第一大河，欧洲最大的水运动脉。源出瑞士东南部阿尔卑斯山北麓，流经列支敦士登、奥地利、法国、德国、荷兰，在鹿特丹附近注入北海。

他还大力革新了边地的行政管理，防止边疆各省的利益落入贵族腰包。总之，恺撒为老百姓做了许多事情，也因此被特权阶层所怀恨。不久，五十多个年轻贵族以拯救共和国为名，共同策划了一起谋害恺撒的阴谋。当年3月的伊迪斯日，如果按照恺撒从埃及带来的新历法计算，就是3月15日，恺撒在走进元老院时遭到了刺客的暗杀。罗马又一次失去了它的领袖。

此时有两个人竭力尝试秉承恺撒的荣耀，一位是恺撒以前的秘书安东尼，另一位是恺撒的甥孙和财产继承人屋大维。屋大维当时居留在罗马，安东尼则远赴埃及。安东尼仿佛延承了前任罗马统帅的习惯，也是痴迷地爱上了克里奥佩特拉女王。

屋大维和安东尼开始互相争斗角力。通过激烈的阿克提姆战役，屋大维一举击败安东尼。安东尼自觉无路可走，选择了自尽了事，剩下克里奥佩特拉一人独挡强敌。克里奥佩特拉再施美人计，妄图把屋大维变成自己裙下的第三位罗马统帅。但眼前这位高傲的罗马贵族却丝毫不为所动。失败的克里奥佩特拉畏于被当作罗马军队凯旋的战利品示众，因此也选择了自杀。埃及成为罗马的海外行省。

屋大维极端聪明，没有重蹈他伟大舅公的覆辙。他知道太过张扬只会招致嫉恨，因此班师回朝后，在论功行赏时只提了一些很不起眼的小要求。他声称不要做“独裁官”，只要授予他一个“光荣者”的名号就足够了。当然几年以后，他就不再拒绝元老院授给他的“奥古斯都”（意为神圣、光荣、显耀）称号。又过了若干年，街道市民开始称呼他“恺撒”，而那些向来把他看作统帅的军队士兵则称他为“元首”或“皇帝”。共和国就在神不知鬼不觉中演变成了帝国，罗马大众丝毫都没有感觉到。

公元14年，屋大维已经稳坐罗马最高统治者的宝座。人们像敬拜神一样地敬拜他，其继任者也堂而皇之做了“皇帝”——史上最强大帝国的至高统治者。

其实罗马大众对你方唱罢我登场的混乱政治局面早已心生厌倦，只要新皇帝能够带给他们安宁，而不是无休止的战争和喧嚣，他们对皇权的去留就毫不介意。在屋大维统治期间，他的臣民享受了足有四十年的平静。已经取得皇权的屋大维再没有拓展疆界的野心。只是在公元 9 年，他派人到欧洲西北荒野去打击条顿人，结果罗马将军瓦卢斯及其部下在条顿堡森林惨遭覆灭。这以后罗马人再也没有动过打击北方蛮族的念头。

罗马人开始关注国内的政治改革，但此时已经太晚了。在经历了二百多年的统治权易位和此起彼伏的战乱之后，罗马的青年才俊已经死伤过半。奴隶的强大劳动力使自由农民丧失了竞争力，农民阶层迅速土崩瓦解。城市变成了巨大的难民收容所。官僚机构高度膨胀，诸多小公务员面对微薄的收入不得不通过受贿来维持生计。最可怕的是，民众对暴力、流血和他人的痛苦都已经无动于衷。

在外表看来，公元 1 世纪的罗马帝国政治昌明、幅员辽阔，即使当年荣耀一时的亚历山大帝国也不过是它的一个边陲小省。但在其辉煌外表下生活着的人民大众却是命运悲惨，他们终生辛苦劳作，好像是一只只背负巨石的蚂蚁。但是即便如此，其劳动果实也总是被少数人所攫取，他们自己只能与牲畜同吃同住，最终绝望而死。

罗马建国的第七百五十三年，盖尤斯·尤利乌斯·恺撒·屋大维·奥古斯都正在帕拉蒂尼山宫殿里日理万机。

与此同时，很远很远以外的一座叙利亚小村里，木匠约瑟夫之妻马利亚正在尽心尽责地看护她的孩子——一个出生在伯利恒马槽里的小男孩。

世界真的是非常奇妙。

不久之后，王宫和马槽之间将发生公开对抗。

而最终，马槽取得了完胜。

第二十五章　拿撒勒的约书亚

拿撒勒人约书亚（古希腊人称他为耶稣）的故事

罗马历815年（换算成现代历法是公元62年）秋天，罗马外科医生艾斯库拉皮乌斯·库尔特鲁斯给正在叙利亚服兵役的外甥写了这样一封信：

我亲爱的外甥：

几天以前，有人请我去给一个名叫保罗[①]的人看病。他似乎是个犹太裔的罗马公民，看上去温文尔雅，颇有教养。听说他被牵扯进了一桩刑事诉讼案，这个案件是由恺撒利亚或地中海东部某省的省级法院办理的，我曾听人说保罗是极其“野蛮、凶狠”的，曾经在各地发表反人民的违法演讲。我并不以为然，我认为他是一个充满智慧而且可以信赖的人。

我的一位在小亚细亚服过兵役的朋友告诉我，他听过一些有关保罗在以弗所传教的事迹，其大意似乎是在宣

① 基督教奠基人之一，耶稣的使徒，使福音传遍罗马帝国的最重要的人物。又名扫罗，是具有罗马公民身份的犹太人。早期是异教徒，后受到耶稣异象的召唤而皈依基督。

扬一位新的神明。我就向我的病人证实这些情况，还问他是否真的试图发起民众反抗我们可敬的国王。保罗答道，他所宣称的新国度是一个超越此世的彼岸世界。此外他还讲了很多稀奇古怪的话，我不大听得懂。我暗中揣测这可能是他在高烧之中说的胡话吧。

但他的高贵优雅令我印象颇深。过了没几天，我又听说他在奥斯廷大道上被杀害了，我感到很难过。因此我写了这封信给你。下次你如果路过耶路撒冷，请你多收集一些有关保罗的故事，最好还有那位奇特的犹太先知，听上去好像他是保罗的老师。我们的奴隶听说这位救世主时都变得激动起来，有些人还因为在公开场合谈及“新国度”（无论它的确切意义究竟如何）而被当局钉上了十字架。我很想知道有关这些传闻的真相。

你忠诚的舅舅

艾斯库拉皮乌斯·库尔特鲁斯

六个礼拜以后，库尔特鲁斯医生的外甥格拉迪乌斯·恩萨（驻高卢第七步兵营上尉）写了这么一封回信给他：

亲爱的舅舅：

收到您的来信以后，我遵嘱去了解了一些事实。

我们部队在两周前被派往耶路撒冷公干。这座城市在上世纪历经浩劫，其古城的建筑已经所剩无多。我们在这里住了一个月，明天要赶赴派特拉，去处理一些阿拉伯牧民的小摩擦。今晚抽空给您回信，给出一些针对您的疑问的解答，但请别对我的回答抱太大希望。

我跟耶路撒冷这座城市里的许多老人谈过，但几乎都无法给我一些较明确的信息。几天以前有个商人来到我们军营。我买了他的橄榄，然后问他是否知道那位在年轻时就被杀害的著名的弥赛亚[①]。他说他对此记忆犹新，他父亲曾带他去各各他[②]观看处决弥赛亚的情景，并告诫他这就是违反法律、成为全民公敌的下场。他让我去找一个叫约瑟夫的人以了解更多情况，称约瑟夫是弥赛亚生前的好朋友。商人反复强调，说这位约瑟夫所知甚详。

我今天一早就去造访了约瑟夫。这位曾经的淡水湖渔夫虽然上了年纪，但依然保持着强健的记忆力。我从他那里才开始清晰地了解，我生前的那个动乱年月里曾有怎样的事情发生。

这还是在荣耀的提比略皇帝执政的时候，当时的犹太与撒马利亚总督是本丢·彼拉多。约瑟夫对彼拉多所知不多，只记得他好像比较正直，在任总督期间声名不坏。约瑟夫说他忘了究竟是在罗马历783年还是784年，彼拉多奉命前往耶路撒冷处理一起骚乱。当时传言说，一个拿撒勒木匠的年轻儿子正在筹备一场反抗罗马当局的暴动。令人不解的是，向来信息灵通的情报员这次却对此事一无所知。经过严谨的调查取证，他们向上级汇报说这位年轻的木匠之子实在是个遵纪守法的好公民。约瑟夫说犹太教长老对这份报告显得很不满意。这位木匠之子在贫困的希伯来受到了热烈的欢迎，因此犹太教诸长老对

① 即“救世主”，古代犹太人的王在登基时要行受膏礼，“弥赛亚”是希伯来语“受膏者”的汉译。由希伯来语写成的《圣经·旧约》曾预言，上帝会派一位“弥赛亚”国王来拯救受异族压迫的犹太人。而据由希腊语写成的《圣经·新约》记载，耶稣就是上帝派来的救世主“基督”。“基督”一词是“弥赛亚”的希腊语音译。

② 意为骷髅地，是耶路撒冷城外的一座小山，耶稣被钉死在十字架上的地方。

他心怀嫉恨。他们去向彼拉多告发，说这个拿撒勒人公开宣扬，不管是谁，希腊人也好，罗马人也好，法利赛人也好，只要他作风正直、生活高尚，就能和那些花费毕生心血钻研摩西古律法的犹太人一样，赢得上帝的首肯和护佑。彼拉多起初对此并不在意。但后来事态越来越严重，许多人聚集在犹太神庙周围，高呼要处死耶稣及其信徒。彼拉多只好通过把这位木匠之子收监的办法来救护他的生命。

彼拉多始终无法参透这起纷争的实质。他多次要求犹太教长老对他们的不满予以解释，结果只能听到“异端”“叛徒”等激动的叫喊。约瑟夫告诉我，彼拉多最后命人把约书亚（约书亚就是这个拿撒勒人的名字，只是此处的希腊人都管他叫耶稣）带到自己面前亲自盘问。谈话持续了足有数小时。彼拉多向约书亚询问他在加利利湖边所宣扬的“危险教义”，耶稣却回答他说，他从不过问政治，他只关注人的灵魂生活而非肉体行为。他的目标是所有人都能爱他们的邻人如同爱兄弟，并敬拜作为造物主的唯一的上帝。

彼拉多看上去好像对斯多葛学派[①]和其他古希腊哲学所知颇多，因此并不觉得耶稣的言行可以同叛国扯上任何关系。约瑟夫说，彼拉多曾再三努力想解救先知的生命，并长期拖延着不对耶稣定刑。可此时愤怒的犹太人群在犹太教长老的教唆与煽动下已经脱离了控制。耶路撒冷此前已经发生过多起暴乱，而能够维护秩序制止暴乱的罗

① 古希腊晚期和罗马时期的哲学流派，公元前 300 年左右由芝诺创立于雅典城内的斯多葛（讲学的场所），故称斯多葛学派。它的晚期代表人物塞涅卡和奥勒留宣扬的命定论是基督教神学的一个重要来源。

马官兵并不多。犹太人甚至向撒马利亚的罗马政府控告彼拉多总督，说他已经接受了拿撒勒人的危险教义。于是全城人都要求把业已成为皇帝敌人的彼拉多遣送回家。你是知道的，我们罗马对驻外总督有严格规定，不得与当地民众发生公开冲突。面对四方压力和引发战争的危险，彼拉多只能选择牺牲约书亚。约书亚始终保持着尊严，并宽恕了所有仇视他的人。最后，他在耶路撒冷暴民的狂叫与嘲笑声中被钉上了十字架。

约瑟夫的故事讲完了。他讲得泪流满面。我临走前送给他一枚金币，但他拒绝接受，并恳请我把金币留给真正需要它的人。我也向他询问了有关你的朋友保罗的事迹，但他知道得并不多。保罗原来好像是个制作帐篷的手工艺人，后来放弃了他的手艺，全心为他的仁慈上帝传播福音。保罗宣讲的上帝和犹太教长老口中的耶和华完全是两回事。后来保罗在小亚细亚和西亚传道，他对奴隶们宣称，他们大家都是那位仁慈的天父之子，无论贫富，只要诚实生活，对所有受难的人施予帮助，就一定能进入幸福的天国。

这是我所能给出的答复，不知您是否满意。我实在看不出这个故事有什么关乎帝国安全的问题。但我们罗马人恐怕确实很难了解这一地区的人。我对您的朋友保罗的被杀表示深深的遗憾。希望我能早日回家。

您永远忠诚的外甥
格拉迪乌斯·恩萨

第二十六章　罗马的覆灭

罗马帝国的迟暮

公元476年，罗马末代皇帝下台，古代史书就把这一年确定为罗马帝国正式覆亡的纪年。然而正好像罗马帝国的建立经历了多个起起落落，罗马帝国的覆亡历程也是漫长持续的，甚至多数罗马人都没有能够感觉到旧帝国的逐渐远去。他们只是在多变的社会形势中不断抱怨物价的高涨和收入的减低，并愤怒地斥责贵族商人聚敛财富，垄断了稻谷、羊毛和金币的交易。他们有时还会奋起反抗那些贪腐的地方总督。不过从总体上看，多数罗马人在公元的前四个世纪里依然可以安稳度日。他们掂量着自己的钱袋吃吃喝喝，依照各人的本性有爱有恨，当有免费角斗士表演时兴致勃勃前去观看，也有一些人则不幸饿死在难民收容所。没有人认识到帝国的夕阳已经西沉，黑暗的覆灭就在眼前。

面对罗马帝国的光辉外表，眩晕的罗马人确实很难看到其危机的实质。各个省区之间道路宽敞便利，警察敬业地维持着城市治安、打击犯罪，边疆英勇的士兵使虎视眈眈的北方蛮族不敢轻举妄动，世界各地的朝贡者络绎不绝，一批颇有才干的政客正在试图补救国家过去的一些失误，以期重现共和国初期的辉煌和美妙。

但我已经说过，罗马帝国的危机有着深刻的根源，局部的修修补补和浮光掠影的改革无法从根本上解决问题。

罗马从本质上讲只是一个和希腊雅典、科林斯差不多的城邦，它要统治意大利半岛当然不成问题，可要统治整个广阔复杂的文明世界，从政治上看是勉为其难的，即使实现了也很难长久。罗马的年轻人大多都在战争中死去，农民被残酷的兵役和沉重的赋税逼得走投无路，其出路除了做乞丐，就只能为庄园主打工度日，就此成为贵族的“农奴”。这样的“农奴”虽不是奴隶，却也不再是自由公民，他们业已成为所耕种土地的附属物，跟一棵树木、一头牲口没什么区别。

在帝国中国家利益至高无上，普通公民的利益毫无保障。奴隶们在保罗的奇特话语中看到了光明，全心听从那位拿撒勒的木匠之子带给他们的训诫。他们不但没有反抗，反而比之前还要顺从。但既然尘世生活只是悲惨的过渡，那么俗世中的一切自然都引不起他们的兴趣。他们愿意“打美好的仗”[①]以争取进入天国，而不愿为了满足皇帝的私心而去参加争夺帕提亚、努米底亚[②]或苏格兰的侵略战争。

时间过了一个又一个世纪，帝国的情形每况愈下。最早的几个皇帝还沿袭着全民领袖的传统，统领着各个属地的地方首脑。到了公元2、3世纪，那时的罗马皇帝都是军伍出身，全赖忠心耿耿的禁卫军保护着自己的人身安全——这些皇帝都是依靠刺杀前任而篡得皇位的，因此也时刻面临着被下一个篡位者谋害的危险。每一个野心勃勃、权欲熏心的富有贵族都有可能贿赂禁卫军以展开夺权行动。

与此同时，北方蛮族屡屡侵犯帝国边境。罗马本土的青壮年男子已经伤亡殆尽，唯一的办法就是雇用外邦军队来帮忙抵御侵略。

---

① 这里的意思是指信仰基督教，做上帝的忠实仆人。《圣经·新约·提摩太后书》第四章第七节说：“那美好的仗我已经打过了，当跑的路我已经跑尽了，所信的道我已经守住了。”

② 北非古国，位于今阿尔及利亚东北部与突尼斯毗邻部分。公元前146年，罗马在打败迦太基后入侵努米底亚王国。公元前46年，努米底亚王国灭亡，它管辖的地区成为罗马阿非利加省的一部分。

如果不巧碰上与北方侵略者同属一个种族的外邦雇佣军，那么他们在战斗中是会“放水”的。皇帝最后无计可施，只好允许某些蛮族居住到帝国境内来。于是一批接一批的野蛮部落相继迁入罗马帝国，并很快开始抗议罗马税务官员贪婪地盘剥了他们。如果抗议得不到回应，他们就大举拥入罗马直接向皇帝请愿。

罗马城由此变得鸡犬不宁，不再像是一个皇帝住的地方。于是君士坦丁皇帝（公元 323—337 年在位）着手为帝国物色新的都城。他一眼看上了连通欧亚商务要道的拜占庭，就迁都到那里，并更名为君士坦丁堡。君士坦丁死后，他的两个儿子为了更方便地管理国家，把帝国分成了东西两半。住在罗马城的哥哥负责管理帝国西部，留守君士坦丁堡的弟弟则统治着帝国的东部。

公元 4 世纪，恐怖的匈奴人杀到了欧洲。这个神秘的民族骑着战马纵横欧洲北部近乎二百年，导致生灵涂炭，一直到公元 451 年法国马恩河畔的夏龙战役才最终被消灭。匈奴人对多瑙河[①]流域的哥特人的生存造成了威胁，迫使哥特人转而侵略罗马。公元 378 年，瓦林斯皇帝在抗击哥特人的亚德里亚堡战役中战死。二十二年后，西哥特人首领亚拉里克率军攻进罗马城，不过他们只是烧毁了一些宫殿建筑，而没有展开杀戮。接着汪达尔人又对这座历史名城施以暴力。然后勃艮第人[②]、东哥特人、阿勒曼尼人、法兰克人[③]纷至沓来。最后到了只要谁有野心纠结起一批盗寇，就能在举手投足间得到罗马的程度。

公元 402 年，西罗马皇帝被迫逃离罗马城，来到城池坚固的拉

---

① 欧洲仅次于伏尔加河的第二长河，源出德国西南部黑森林，东经奥地利、捷克等东欧国家，在罗马尼亚注入黑海。

② 日耳曼民族的一支，5 世纪初，勃艮第人在西罗马帝国境内高卢东南部建立了勃艮第王国。公元 534 年，勃艮第王国被法兰克王国所灭。

③ 以上都是北方日耳曼民族的各部落。

文纳港。公元475年，日耳曼雇佣军长官奥多阿瑟怀着夺取意大利的野心奔赴拉文纳，软硬兼施把最后一位西罗马皇帝罗慕洛斯·奥古斯塔斯赶下台，自封为罗马新帝。这一事实连东罗马皇帝也不得不给予承认。奥多阿瑟对西罗马残部的统治持续了足有十年。

几年后，东哥特首领西奥多里克又杀了进来，并在拉文纳把奥多阿瑟杀死在餐桌旁。西奥多里克在西罗马帝国的废墟上建起了一个短命的哥特王国。公元6世纪，伦巴底人[①]、萨克森人[②]、斯拉夫人[③]和阿瓦尔人[④]联手消灭了哥特王国，并以帕维亚为首都成立了一个新国家。

连年战火使罗马城变得满目疮痍。古老的王宫在几经劫掠之后只剩下一个残存的躯壳。学校和老师都葬身在火海中。贵族被从豪宅中赶走，毛长味臭的野蛮人住进里面。帝国赖以为荣的交通大道和桥梁都遭到了破坏，关系国家经济命脉的贸易活动处于停滞状态。汇聚了埃及人、巴比伦人、希腊人、罗马人数千年智慧和辛劳的光辉文明，正面临着从欧洲大陆陡然消失的危险。

只有远方的君士坦丁堡依然保留着东部帝国中心的地位并坚持了一千年，但它毕竟不属于欧洲大陆。它的思想和文明日渐东方化，褪去了旧有的西方色彩。在此过程中，希腊语取代了罗马语，人们抛弃了罗马字母，还用希腊文重新编写了法律，其解释权归希腊法官所有。皇帝也像亚洲皇帝一样被敬如神明，此情此景堪比三千年前尼罗河谷的底比斯王。后来拜占庭的传教士为了把主的福音传到更遥远的东方，不远千里赶赴宽广荒凉的俄罗斯大草原，

---

① 日耳曼民族的一支，公元568年在意大利北部建立封建王国，公元774年为法兰克王国所灭。

② 北方日耳曼民族的一支。

③ 古代中亚地区的游牧民族。

④ 其来源和语言还都未能确定的一个民族，原居高加索，后来介入日耳曼民族与罗马的战争。

并把拜占庭文明的薪火带到那里。

西方世界则已成为蛮族人的天下。杀戮、战争、焚烧、劫掠持续了整整十二代人的时间。此时此刻只还有一样东西能使文明免遭覆亡，使欧洲人不至于倒退到原始的生活状态。

这样东西就是基督教教会。在这混乱不堪的数个世纪里，拿撒勒的木匠之子耶稣的谦卑信徒越来越多。众所周知，这个拿撒勒人被钉十字架的原因就是为了避免光荣的罗马帝国在其属下的叙利亚边地小城里出现暴力。

第二十七章　教会的崛起

罗马摇身变为基督教的中心

帝国时代的罗马大众对他们祖辈曾经信仰的神明并没有什么感觉。他们定期去神庙只为表示对传统的尊重而并非出于信仰。面对宗教游行的热情和庄重，他们通常都表现得很冷淡。他们仿佛觉得崇拜朱庇特[①]、密涅瓦[②]、尼普顿[③]这些建国初期的历史残余是一件很幼稚很无聊的事情。许多罗马知识分子深受斯多葛学派、伊壁鸠鲁学派[④]以及其他雅典哲学学派的理性影响，对他们侈谈神学是不合时宜的。

当然，这种情况带来的好处是罗马人因此变得极为宽容。根据政府当局的规定，所有罗马人，包括诸多外来民族以及罗马统治下的希腊人、巴比伦人和犹太人，都只需对神庙里的皇帝像表示一下敬意即可。

并且，这种敬意的表示只是形式上的，没有过多讲究。一般而

---

① 罗马神话中的诸神之王，即古希腊神话中的宙斯。

② 罗马神话中的智慧女神，即古希腊神话中的雅典娜。

③ 罗马神话中的海神，即古希腊神话中的波塞冬。

④ 古希腊晚期哲学流派，公元前 306 年由伊壁鸠鲁创立于雅典城内的一个花园，故亦称花园学派。这一流派的思想认为，哲学的任务是研究自然的本性，破除宗教迷信，分清痛苦和欲望的界限，以便获得幸福生活。

言，每个罗马公民都有权选择自己信仰、爱戴和崇拜的神明。结果罗马的角角落落里布满了各式各样的神庙，它们供奉的神明有的来自埃及，有的来自非洲，还有的来自更远的亚洲，应有尽有。

因此，最早的耶稣门徒到罗马来宣讲有关天下大同和互助互爱的新信仰时，并没有遭到任何反对。好奇的路人会自动停下来倾听这些新鲜奇异的话语。罗马这个帝国大都会汇集了来自不同文明世界的各种宗教人士，各自宣扬着自己的那套信仰。多数宗教都把信仰的意义归结为肉体的愉悦，承诺只要信奉他们宗教的神祇，就可享受数不尽的荣华富贵。这时大家发现，“基督徒”（即耶稣基督——古老传说中的“受膏者”[①]——的信徒）宣扬的教义颇有些与众不同。他们对外在的财富与权势毫不在意，全心全意关注于安贫乐道、谦卑顺从的内在美德。我们知道罗马并不是依靠美德来完成它的霸业的。而这个奇特的宗教竟然试图说服罗马人，要他们相信世俗成功对他们将来享有永恒的幸福毫无益处，这确实是很有意思的。

另外，基督的门徒还宣称，如果谁拒绝领受主的训诫，将会遭到悲惨的结局。对民众来说，与其碰运气地生活，还不如索性信仰基督教。罗马的那些旧神明还没有被抛弃，但他们是否有足够的能力庇护自己的信众，与从遥远亚洲传来的新上帝相竞争呢？许多心中存疑的人连夜赶往基督门徒传教的地方，想要对基督教义做一番彻底了解。于是他们接触到了那些传播基督福音的门徒，并发现他们确实与罗马的宗教人士大不相同。他们都是些一穷二白的人，无论对奴隶还是对动物都保持着友好的态度。他们不会殚精竭虑地去盘剥别人的财产，反而尽其所能来帮助有困难的人。这种高尚的生活榜样使很多罗马人背离了他们原先的信仰，转而去参加基督徒

① 参见本书第二十五章关于“弥赛亚”的注释。

在私人居室或露天场所进行的宗教活动。罗马的各种神庙渐渐变得门可罗雀。

基督徒人数年复一年地往上翻。他们公开选举出一位神甫或者长老（古希腊语，意为“老年人”）来领导地方教会组织，再公推一名主教来领导全省的教会组织。那位在保罗之后远赴罗马传播教义的彼得成了第一任罗马主教。后来彼得的继任者被更为尊敬地称呼为“教皇”。

罗马教会逐步壮大。基督教的魅力所吸引的不仅仅是那些对生活失去希望的人，还有许多善于思考的智士能人。这些奇人异士在帝国政府中束手束脚，到了拿撒勒导师的信徒中间却有了大展宏图的机会。一段时间过后，帝国政府再不能无视基督教的存在了。我们已经说过，罗马政府的宗教政策是极为宽容和自由的，它要求各个宗教和平相处，严守“共生共存”的原则。

然而基督教会却拒绝宗教宽容，他们宣称只有他们的上帝才是宇宙间的唯一主宰，其他宗教的神明都是骗子和魔鬼。这种提法对其他宗教来说是很不公平的，当局下令禁止公开宣讲类似的排外言论，但基督徒在这一点上却始终不肯妥协。

不久出现了更大的麻烦。基督徒开始拒绝对皇帝表示敬意，同时拒绝服兵役。罗马政府扬言要依据法律对他们进行惩罚，他们的回答是，尘世的痛苦只是向天国的过渡，为了信仰放弃此世的生活算不了什么。罗马政府对此哭笑不得，只得在引起公愤的时候吊死几个滋事者，而在大部分时间里放任自由。教会刚成立的时候曾发生过几起迫害教徒的事件，但这都是由一些小人挑起的。这些人肆意诬陷温顺的基督徒邻居，异想天开地说他们犯有谋杀、吃小孩、传播瘟疫以及叛国等罪行。这些无耻之徒明知基督徒从来不会报复别人，因此就随心所欲地施以迫害。

此时的罗马正在遭受蛮族入侵。罗马军队已经无力抵抗，危难时刻基督教士站了出来，英勇地去向那些野蛮的条顿人传播和平的福音。这些拥有坚定信仰的教士向条顿人宣称，如果不对自己的罪行加以忏悔，那将被上帝送入地狱接受最严酷的刑罚，这样的话语让条顿人感受到了震撼。条顿人向来崇敬罗马文明，他们想当然地认为既然这些传教士是罗马人，那他们的所说所为应该是高明的。于是教会力量开始在野蛮的条顿人和法兰克人中间迅速壮大。有时候只需六七个传教士，其政治功效就能顶得上一整支军队。罗马皇帝突然意识到基督教具有极大的政治用途，于是开始赋予教会一些特殊权利。然而决定性的转变发生在公元 4 世纪下半叶。

当时在位的君士坦丁皇帝（不知为什么，也有人称他为君士坦丁大帝）是个凶残的暴君，当然在那个战争频仍的年代里一个谦和的皇帝是难以生存的。君士坦丁在他漫长而坎坷的政治生涯中历经风雨沉浮。曾经有一次，他面临被敌人消灭的绝境，危难时刻他突然想到，或许可以试试那位人人都在说的亚洲新上帝的神力。他向上帝发誓，如果自己能在最后的决战中取得胜利，他就马上皈依基督。结果他果然在决战中反败为胜。从此，君士坦丁对基督教上帝的神力笃信不疑，并立刻请教会对他施以洗礼。

就这样，基督教会得到了帝国政府的认可，这使其在罗马的地位迅速攀升。

此时，基督徒还只占到全罗马人口的百分之五至百分之六，依然属于少数阶层。他们为了最终的胜利进行了毫不妥协的努力。他们强烈要求捣毁那些种类繁多的古老神明。曾经有一段时间，酷好古希腊文明的朱利安皇帝竭力挽救非基督教的诸神明，避免让这些珍贵的古代遗产毁于一旦。然而在讨伐波斯国的远征中，朱利安不幸负伤并不治而亡。他的后任朱维安皇帝又是一个虔诚的基督徒，他全力支持基督教会树立权威，并关闭了所有古代的异教神庙。而查士丁尼皇帝，就是在君士坦丁堡修建了圣索菲亚大教堂的那位，索性关闭了柏拉图①一手创办的雅典哲学学园。

这是一个重大的历史时刻，辉煌的古希腊文明在此戛然而止。那个人人都可以自由思考、自己为自己筹划未来的梦幻时代一去不返。野蛮和无知洪水般袭来，将古老的文明秩序冲得粉碎。古希腊哲学家的生活准则渐趋模糊，很难再为人类生活指引航向。这时的人们急需一些积极而明确的信念，而基督教适时提供了这种信念。

在动乱年代，只有教会坚持不懈地追求真理、恪守原则。这种坚持精神赢得了群众，使教会在罗马帝国烟消云散之后依然矗立在欧洲大地。

当然，基督教的最终胜利也带有一些历史的偶然。公元5世纪，西奥多里克的罗马-哥特王国灭亡以后，意大利很少再受到大规模的外族入侵。在哥特人之后统治意大利的伦巴底、萨克森、斯拉夫等民族都很弱小。罗马的主教们正是在这种外部条件下才发展起自己在各个城市中的力量。没过多久，意大利半岛的罗马残部就把罗马大公（即罗马大主教）看成是他们的政治领袖兼精神导师了。

历史舞台似乎又在等待某位能人出场。公元590年，这位名叫格列高利的能人粉墨登场。格列高利曾经属于贵族阶级，做过罗马市长。后来他改信基督教，并迅速成长为一名主教。最后他不是很乐意地（他的愿望是去遥远的英格兰，向那里的异教徒传播主的福音）被请到圣彼得大教堂加封为教皇。他做了十四年教皇，在他死的时候已经被全西欧的教众认为是基督教会的当然领袖。

但是，罗马教皇的势力范围仅限于西欧，东方并不是他的天下。君士坦丁堡的皇帝沿袭了古代罗马的旧习，那些奥古斯都和提

---

① 柏拉图（公元前427—前347），古希腊著名哲学家，早年师从苏格拉底，苏格拉底被处死后他开始四处游历，晚年返回雅典，在雅典城外的阿卡德米创办学园。

比略的后人们身兼政治领导和教会领袖两职。1453年，土耳其人占领了君士坦丁堡并推翻了东罗马帝国[①]。东罗马帝国末代皇帝君士坦丁·帕里奥罗格被杀死在圣索菲亚大教堂的石阶上。

就在几年前，帕里奥罗格的兄弟托马斯的女儿佐荨嫁给了俄罗斯的伊凡三世。于是莫斯科大公继承了君士坦丁堡的血脉。拜占庭古老的双鹰徽记（表示罗马帝国花开两枝）从此后就成了俄罗斯的象征。俄罗斯大公以前只是当地最有权势的贵族，现在摇身一变成了沙皇，享有了罗马皇帝的至高威严。无论是俄罗斯的贵族还是平民，在他的面前都只是一个卑微的奴隶。

沙皇皇宫的建筑风格纯粹是东方式的，有点像亚历山大大帝的王宫，据说很久以前东罗马皇帝从亚洲和埃及学得了这种建筑风格。谁都未曾想到，行将就木的拜占庭帝国竟然在俄罗斯的广阔草原上延续着自己的生命，继续辉煌了六个世纪。沙皇尼古拉二世[②]是最后一个顶戴拜占庭双鹰徽记皇冠的皇帝，他是在不久前被杀的，其尸体被人扔进井里，他的儿女也同时遇难。皇室和教会的古老特权被彻底废除，教会的社会地位又同君士坦丁皇帝前的时代一样了。

---

① 土耳其人又把君士坦丁堡更名为伊斯坦布尔。

② 俄罗斯最后一位沙皇，在十月革命中被枪决。

第二十八章　穆罕默德

赶骆驼的穆罕默德变成了阿拉伯沙漠的先知。他的信徒为维护真主安拉的光荣而展开了征服世界的行动

我们在迦太基和汉尼拔以后就再没提过那些闪族人。但在以前的各个章节里其实都能看到他们的一些身影。巴比伦人、亚述人、腓尼基人、犹太人、阿拉密人还有迦勒底人，其实都属于闪族，他们在西亚的统治持续了三四个世纪。后来，那些来自东方印欧种族的波斯人和来自西方印欧种族的古希腊人相继夺走了他们的统治权。亚历山大大帝去世一百年以后，为争夺地中海的霸权，闪族腓尼基人的非洲殖民地迦太基与罗马大打出手，结果迦太基一败涂地。此后罗马做了八百多年的世界霸主。公元7世纪，阿拉伯人又代表闪族部落站出来向西方宣战。这个种族很久以来一直在阿拉伯沙漠里过着游牧生活，毫无争夺世界霸权的先兆。

后来先知穆罕默德教导他们骑上战马为真主远征。不到一个世纪，阿拉伯骑兵就攻入了欧洲内地，在惊惶的法国农民面前大讲“唯一的真主安拉”和“安拉的先知”穆罕默德。

艾哈迈德是阿普杜拉与阿米娜之子，阿拉伯人叫他“穆罕默德”，意为“将受赞美的人”。他的故事听起来就如同是《一千零一

夜》[1]中的传说。穆罕默德生于麦加，最初是个卖骆驼的。他经常在迷梦中听到天使迦百列向他传达真主的意旨。这些话都记录在圣书《古兰经》里面。穆罕默德在做骆驼队首领的时候游遍了阿拉伯半岛。他在跟犹太以及基督教商人的交往中认识到，真正的神绝对是唯一的。当时的阿拉伯人敬拜的是一些奇形怪状的石头和树干，就像几万年前的人类祖先一样。他们的圣城麦加有一座名为"天房"的长方形神庙，里面就摆放着这些信徒崇拜的神物。

穆罕默德的目标是做阿拉伯人的摩西。他知道赶骆驼是不能实现他的伟大抱负的，因此他娶了自己雇主的遗孀查迪加，从而在经济上获得了独立。然后他向麦加的邻居声称，自己就是真主安拉派往人间的先知。邻居们放声大笑。但穆罕默德显得相当执着，反复申说，终于惹烦了他的邻居。他们觉得这个烦人的疯子不值得怜惜，索性杀死了事。幸好穆罕默德预先得知了邻居们的可怕企图，连夜带着他的忠实信徒阿布·贝尔逃往麦地那。这是公元622年，是伊斯兰教历史上的重要日子，后来阿拉伯人把这一年定为伊斯兰教纪元的元年。

在麦地那，人们都不认识穆罕默德。不久，他的追随者就开始多了起来，这些人称自己为穆斯林，意为服从神意的忠实信徒。"服从神意"是穆罕默德最为推崇的穆斯林品德。穆罕默德在麦地那传教七年，然后他带着麦地那人的军队穿过沙漠，轻易攻入麦加。

穆罕默德此后一直到死都没有再碰到过大的挫折。

伊斯兰教的成功经验有二，首先一条就是，穆罕默德教导的信条足够简单明了。他告诫信徒必须热爱慈悲为怀的世界之主安拉，必须孝敬父母，与邻人交往不能有谎话，对穷人和病人要乐于施助，禁止酗酒和浪费粮食。这就是穆斯林的所有信条，不需要有

① 阿拉伯民间故事集，亦即《天方夜谭》。

牧师来做“守护羊群的牧羊人”[①]，当然也就不需要教众凑钱养他们。伊斯兰教的清真寺都只是一些巨型石砌大厅，没有长凳或者画像等摆设。信徒们只要愿意，就可以随时聚在这里阅读和讨论圣书《古兰经》。穆斯林的信仰是发自内心的，因而不会觉得教会的规条是对他们的束缚。他们每天都要面朝麦加祈祷五次，在剩下的时间里只管耐心接受安拉对他们的命运的安排即可。

在这种生活原则指导下的信众当然不可能热衷于发明电器、铺筑铁路或开辟航线等生产活动。但是穆斯林能够从中得到一种精神满足，使他们对人对己都保持一种平和的心态，这未尝不是一件好事。

穆斯林能够战胜基督徒的另一个重要原因是，穆斯林到了战场上总是有信仰作为动力。先知曾向大家许诺，为了抗击敌人而英勇牺牲的穆斯林能够直接升入天堂。很多时候战场上的一时痛苦似乎比漫长而艰辛的人生更容易忍受。心怀这种信念的穆斯林当然比十字军更有战斗力。十字军战士对死后的黑暗世界一直心怀恐惧，因此对今生今世的美好极为留恋。这也可以解释为什么今天的穆斯林仍然能够冒死冲杀于欧洲人的枪炮之中，为什么他们永远都是如此顽强和充满威胁。

在成功建设起自己的宗教大厦之后，他已经成为阿拉伯民族毫无争议的统治者。穆罕默德为了博取富人的支持，制定了一些能吸引富人的教规，例如他准许他的信徒娶四个妻子。对阿拉伯人来说，娶妻就是男方向女方付钱购买新娘。娶一个妻子就要花费一大笔钱，连娶四个当然所需更多，恐怕也只有那些拥有无数骆驼、单峰驼和枣椰林的大富豪才有福享受。这是令人遗憾的，对伊斯兰教的信仰事业也是有百害而无一利。而那位先知则只管自己继续宣传真主，并不时发明一些新的生活规则。公元 632 年 6 月 7 日，先

---

① 这是基督教的提法。

知被热病夺走了生命。

穆罕默德的岳父阿布·贝尔成了他的继承者。阿布曾在创教初期与穆罕默德共患难，穆斯林都敬称他为哈里发（就是领袖的意思）。两年后阿布·贝尔也去世了，奥马尔·伊比恩·阿尔成为他的接替者。此人花了不到十年工夫就征服了包括埃及、波斯、腓尼基、叙利亚、巴勒斯坦在内的广阔土地，在此基础上建立起一个以大马士革为首都的伊斯兰帝国。

奥马尔之后接替哈里发位置的是穆罕默德女儿法提玛的丈夫阿里。这个阿里卷入了一场关于伊斯兰教教义的争端而被杀。以后哈里发的传位就开始采用世袭制，早先的宗教精神领袖摇身一变开始成为帝国统治者了。这批人在幼发拉底河畔巴比伦遗址附近建立了名为巴格达的新首都。他们把阿拉伯游牧民改造成一支强大的骑兵部队，开始了纵横四野的征战，并同时向外邦传播真主的教义。公元 700 年，穆斯林将军塔里克在顺利跨过赫丘利大门之后登上了欧洲海岸的高耸山岩。他以自己的名字为此处命名，把它叫作吉布尔－阿尔－塔里克，也就是塔里克山的意思，我们今天一般叫它直布罗陀。

十一年后，塔里克在帝国边陲的薛尔斯战役中一举击败了西哥特军队。穆斯林骑兵随后沿着当年汉尼拔的远征路线，越过比利牛斯山口向欧洲纵深挺进。阿奎塔尼亚大公曾计划在波尔多阻击阿拉伯人，但是以失败告终。穆斯林骑兵继续向着北方的巴黎进军。公元 732 年（即穆罕默德死后一百年），穆斯林在图尔和普瓦提埃两地中间的欧亚对决中一败涂地。在那场惊心动魄的战役中，法兰克人的首领查理·马特[①]，也就是人称“铁锤查理”的那一位，力挽

① 查理·马特（676—741），法兰克王国首相，著名的军事统帅，曾在欧亚大会战中打败穆斯林军队。他是矮子丕平的父亲，查理曼大帝的祖父。

狂澜拯救了整个欧洲，使它最终没有被穆斯林所侵吞。但是被赶出法国的穆斯林仍然控制着西班牙地区。阿布杜勒·拉曼在那里建立了科尔多瓦哈里发国，那是中世纪欧洲最大的科学和艺术中心之一。

这个摩尔王国在历史上前后持续了七百多年。我们叫它摩尔王国是因为其统治者最初来自摩洛哥的毛里塔尼亚。1492 年，穆斯林在欧洲的最后一个占领区格拉纳达也被欧洲人夺回，此时哥伦布得到西班牙王室的资助，开始了他地理大发现的伟大航程。这之后穆斯林又重振雄风，在亚洲和非洲极力扩充自己的地盘。而今穆罕默德的信徒数量已经和基督教徒差不多了。

第二十九章　查理曼大帝

法兰克人的国王查理曼大帝将象征皇权的皇冠争夺到手，梦幻般再现出古老的世界帝国的光辉

普瓦提埃战役使欧洲免于被穆斯林侵吞。尽管如此，失去了罗马警察的欧洲已经陷于极端混乱，这种来自内部的威胁始终没有消失。除此之外，尽管北欧的蛮族已经皈依基督教并向罗马主教表示了忠诚，但是可怜的主教在极目远望时仍然对北方惴惴不安。谁都不能保证会不会又有一个蛮族一夜间崛起，某天突然跨过阿尔卑斯山杀向罗马。于是这位新的世界精神领袖，即我们尊贵的教皇陛下深深觉得，他现在迫切需要一位能够救助他于危难之际的强大军事盟友。

神圣而务实的教皇开始放眼四方，努力寻求强大且可靠的盟友。不久，他的目光停留在日耳曼部落很有前途的一支上面。这就是法兰克人，他们从罗马帝国灭亡以来长期盘踞在欧洲西北部。他们的早期首领墨洛温国王曾在公元 451 年的加泰罗尼亚战役中帮助罗马人打败匈奴。后来他们建立起墨洛温王朝，动乱年代里曾经骚扰过罗马的领土。公元 486 年，他们的国王克洛维（即古典法语中的“路易”）觉得自己已经具有向罗马宣战的强大实力了。但他无能的子孙却把国务全权交付给首相，形成了所谓“宫廷管家”的

历史奇景。

著名的查理·马特之子矮子丕平接替父亲担任了首相，他刚开始执政时碰到了一些困难。当时的国王信仰基督教，只对神学有兴趣而毫不关心政治。丕平去征询教皇的意见，得到的回答是："政权应该归实权人物所有。"丕平心领神会，索性劝说墨洛温王朝的末代国王吉尔德里离俗出家，并在日耳曼其他部族首领的拥护下自立为法兰克国王。但是蛮族领袖的地位并不能使野心勃勃的丕平满足。他邀请了当时西北欧最有名望的传教士卜尼法斯来为他主持了一个加冕仪式，册封他为"上帝恩赐的国王"。"上帝恩赐"一词就这么轻易出现在欧洲国王的名号中，直到一千五百年之后才被最终清除。

丕平因此对教会心存感激。他两次远赴意大利为教皇征战杀敌，帮助教皇陛下夺回了被伦巴底人强占的拉文纳等地。教皇在新的领土上组建起一个"教皇国"，这是一个独立的国家，在我写这本书的半个世纪前它还存在着。

罗马在丕平死后依然和亚琛、尼姆韦根、英格尔海姆①保持着良好的关系（法兰克没有固定的首都，国王经常带着一大批臣子辗转四处）。最后，教皇和国王终于联手了，这一事件对欧洲影响深远。

公元768年，史称查理曼大帝的卡罗勒斯·玛格纳斯·查理曼继承丕平做了法兰克国王。查理曼吞并了德国的东萨克森，并在北欧大兴土木，修筑城镇和教堂。后来阿布达尔·拉曼的敌人邀请查理曼进入西班牙与摩尔人交战。但他在经过比利牛斯山区时被野蛮的巴斯克人顽强击退。在最危险的时刻，布列塔尼侯爵罗兰站出来掩护国王撤退，自己却和部下一起壮烈牺牲。罗兰骑士的故事是

① 这些地方均在今天德国境内，它们相继做过法兰克帝国的国都。

早期法兰克贵族忠君精神的完美体现。

在公元 8 世纪的最后十年里，查理曼不得不集中精力去解决南部的纠纷。当时教皇列奥三世被一群流氓在罗马大街上打得半死，所幸遇上几个好人把他救了下来，使他能够安全逃到查理曼的军营。查理曼立刻派了一支法兰克军队前去平定罗马，并派兵护送列奥三世返回拉特兰宫（那里从君士坦丁在位时起就一直是教皇的居住地）。这一事件发生在公元 799 年 12 月。第二年圣诞节，查理曼到罗马圣彼得大教堂参加教会的祈祷仪式。查理曼祈祷完毕正要起身离开，忽然教皇走上来把一顶皇冠戴在了他头上，宣布册封他为罗马皇帝，并把搁置了几个世纪的“奥古斯都”称号重新敬献给他。

于是北欧再次成为罗马帝国的一部分，所不同的只是这个光辉帝国的君主是一个不甚文明的日耳曼人。然而他凭借着卓越的军事能力维护了欧洲的和平秩序，甚至连君士坦丁堡的皇帝也来信称他为“亲爱的兄弟”。

公元 814 年，年迈的查理曼大帝令人遗憾地去世了，其子孙为争夺这块广阔领土而大打出手。加洛林王朝被前后瓜分了两次，第一次在公元 843 年，签订了《凡尔登条约》；第二次在公元 870 年，在默兹河畔签订了《梅尔森条约》。后一个条约把法兰克王国分为两半，“勇敢者”查理获得了包括古罗马高卢行省在内的西部领土。高卢人的语言也是从拉丁语中演化而来的，现在又被法兰克人迅速掌握，因此法国虽由凯尔特人和日耳曼人组成，其语言却属于拉丁语系。

另一个查理曼大帝的孙子取得了被日耳曼民族称为日耳曼尼亚的东部领土。这是一片蛮荒的土地，从来没有被罗马帝国收入囊中。奥克斯都（屋大维）曾经动过这片“遥远的东方”的脑筋，但这种念想因公元 9 年在条顿堡森林的大败而断绝。这里的民众远离罗马的高级文明，日常生活中仍然使用着通行的条顿方言。“民众”在条顿语里写作“thiot”，因此基督教士把他们的语言称为“lingua teutiseea”或“lingua teutisea”，意为“大众方言”或“通用语”。“teutisea”这个词后来在语言发展中慢慢转化为“Deutsh”，“Deutschland”（德意志）的称呼就源出于此。

而那顶引起众人艳羡的帝国皇冠则被加洛林王朝的继承者失落，流落到了意大利平原。那里的许多小国相继出兵争夺皇冠，不管是否受到教皇允许都急于把它据为己有，但马上又被另一个更强大的邻国抢走。陷入困境的教皇再次向北方求救。他没有去找西法兰克国王，而是派人越过阿尔卑斯山，去求见日耳曼各部的统领萨克森亲王奥托。

奥托及其臣民素来对意大利的蓝天白云和善良人民怀有好感。他闻讯即刻率军前往施援。教皇列奥八世为了回报奥托的功绩，册封他为“皇帝”。从此查理曼王国的东部领土就被叫作“日耳曼民族神圣罗马帝国”。

神圣罗马帝国一直存在了八百三十九年。直到1801年的新世纪开端，它才最终被历史无情抛弃。这个把古老的日耳曼帝国毁于一旦的野蛮家伙是一个来自科西嘉岛的公证员之子，他在法兰西共和国参军并屡立战功，后来依靠军队的力量统治了全欧洲。但他还不满足，派人把教皇请来要他为自己举行加冕仪式。加冕过程颇令人尴尬，教皇眼睁睁看着这个矬子把帝国皇冠戴到自己头上，并自称是查理曼大帝的光荣继承人。这个矬子叫作拿破仑[1]。历史总是如人生般变幻不定，但变化再多也逃不出那几种模式。

---

① 详见本书第五十三章。

第三十章　北欧人

公元10世纪时，人人都在祈祷上帝保佑他们不被北欧人侵犯，这是怎么回事呢

中欧的日耳曼部族曾在公元3、4世纪的时候杀入罗马帝国，肆意劫掠当地的物产与财富。时至公元8世纪，这回日耳曼人自己也被别人劫掠了。他们因此大为光火，尽管这些盗寇还与他们颇有亲缘，这就是住在丹麦、挪威和瑞典的北欧人。

我们已经无法考究使得这些北欧水手突变成海盗的具体原因。我们所能看到的是，他们在做海盗的过程中兴致盎然，也因此变得无人可挡。他们会突然登陆到岸上，扫荡地处入海口的法兰克人或弗里西亚人的村庄。他们会把男人杀光，把女人抢上船，然后扬帆而去。等到闻讯而来的国王军队赶到时，早已看不见他们的踪影，只剩下一堆烟尘漫飞的废墟还在那里呜咽。

查理曼大帝死后，欧洲变得很混乱，北欧海盗因此而到处肆虐。他们的船队袭击过欧洲所有的沿海国家，其水手还在荷兰、法国、英国、德国的海岸上建起了许多独立据点。甚至连遥远的意大利都没被他们放过。北欧海盗都很聪明，很快就学会了被征服地区的文明语言，摆脱了早期维京人（意即海盗）野蛮而肮脏的生活习惯。

公元10世纪初，维京人罗洛屡屡进犯法国的沿海地区。软弱的法国国王无力抵挡这些北方盗寇，就对他们采取了贿赂的办法。他承诺只要不再继续侵扰法国，就把整个诺曼底拱手相送。罗洛一想何乐而不为，就留下来做了诺曼底大公。

但是罗洛的子孙身上仍然流淌着当年侵略征服的血液。他们向海峡对面远望，看到几小时航程之外就是英格兰海岸的白山绿野。英格兰这片土地向来多灾多难，先是被罗马人奴役了两个世纪，随后又被石勒苏益格的两个日耳曼部落——盎格鲁人和撒克逊人征服。后来丹麦人攻占英格兰并建立起克努特王国。公元11世纪，撒克逊人“忏悔者”爱德华把丹麦人赶走，自己做了国王。爱德华看上去命已不长，且没有子嗣。深具野心的诺曼底大公对此心生歹念。

爱德华于1066年去世。诺曼底大公威廉立马率军渡过海峡，在黑斯廷战役中杀死了称王的威塞克斯的哈罗德，做起了英格兰国王。

你们已经在前面一章里读到，公元800年，一个日耳曼部落首领被封作罗马帝国皇帝。而现在，1066年，一个北欧海盗的后代又做上了英格兰国王。

真实的历史就已经非常有趣，何必再去花时间阅读神话传说呢？

第三十一章　封建社会

中欧同时在三个方向遭受不同敌人的进攻，如不是那些封建军人和官员，欧洲早就已经灰飞烟灭了

接下来我们去看看公元 1000 年时欧洲发生了什么。当时的欧洲人生活困顿，便对有关世界末日的那套话语十分相信。他们相继进入修道院忏悔悟道，以保证在面对末日审判时自己已经成为上帝的虔诚侍者。

日耳曼部落不知道从什么时候起离开了他们最初的家乡亚洲，向西进发来到欧洲。巨大的人口压力迫使他们侵犯并占据了西罗马帝国。东罗马则幸亏与日耳曼部落的迁徙路线相距遥远，才得以幸免于难并继续维护古罗马的尊严。

之后世事离乱（公元 6、7 世纪是货真价实的“黑暗世纪”），日耳曼人在基督教士的规劝下皈依主耶稣，并承认了罗马教皇作为世界精神领袖的崇高地位。公元 9 世纪，查理曼大帝以其卓越的才干重现罗马帝国的旧日荣光，将西欧的大部分地区重新统一起来。公元 10 世纪，帝国再度分裂，其西部领土变成一个独立国家，即法国；东部领土成立了日耳曼民族的神圣罗马帝国，在它境内的各路诸侯都纷纷宣称自己是恺撒和奥古斯都的合法继承人。

但不幸的是，法兰西国王的权力仅限于皇城之内，神圣罗马帝

国的皇帝也常常受到治下诸侯的公然反抗。

更让民众生活得不到保障的是，西欧这块三角地在三面都遭遇了敌人：凶猛的穆斯林从南面占领了西班牙；北欧海盗在西海岸频繁骚扰；东面在喀尔巴阡山脉以外就没有任何防御工事了，只能任由匈奴人、匈牙利人、斯拉夫人和鞑靼人[①]在那里肆虐。

昔日罗马美好平静的梦幻年代已经不复存在。如今欧洲面临的局势是"不选择战斗就得灭亡"，这迫使人人都投入到战争中去。欧洲无奈地变成了一个巨大战场，需要一个能力出众的人来领导大家渡过难关。可问题是国王和皇帝都住在安全的地方。边地民众（对于公元1000年的欧洲来说，它的大部分地区都堪称是边疆地区）必须在斗争中自己拯救自己。对于国王派来的地方官员，只要他们确有能力带领他们驱赶敌人，他们就会听从他的指挥。

很快，欧洲中部出现了许多由某位公爵、伯爵、男爵或主教统治的小公国。这些公爵、伯爵、男爵都表示愿意效忠于他们"封地"所归属的国王（"封建"一词即是由此而来），并且保证在战争时为之作战，在和平时为之纳贡。但实际上那个年代的交通和通信都很不便利，因此这些地方长官其实都拥有相当大的自主权。果然，他们在辖区内把本来属于国王的权力纳入了自己手中。

事实上，11世纪的老百姓对这种政治制度并不反感，他们认为封建制度在当时不仅实用而且很有必要。他们的领主通常都住在位于陡峭石山上或是险峻护河间的坚固城堡里，封地的老百姓一眼就能望到它。当战乱发生的时候，老百姓可以躲到城堡的高墙以内，因此大家都住得离城堡不远，多年后这些聚居了一圈老百姓的城堡就逐步发展成为欧洲的各大城市。

---

① 泛指蒙古人及在蒙古帝国扩张时期随蒙古人进入欧洲的其他亚洲草原游牧民族。

欧洲中世纪早期的骑士都身兼军人和官员两职。他经常是当地的法官兼警察局长，追查并审判地方上的贼人和私贩。他还像四千年前埃及法老看护尼罗河大坝一样看护着当地的水利设施，以杜绝洪患。他会出钱赞助那些流浪的行吟诗人，使他们能够尽情歌颂伟大骑士的英雄事迹。另外，他还要负起保护当地教堂和修道院的责任。他目不识丁（读书写字当时被看成有碍于男子气概），经常雇一个教士来为他做笔录，登记当地的生丧嫁娶诸事。

15 世纪，"君权神授"的观念使国王重新获得了强大的权力。被剥夺了自主权力的封建骑士们渐渐转型成为当地的乡绅。这些不再能提供实用价值的老爷很快就遭人嫌了。但事实上，正是"封建制度"使欧洲得以艰难渡过黑暗的年代。就像今天坏人还是很多一样，尽管当时也出现了许多奸恶的坏骑士，但总体而言，12、13 世纪的骑士们还是以他们的勤勉推动了欧洲社会的进步。在那个时代，曾在埃及、希腊、罗马大放异彩的文化艺术渐渐泯灭了它的光芒，正是这些优秀的骑士及其教会朋友使欧洲文明免于断绝，使人类没有退回到最最原始的时代从头开始进化。

第三十二章　骑士制度

骑士制度

欧洲中世纪的职业军人想试着建立一种互助组织，骑士制度就是这种协作意识的产物。

我们对骑士制度最初起源的情形已经所知不多，只知道这种制度给当时的欧洲提供了急需的行为准则。它使野蛮的习俗渐趋文明，使人类生活变得比此前的五百年黑暗时代略为惬意。边地的很多民众一辈子都在同穆斯林、匈奴人、北欧海盗等野蛮人艰难作战。也许他们早上还在向上帝起誓要宽厚待人，可还没等到晚上他们就已经把抓来的俘虏一杀而光。当然进步总是需要长期的努力，最终连那些狂放不羁的骑士都严格遵守起他们自己的行为准则。

骑士准则在欧洲各地可能有不同的表现，但其共同点是全都强调服从与忠诚。服从在中世纪被认为是高尚的品德，只要你工作出色、恪尽职守，做一个善于服从的仆人并不是什么丑事。另外，这个时代需要人们去尽一些难免令人不快的责任以维持发展，因此，忠诚的品德对骑士而言是极其重要的。

成为年轻骑士的一个重要仪式就是起誓永远忠于上帝、忠于国王。除此之外，他还要发誓能够对穷人乐善好施，能够在人前保持谦卑而不自夸，能够与所有苦难的兄弟结为朋友——当然那些穆斯林除外，见到他们就应该杀之而后快。

骑士的这些誓言其实只是摩西十诫的中世纪话语版。骑士们在此基础上发展出一套有关行为举止的礼仪规范。行吟诗人唱颂的亚瑟王[①]的圆桌骑士[②]和查理曼大帝的贵族骑士是他们的榜样，他们就应该仿效此类人物的生活。因此骑士们总是希望自己像朗瑟罗[③]一样英勇无敌，像罗兰一样忠诚不渝。尽管他们衣着简朴、钱财不丰，但始终保持着文明的举止和优雅的谈吐，从不敢玷污骑士的声名。

就这样，骑士团队变成了修习教养的最好学校，而教养和礼仪正是和谐社会生活的发酵剂。骑士精神体现在他们谦恭有礼的语言和行为中。这种精神使他们能够影响到周围的人群，教会大家怎样的穿着和进餐方式是合宜的，怎样邀请女伴跳舞才是合乎礼节的，怎样才能让生活充满乐趣与显得雅致，等等。

但是，骑士制度也像人类的其他制度一样，一旦其功效不再合乎时宜，其生命也就走到头了。

十字军东征（我们会在后面的章节里给予介绍）之后，欧洲的商业逐渐发展起来，各地都出现了繁华的城市。市民变得富裕起来，并开始聘用教师，大多数人的言行马上变得和骑士一样有风度了。另外，火药的广泛使用使长矛重甲的骑士变得不堪一击，雇佣军的突然出现使战争不再仅仅是闲庭信步。骑士阶层现在忽然变

---

① 亚瑟王传奇是中世纪西欧骑士传奇文学三大系统中最主要的一个，其他两大系统是法兰克系统和古代系统。法兰克系统写查理曼大帝和他的骑士的事迹，如《罗兰之歌》；古代系统指以亚历山大的事迹和特洛伊战争为中心的一些韵文传奇。亚瑟王是6世纪不列颠岛上威尔士和康沃尔一带凯尔特族的领袖，他以抵抗盎格鲁－撒克逊人的入侵而为凯尔特人所怀念，久而久之成了民间传说中的人物。

② 亚瑟王的宫中有一张可坐一百五十名骑士的圆桌，只有有卓越才能的骑士才能入座，亚瑟王每逢节日设宴，倾听骑士们讲述冒险故事，评判是否配得上圆桌骑士的称号。

③ 亚瑟王的第一个和最重要的圆桌骑士，曾与亚瑟王的王后私奔。

成了可有可无的装饰品。当骑士对失去的价值过于执着时，那么他也就离小丑不远了。据说尊贵的堂吉诃德先生①是欧洲世界最后的骑士。他生前把盔甲和宝剑看作性命一般珍贵，但在他死后这些东西都被人卖掉，以偿付他欠下的大笔债务。

然而不知道为什么，堂吉诃德的骑士宝剑仿佛一直都在人类历史中流传。在福奇谷②几近绝望的时候，华盛顿将军曾用它持守着自己的尊严；在喀土穆突围战的浴血时刻，戈登将军③为解救托身于他的诸多生命而英勇捐躯，这把宝剑一直为他战斗到最后一刻。

而在最近结束的世界大战④中，神奇的骑士宝剑更是发挥了超乎常人想象的无穷力量。

---

① 西班牙大作家塞万提斯的小说《堂吉诃德》中的主人公。这是一位阅读骑士小说入迷的穷乡绅，他仿效古老的游侠骑士生活，结果闹出了不少笑话。

② 美国独立战争时，华盛顿曾兵困此处。

③ 英国将领。

④ 指第一次世界大战。

第三十三章　教皇与皇帝

中世纪的人们有两个需要效忠的对象，这导致教皇与神圣罗马帝国皇帝之间旧仇新怨不断

要真正理解古代的人们绝对是一件极端困难的事情。你虽然每天都能见到你的老祖父，但他的思想、行为甚至穿着，都使你觉得他简直就是一个怪人，仿佛是从另一个世界来的。而我们现在所要讲的故事，正是有关你的第二十五辈曾曾曾曾祖父的。我想你得反复阅读才能理解其中的意义。

在中世纪，普通老百姓的生活都是极其简单平淡的。那些理论上可以随心所欲来往于各地的自由民其实很少外出。除去极少量的手抄文献，那个时候没有任何大规模印刷的书籍。你只能非常偶然地看到一小撮勤奋的教士在向人传授读书、写字以及计算的技术。至于科学、历史、地理等各科学问，早已随着希腊和罗马的覆灭而常年沉睡于地下，不会有人去关心。

人们对过去时代的了解往往很大一部分都来自口耳相传的传说。即便如此，这些经历了一代代人的嘴巴的信息依然可以令人惊异地把史实的主体部分保留下来，出入只是细节性的。在印度，尽管已经过去两千多年，那里的母亲们为了让吵闹的小孩安静下来，还是会以这样的话来吓唬他："别吵，再吵伊斯坎达就要来抓你了。”这里说的伊斯坎达大名鼎鼎，正是公元前330年纵横印度大陆的亚历山大大帝。事情过去几千年了，但依然铭刻在人们的记忆中。

中世纪早期的人们没有从书本上学习过古代罗马的文明，在各方面都显得很无知，照现代的眼光看甚至还比不上小学三年级学生。但问题是罗马在我们现代人的意识中只是一个极抽象的概念，而在他们眼里却是极活泼、极生动、极鲜明的，甚至能感知其存在。他们真的觉得教皇就是在精神上领导他们前行的领袖和导师——他就住在罗马，代表着古代帝国的伟大和庄严。后来查理曼大帝和奥托大帝重新复现了伟大的世界帝国，建立起了神圣罗马帝国，人们为此感到欢欣鼓舞——这就是他们梦想中世界的本来面目。

然而在罗马帝国的谱系中却有两个继承者，这使得那些虔诚的中世纪自由民感到极为别扭和为难。尽管中世纪自有一套明确的统治观念：皇帝是世俗领袖，要看护子民的物质和肉体；教皇则是精神领袖，负责守护教众的灵魂。

事实上这一体制从来不能正常实现。皇帝千方百计要涉足教会事务，教皇则指手画脚指点皇帝应该在政务方面做这做那。双方都经常威胁对方不要擅自僭越职权，最后终于免不了发生冲突。

老百姓们面对这种两难的困境到底应该怎么办？做一个合格的公民就必须服从皇帝，做一个好的基督徒又必须对教皇忠诚，可现在皇帝和教皇公开决裂了，是应该做守法公民，还是做虔诚教徒？究竟该如何选择？

这种二选一的抉择实在是太难了。碰上一些能力过人、经济富足的皇帝，就有可能组建军队翻越阿尔卑斯山进军罗马城，必要时还会围攻教皇的寝宫，以严峻后果作威胁逼迫教皇陛下就范。

但更多时候，教皇似乎要强势一些。教皇有权力对那些忤逆教廷的皇帝连同其子民一起开除教籍。开除教籍就意味着教堂都要被关闭，不准施授洗礼，没有人去接受垂死者的忏悔并代表上帝赦免其罪行。简单来说就是一句话，这意味着中世纪政府将近乎瘫痪。

更严重的是，教皇还拥有这样的特权，能够使民众对皇帝的神圣宣誓失效，从而指使民众起来反抗皇帝。但如果真有人打算听从远方教皇的命令，那他就要冒被近在身边的皇帝抓住并吊死的危险。这可开不得一点玩笑。

老百姓的生活状态是很艰苦的。尤为甚者，是那些生活在公元11世纪下半叶的人们。当时德国皇帝亨利四世和教皇格列高利七世连续发动了两次战争。结果谁都没有占得便宜，却使欧洲人民遭了五十年灾。

11世纪中期，教廷内部开始改革。这以前一直没有明文规定教皇的选举方式。神圣罗马帝国的皇帝当然觉得，应该选一位温顺柔善、对帝国有好感的神甫来做教皇。所以每次到了教皇遴选的关键时刻，皇帝们都会亲自赶赴罗马，采取种种手段努力把自己的朋友推上台。

改革发生在1059年。教皇尼古拉二世命令，由罗马及附近教区的主教组成一个红衣主教委员会，下一任教皇就由这个委员会选举出来。

1073年，第一次以红衣主教委员会选举的方式推选出了新教皇，这就是格列高利七世。这位原名希尔德布兰特的新任教皇生于图斯坎纳一个平民家庭。他身上有着超强的精力，并坚信教皇的权威高于一切。格列高利七世用以维系这一信念的执着和勇气有如花岗岩一般坚固。按照他的理解，教皇一方面是基督教会的绝对领导者，另一方面又是一切世俗事务的最高裁判官。教皇有权册封某位日耳曼王公为皇帝，同时也享有弹劾罢免他的权力。大公、国王或皇帝颁布的任何一种法律，都随时可以因遭到教皇的否定而失效，但对于教皇的命令谁都必须绝对服从，否则将对其施以最严酷无情的惩罚。

格列高利派人到欧洲各国传达他的指令，要求各国国王全力执行。“征服者”威廉立刻表示服从。但亨利四世却是个厉害人物，他六岁的时候就已经经常跟人打架斗殴，如此脾性的他当然不会向教皇服软。他把德国教区的所有主教聚在一起召开大会，控诉格列高利的滔天罪行，然后就在沃尔姆斯会议的名义下宣布废除教皇。

格列高利与之针锋相对，他革除了亨利四世的教籍，并号令德意志王公们合力消灭这名渎职的皇帝。日耳曼诸贵族本来就有干掉亨利的念想，乘机强烈请求教皇陛下驾临奥格斯堡，在他们中间选择一位新的皇帝。

格列高利欣然北上。亨利是个聪明人，一眼看清了自己的危险处境。他深知现在只有一个办法可以解除危险，那就是不惜一切向教皇求和。那是一个寒冷的冬天，亨利冒着寒风暴雪翻越阿尔卑斯山，以最快的速度赶赴教皇歇脚的卡诺萨。在 1077 年 1 月 25 日至 28 日的整整三天时间里面，亨利像一个衷心忏悔的虔诚教徒一般长久站立在城堡之外（当然长袍里面穿着极保暖的毛衣）。格列高利心一软就宽恕了他的罪行。但是亨利的屈从极其短暂，他一回到德国就重新嚣张起来。教皇再次宣布革除他的教籍，亨利也再次召开德国主教会议并宣布废除格列高利。不过这次亨利做了充分的准备，他是带着一支强大军队翻越阿尔卑斯山的。然后他迅速包围了罗马城，格列高利连夜逃往萨勒诺，最终在流亡途中凄惨地死去。但流血解决不了实质性问题。亨利一回到德国，新教皇与皇帝之间的斗法就又重新上演。

霍亨斯陶芬家族在不久后占据了德意志的皇位，他们比以前的德国皇帝更为强硬地追求自主权。当时格列高利提出了这么一个理论，认为教皇要比所有世俗的国君都更为优越，因为教皇要在末日审判的时候为自己的羊群负责，而皇帝在上帝眼中只是将要被审判的普通众生之一。

对此，霍亨斯陶芬家族的腓特烈（有人称之为“红胡子”巴巴罗萨）提出一个针锋相对的理论。他声称，神圣罗马帝国是神圣的上帝赐予他祖先的荣耀。上帝既然把“罗马帝国”恩赐给他，那他当然要为了上帝的荣誉而战，去收回“失落的罗马行省”。然而人算不如天算，腓特烈率部参加第二次十字军东征时不幸在小亚细亚淹死了。其继任者腓特烈二世能力出众，小时候曾在西西里岛对伊斯兰文明耳濡目染。他一如既往与教皇展开斗争，并被教皇斥为异端。平心而论，腓特烈其实深深不满北方基督教众的鄙俗、德国骑士的平庸以及意大利教士的奸诈。不过，对这些问题他始终一言不发，他把全副身心致力于十字军东征，并从异教徒手中抢回了耶路撒冷，从而被奉为圣城的王者。但是这些功绩并没有使教皇对他另眼相看。教皇革除了腓特烈二世的教籍，把意大利领土赐给安戎的查理，即著名的法兰西国王圣路易的弟弟。此举带来了更多的流血与牺牲：霍亨斯陶芬家族的最后一位皇帝康拉德五世在抢夺意大利领土的战争中失败，被杀死在那不勒斯。二十年后爆发了著名的西西里晚祷事件，那里的居民把外来的法国佬杀得干干净净。流血冲突仍然在不断上演。

教皇与皇帝之间的争斗看来永无止歇。直到很久很久以后，这两个宿敌才终于学会了各自为政，不再对对方的权力范围产生僭越的想法了。

1273 年，哈布斯堡家族的鲁道夫当上了德意志皇帝。他对长途跋涉赶去罗马接受加冕的事情毫无兴趣。教皇当然也不会强迫他，只是淡然处之。看来和平终于降临欧洲。然而令人痛惜的是，欧洲人把整整二百年的时间都耗在了毫无意义的相互攻讦与厮杀之上，这本可用于功在千秋的文明建设之上。

幸好万事皆是有利有弊的。意大利的许多小城市通过在教皇与皇帝之间搞墙头草两边倒，暗中发展起了自己的势力。当去往圣地耶路撒冷的东征运动开始时，面对熙熙攘攘成群结队的十字军战士，他们想方设法为之提供便利的交通和充足的给养。当十字军东征结束后，这些在此过程中一夜暴富的城市已经羽毛丰满，不必再对教皇和皇帝唯命是从了。

教廷与帝国之间的激烈争斗是中世纪城市得以发展的重要条件。

第三十四章　十字军东征

土耳其人占据了耶路撒冷，亵渎了圣地，阻隔了东西方贸易。于是欧洲人暂且放下了他们的内部纷争，开始了漫长的十字军东征

三百年来，除了在作为欧洲大门的西班牙和东罗马屡屡发生冲突之外，基督徒和穆斯林大体上一直保持着和平相处。公元7世纪，穆斯林在征服叙利亚之后控制了圣地。穆斯林也把耶稣看成是一位伟大的先知，因此他们允许基督徒在建于圣海伦娜（她是君士坦丁大帝的母亲）圣墓上的大教堂里自由敬拜和祈祷。11世纪，从亚洲草原迁来的鞑靼人（又被叫作塞尔柱人或土耳其人）成了西亚伊斯兰教国家的主人。从此，基督教和伊斯兰教相互宽容的时代结束了。土耳其人强行霸占了东罗马帝国治下的小亚细亚地区，严重阻隔了东方与西方之间的贸易联系。

东罗马帝国皇帝埃里克西斯以往很少与西方的基督教徒有联络，现在面临非常情况，迫于无奈只好向他们求取援助。他向这些西方邻居表明，如果土耳其人最终攻占君士坦丁堡，那欧洲就将面临巨大的威胁。

此外，个别意大利城市已经在小亚细亚和巴勒斯坦建起了一批贸易殖民地。为了防止自己在该处的经济利益受到损害，他们编造

了许多谣言，污蔑土耳其人在那里残酷迫害基督徒，搞得全欧洲的基督徒都群情激愤起来。

教皇乌尔班二世出生于法国兰斯，曾经在培养出了格列高利七世的克鲁尼修道院修习神学。他认为是采取某种实际行动的时候了。当时欧洲的发展不尽如人意，从罗马时代起就一直停滞不前的原始农耕方法无法保证欧洲的粮食供应。一旦爆发饥荒或是失业，就有可能导致灾民的暴乱。他知道西亚自古时候起就是土地肥沃的兵家必争之地，那里应该是一个最理想的移民地点。

于是在 1095 年的法国克莱蒙会议上，乌尔班二世一边高声怒斥异教徒在圣地的种种罪行，一边大肆赞扬这片流着奶与蜜、从摩西时代起就一直哺育着人们的伟大圣地。最后他总结陈词，提出让全欧洲的虔诚基督徒都暂且抛开妻儿老小，去解救被土耳其人所奴役的巴勒斯坦。

于是宗教热情如潮水一般无可阻挡地席卷欧洲，使所有人都在这一瞬间丧失了理性。多少男子抛开手中的铁锤长锯，离开赖以生存的小铺子，踏上东行路去同土耳其人展开拼杀。甚至很多尚未成年的男孩也都离开了美丽的家乡，奔赴遥远的巴勒斯坦，希望以其青春的热情和虔诚的信仰来改变土耳其人统治下的可怕世界。然而非常痛心的是，至少有百分之九十的狂热信徒没能最终到达圣地。这些贫苦的信众缺少行路所需的盘缠，一路乞讨过活，甚至做些小偷小摸的勾当，严重威胁了各地的社会治安，有时会被忍无可忍的乡民杀死。

第一支东征队伍几乎是一支杂牌军，其成员尽是些善良老实的基督徒、欠了一屁股债的破产者、家境没落的贵族以及为躲避法律惩罚而出逃在外的罪犯，诸如此类。这些乌合之众由处于半癫狂状态的隐修士彼德和一穷二白的沃特带领，一路浩浩荡荡，见到犹太人就赶上去杀死，最后他们只走到匈牙利就分崩离析了。

教会对这次教训作了深刻的检讨，明白了激情和狂热无法解决问题的道理。看来，欧洲人除了坚定的信念和大无畏的精神，还需要有严格周密的军事组织。于是一年时间后，欧洲人迅速组建起一支二十万人的正规军，军队统领由久经沙场的战将布雍的哥德弗雷、诺曼底公爵罗伯特、佛兰德[①]伯爵罗伯特等贵族担任。

第二支十字军在1096年踏上漫漫征途。骑士们赶到君士坦丁堡向皇帝——我曾说过，传统的力量是强大的，尽管可怜的东罗马皇帝已经无权无势，但仍然拥有至高无上的尊严——庄严宣誓。然后他们就跨海杀入亚洲，攻占耶路撒冷，把城里的穆斯林屠杀一光。一切完了，他们就满怀虔诚赶赴圣墓，向伟大的上帝表达他们的赞美与感恩。但是土耳其人过不多久就重新组织新军夺回了耶路撒冷，又把这些十字架的信徒屠杀殆尽。

欧洲人在接下来的二百年里陆续发起七次十字军东征。慢慢地，十字军战士找到了远征的最佳途径。从陆路走显然太危险，他们选择了翻越阿尔卑斯山，从意大利南部的威尼斯或热那亚下海东行的海上航线。运送十字军将士横渡地中海的工作为热那亚人和威尼斯人带来大笔收益。他们总是漫天要价，当那些穷苦的十字军战士表示无法支付的时候，这些奸商就开始假慈悲，告诉战士们可以通过为他们做些工作来抵偿债务。于是十字军战士答应帮船主作战以支付从威尼斯到阿卡的船费。威尼斯就是依靠这种手段而在亚德里亚海沿岸、希腊半岛、塞浦路斯、克里特岛、罗得岛，甚至雅典建立起自己的殖民地的。

但是战争并没有真正解决圣地的问题。后来欧洲人的宗教热情减退了，开始把十字军的长途旅程当成是出身良好的年轻人进行自我教育和锻炼的必修课。赶赴巴勒斯坦参战的人还是保持着相

① 泛指古代尼德兰南部地区，位于西欧低地南部、北海沿岸。

当的数量，但是已经不复当年的血性。当年的十字军战士在开始远征时对穆斯林恨之入骨，而对东罗马帝国和亚美尼亚地区的基督徒充满同情。现在事情起变化了，他们看到拜占庭的希腊人经常充当骗子和叛徒，开始对他们产生了鄙夷和唾弃，那些亚美尼亚人和地中海东部地区的其他民族对他们来说也是一样的。更有意思的是，他们居然还反过来对穆斯林敌人豪放耿直的性格表示赞赏。

当然这种感情不能在外表上表现出来。但是一旦十字军战士返回到欧洲的家乡，就开始把异教徒敌人的高贵与文雅展示给自己的乡邻。这些欧洲的粗鲁骑士惭愧地发现，在与东方异教徒敌人的比照之下，自己真的是又土又俗。他们中有的人还从东方带回来一些没有见过的植物种子，如桃子、菠菜等，把它们种在自家的菜地里等待来年出卖获利。他们把笨重粗野的盔甲卸下，照着穆斯林和土耳其人的样子穿起丝绵长袍。我们不难看到，十字军东征已经背离了它打击异教徒的初衷，转型成为数百万欧洲青年的文明课堂。

如果仅仅从军事和政治的角度来判断，那么十字军东征无疑是完全的失败。每次他们花力气抢到手的耶路撒冷和其他许多城市又都重新失去，他们在叙利亚、巴勒斯坦和小亚细亚费尽心思建起来的诸多小国也被土耳其人一一击破。1244 年，耶路撒冷完全落入土耳其人之手。和 1095 年前相比，圣地的情形毫无进展。

但十字军东征还是给欧洲带来了新的发展机遇。西方人通过这么一次机会，亲自见证了灿烂美好的东方文明。他们对狭隘阴森的城堡生活感到了厌烦，希冀一种更广阔、更健康的美好人生，这是教会和帝国都无法为他们提供的。

而他们自己在城市中实现了这种人生。

第三十五章　中世纪的城市

中世纪人说“城市里才有自由的空气”，这是为什么呢

中世纪初期是欧洲人用以开拓土地、建设家园的时代。曾有个早年居住在罗马帝国东北边陲的森林、高山和沼泽地带的新兴民族，后来占领了西欧的大部分土地。他们跟其他开拓者一样喜欢冒险，总是精力充沛地与同族竞争者或是沉默的森林展开拼杀。他们远离城市，追求无拘无束的自由生活。他们沉醉于高山大川之间的怡人空气，痴迷于在风起云涌的草原上牧马扬鞭。如果在一个地方住得太久而心生厌倦，他们就会收拾家当去开辟新的家园。

在漫长的生存竞争中，一些柔弱的牧民逐渐被命运击败，而那些强有力的斗士和与丈夫一起勇敢开荒的妇女得以在恶劣环境中生存下来。慢慢地，他们发展成一个颇为强大的民族。他们很少注意那些优雅而精细的东西，永无休止的劳苦奔忙占去了他们所有的精力，哪还有时间吟诗抚琴？他们注重实干，从不高谈阔论。村子里只有牧师才有些文化（我们已经说起过，13 世纪以前，如果有哪个俗世男子能够读书写字，那会被认为是女人味的表现），会为大家解决所有精神领域的疑惑。在这个时候，名目繁多的日耳曼头领、法兰克男爵、诺曼底大公或者别的什么大人物，都割据了一小块原先是罗马帝国的领土。他们在古老帝国的废墟上建设起一个

属于他们自己的美丽新世界。他们满意而笑，世界真是太完美了。

这些人在自己能力所及的范围内治理城堡和四周的村庄。他们也如常人一般忠诚于教会的意旨。同时他们绝对服从于自己的国王或者皇帝。他们做事力求稳妥合度，既对大家保持公正，又兼顾自己的利益。

事实上，他们并没有居住在一个理想社会中。大多数的居民都只是一些农奴或者雇工，他们和牛羊牲畜同吃同住，其地位也和这些牲畜一样只是土地的附属品。他们的生活不能说极其不幸，但也谈不上幸福。他们还能怎么样呢？全能的上帝早就已经把一切都安排好了。他以他无限的智慧决定，世界在拥有骑士的同时也应该拥有农奴，因此，作为教会忠诚子民的他们是不应该对此有异议的。如果被使唤过度，他们也会像没有养好的牛羊一样成批死亡。遇有这种情况出现，其主人就会急匆匆想办法来稍稍改变他们的待遇。如果这个世界的发展前进要全然依靠农奴和他们的封建领主来推动，那恐怕我们现在仍然会过一种 12 世纪的“原始”生活。遇到牙疼的情况就指望依靠口念“上帝显灵吧”之类的咒语来消除痛感，如果碰到一个企图用科学手段来为我们提供帮助的专业牙医，我们会极力抵触甚至污蔑他的“巫术”——这种东西既没有实效又玷污了上帝，肯定是穆斯林或者异教徒的杰作。

你在长大成人之后会发现，世界上有许多人并不认为历史的发展是一种进步。他们能举出很多可怕的例子来证明这个世界与之前相比并无任何改变。当然我希望你不要轻信这种无稽之谈。你能够清清楚楚地看到，我们的祖先用一百万年时间学会了直立行走，又在数个世纪之后从鸟言兽语之中演变出一种便于交流的丰富语言。然后在四千年前，能够记录人类思想精华并大力推动文明进步的文字被发明了。你祖父辈时的前卫观念“征服自然”现在已经成了最时髦、最庸俗的提法了。因此，我始终以为人类确确实实在发展过程中获得了不断的进步。或许我们现在太过沉迷于物质享受和肉体生活了，但我想这种局面也会在不久的将来得到改观。到了那个时候，我们将专注于某些与温饱、收入、管道、机械都不搭界的领域。

因此，请不要对“昔日的美好时光”恋恋不舍、温情难了。我们中的许多人一看到中世纪遗留下来的宏伟壮观的大教堂和精美纤巧的工艺品，就把它拿来跟我们充斥着烟尘、喧嚣和忙乱的现代社会作比照。要知道，在中世纪的时候，那些华丽教堂的四周到处都是肮脏混乱的贫民居舍，如果跟它们比，那我们现代最最低廉的公寓房恐怕也能算是华贵的宫殿了。高贵的朗瑟罗和帕西法尔[①]等青年英雄在中世纪城市中寻找圣杯[②]时，确实不用极力忍受那些难闻的汽车尾气。可在那个时候，各种各样的臭味实在更多更恐怖：大街上充斥着垃圾的腐烂味，主教的宫舍周围环绕着猪圈里的味道，人群中间弥漫着一种让人说不出来的怪味——那是因为他们穿戴着他们祖父就曾日夜穿戴的衣帽，并且从来就没有拿香皂洗过澡。我并不是有意要倒你的胃口，但是你在研究古代史籍的过程中，确确实实会读到这样的情景：某位法兰西国王正在王宫的窗台上往外眺望，突然被一群正穿过巴黎街头的猪所发出的臭气迎面熏翻；或者在某个恐怖的时刻，天花和其他瘟疫大面积长时间地扫荡欧洲。只要读到这些你就会明白，“进步”这个词并不是现代时尚广告的专用语。

中世纪的城市为过去六百年间的文明进步创造了可能。因此，

---

① 中世纪骑士小说中的神奇英雄，拥有变幻之术。帕西法尔原为威尔士地区的性爱之神，英文原文的意思是“持有长矛的人”（长矛代表男性性器）。到了基督教会时代，帕西法尔成了忠实的圣殿骑士。

② 传说耶稣在最后的晚餐上使用过的杯子，在耶稣受难时，也用来装放耶稣的圣血。后来阿里玛西亚的约瑟夫把圣杯带到了英国，从那时起，圣杯的下落就成了一个谜。中世纪骑士小说中圣殿骑士的重要事迹之一就是寻找圣杯。

我不得不把这章写得比其他各章都要更长、更多一些。它对人类文明而言极其重要，不可能像单纯介绍某个政治事件那样，用两到三页的简明文字作扼要的概括。

埃及、巴比伦、亚述等古国都结下了城市文明的硕果。希腊就是由大大小小的城邦构成的。腓尼基的历史差不多就是西顿和泰尔这两个城市的历史。罗马帝国的广阔领土其实不过是罗马城的后花园。文字、艺术、科学、天文、建筑、文学、戏剧，以及其他文明世界的核心元素，差不多都是由城市造就的。

古代那些蜂窝一般的城市在四千多年的漫长岁月里一直扮演着世界作坊的重要角色。后来日耳曼人开始了大迁徙，辉煌一时的罗马帝国在内忧外患下覆灭，城市被毁坏殆尽，欧洲再次成为一个草原和农庄的世界。随后就是愚昧的黑暗时代，欧洲文明全速前进的脚步止住了。

十字军东征又为文明的种子提供了良好的土壤，然后中世纪的城市居民收获了这些甜美的果实。

我跟你说起过城堡以及修道院的故事。骑士和教士就住在它们的高墙之内，各自看护着群众的肉体和灵魂。屠夫、面包师傅、蜡烛匠人等手工艺者纷纷搬到城堡附近居住，这样既满足了封建领主的需要，也为自己寻得了安全的保障。有时候他们的领主也会准许他们为自己的房屋围上一圈防护栏。但他们的生活保障和水平完全取决于这位城堡主人的心思。领主走出城堡的时候，这些手工艺者就要跪着亲吻他的手以示谢恩。

而十字军东征让这样的世界发生了天翻地覆的变化。多年以前的民族大迁徙曾使人们从欧洲东北部转移到西部。而如今十字军东征正相反，它使数百万人从西部涌向具有发达文明的东南地区。他们突然发现，这个世界并不仅仅是房屋的四壁所能够囊括的，只有走出家门才能感受到天高地远。他们对东方世界的华美服饰、宜居的住房、香甜的美食、神秘的工艺品充满了艳羡之情，即使回到西方的家乡后仍然念念不忘。于是往来的商贩开始在他们的小小货囊中添置这些物品。面对不断扩大的生意，他们买了货车，还雇了几个远征回来的战士做保镖，以此应对大战之后在欧洲各地涌现的犯罪潮。他们就以这样的方式把生意越做越大。当然干这一行也不是那么容易的，他们每换一个地方，就得向当地的领主缴税。幸好生意还有一些微薄的利润，这使他们还不至于放下手中的生意。

过了一些时日，有几个特别精明的商贩发现，那些千里迢迢采购而来的商品其实自己就可以生产。在这种想法的驱使下，他们把家里的某个房间改造成了手工艺作坊。四处流浪的商贩生涯结束了，他们摇身一变成了产品制造商。他们把自己生产制作的各种物品卖给当地的城堡领主和修道院院长，然后又赶到附近别的乡镇去出售。领主和院长们喜欢用自己庄园里出产的鸡蛋、葡萄酒、蜂蜜等农副产品来与之交换，而乡镇的老百姓则被要求必须支付现金来购买。这就使这些制造商和商贩们慢慢有了财富的积累，从而获得了一定的社会地位。

你也许根本就无法想象没有货币，这个世界将会怎样。在现代的大城市里，如果你没有钱就什么事都做不了。你必须要保持你的钱袋时时装满许多小钢镚，才能在你需要看到报纸、乘坐公车、享受午餐的时候以此作为交换。但是中世纪早期却有许多人一辈子都不知道钱是什么模样。古代希腊和罗马的金银钱币都被深埋在地下。而在罗马帝国灭亡后的大迁徙时代，欧洲成了彻头彻尾的农业社会，农民自己种粮食、养牛羊，自给自足，从来就不需要进行商品交换。

中世纪的骑士都过着乡绅一般的生活，从来就不需要花钱买东西。他和他的家人在吃饭穿衣方面所需要的一切，都由他的庄园一应俱全地给予供应。另外，他用来修建城堡的砖石只需在最近的河岸边寻找，而大厅的椽子则也只需到自家森林里去砍来就是了。极少碰到无法自己生产的物品，如果有，也只需用蜂蜜、鸡蛋、柴火等东西去交换即可。

但是，十字军东征却使欧洲把农业社会的古老生活习惯全都给抛弃了。我们暂且假设有个想赶赴千里之外的圣地的西尔德谢姆公爵，他在旅程中要支付大笔交通费和食宿费。当他还住在自己的领地时，遇有这种情况只要把田庄里的农产品拿去偿付就行了。但在远征途中他又不可能带上一百打鸡蛋和整车整车的火腿，以偿付给贪婪的威尼斯船主或勃伦纳山口的旅馆老板。面对这些只认金钱的家伙，公爵只得带点金子在身上。但问题是从哪里变出这么多金子来？有一个办法是去向伦巴底人借。伦巴底人是职业放债者，他们优哉游哉地坐在兑换台（就是“banco”，银行一词即由此演变而来）后面，大方地借给公爵数百枚金币，但条件是公爵要用他的庄园作抵押，以便万一公爵在远征途中出现意外，他们的收益仍然能够得到保障。

然而一般情况下，这种交易对借方来说是极其危险的，最终伦巴底人会使尽各种心机得到他的庄园。破产后的骑士别无他法，唯一的出路就是受雇于某个更为奸险强硬的邻居，为他出力甚至卖命。

当然公爵还有另一种选择，那就是到城里去找犹太人。犹太人借钱也很大方，但他们的条件是利息要占所借数额的一半，这实在是太不公平、太不合算了。那还能怎么办？离城堡不远处的小镇里有几个家境不错的市民，他们曾是公爵小时候的玩伴，他们祖上也跟老公爵交好，向他们借钱应该不会受到不公的待遇。于是那位能够读书写字、负责为公爵记账的教士就给那些人立了字据，请求借一笔小钱。这些收到字据的市民就聚集到珠宝匠兼圣杯制造者的家里商量。他们当然不好意思拒绝公爵的请求，可是公爵支付的利息又实在难以让他们满意。因为收利息有违基督教精神，而且公爵肯定会用农产品来支付利息，他们对此毫无需要。

"你们看这样是否可行……" 沉默寡言、颇具哲学家气质的裁缝忽然开口，"我们或许可以请公爵大人给一些特许，以此来作为借款的偿还。比如我们都很喜欢钓鱼，可是大人从不允许我们在属于他的小河里面钓鱼。现在如果借给他一百枚金币，那么就请他签一张允许我们在属于他的小河里钓鱼的保证书。这岂不是两全其美的好办法？"

公爵也觉得这是轻松获取一百枚金币的好办法，丝毫没有想到这会对他享有的权利造成隐患。公爵大人爽快地在保证书上盖了手印（他不知道怎么写自己的名字），然后纵身远去。两年后他一无所获地回到家里，却发现几个城镇来的市民正在城堡边的小河里悠然自得地钓鱼。公爵看得火冒三丈，当即命人把那些胆大妄为的人赶走。这些人见状也就乖乖走开了，可是市民代表当天晚上就到城堡来求见公爵。他们首先很有礼貌地向远出归来的大人表示问候，又对钓鱼惹恼公爵的事表示了歉意。"但是大人您应该记得，"他们突然转入话题，"我们这么做完全是出自您的特许。" 他一说完，裁缝就把那张保证书拿了出来，从公爵离开城堡的那天开始，珠宝匠就一直把它郑重地收藏在保险柜里。

公爵大人听得火起，但突然间想到自己还急需一笔钱——在意大利，好几张单据上盖着他的手印，被著名银行家萨尔维斯特罗·德·美弟奇攥在手中。这些单据是还有两个月就要到期的"期票"，金额足有三百四十磅荷兰金币。想到这一点，怒火中烧的公爵大人只好极力克制住自己的脾气。他和蔼地询问能否再借一笔小钱，市民们目目相视，然后回答说要回去再商量一下。

三天之后，他们又一起来到公爵的城堡中，表示他们同意借钱。他们是这么要求的:“非常荣幸能够为大人解决困难,我们愿意再借三百四十磅金币给大人,但是作为回报,可否请大人再签署一份保证书,特许我们组建一个市民选举的议会,以后就由市民议会来管理城镇事务,而不必再来打搅您的城堡?”

公爵大人闻言差一点暴跳如雷。可为了那笔要命的钱,他还是签了那份保证书。但是公爵没到一个星期就反悔了。他带人闯进珠宝匠的家里取回了他的保证书。他强辩说,那份东西是这帮奸人落井下石骗他签的,然后就一把火把它烧了。市民们平静地站在边上一言不发。但是当公爵要为女儿置办嫁妆而再次向市民开口借钱时,市民们就不愿意了。那次珠宝匠家的小摩擦使公爵大人的信用大大受损。公爵无奈之中只得答应再给些补偿。最后,可怜的公爵终于借到了钱,而市民们也重新拿到了以前的那份保证书,另外还要加一张新的,准许他们建造市政厅和用以存放保证书的塔楼。塔楼名义上是用来防止保证书被火烧或被偷走的,但其实大家心里都明白,其真实用途是防止公爵大人及其手下再次动粗。

在十字军东征结束之后的数百年里,类似的场面在欧洲多次上演。城堡的权力逐步被城市所夺取。当然这一过程是极其缓慢的,也曾有冲突发生。会有几个诸如裁缝和珠宝匠之类的人被杀害,也有几座城堡被烧毁,但此类事件并不频繁。在不知不觉中,城镇和封建主的贫富关系发生了易位。封建主为了获得金钱,总是不得不一再签署出卖自己权力的保证书。城市以前所未有的速度发展起来,许多出逃的农奴在这里得到了收留。这些农奴在城镇里干了几年以后,也就赚到了足够赎回自己自由的钱。城市把农村的许多先进分子吸收进来,成为社会关系的核心。市民们对新获得的地位感到非常满意和自豪。他们为了展示自己的权能,在古老的长期进行物物交换的集市周围修造了教堂和其他公共建筑。他们为了让子女获得更好的生存技能,就把有些文化知识的教士雇来做老师。他们听说某处有个手艺人会绘制版画，就花钱请他在教堂和市政厅的四壁画上《圣经》故事。

此时此刻，公爵大人正孤独地坐在阴冷的城堡里。面对此番景象，他悔恨交加——他千不该万不该，不该在那第一张出卖自己权力的保证书上盖手印。现在已经追悔莫及了。那些满手保证书的市民已经不再把公爵大人放在眼里。他们都是充分享有新权力的自由民了，这些权力来之不易，是通过数十代人的持续努力而取得的。

第三十六章　中世纪的自治

城市的自由民如何在皇家议会中获得发言权

在游牧民那种四处迁移游荡的生活里，每个人都享有平等的权利和义务，都要为他们集体的安全和利益负起责任。

等到他们在某处定居下来，他们当中就开始有了贫富的分化。变得富有的人理所当然取得了统治权，他们不必为了生存而艰苦劳作，能把全副身心投注到政治活动中去。

埃及、两河流域、古希腊和罗马就经历了这样的发展过程。当日耳曼部落在西欧站稳脚跟后，也发生了这样的变化。西欧起初由皇帝统治，他是从日耳曼民族神圣罗马帝国的七八个较强大的诸侯国国王中选出来的。但慢慢地，皇帝由于其实际权力被逐步侵吞而成了一个虚名。但是各诸侯国国王的权力似乎也不大，甚至连王位都不一定坐得稳。真正享有实权管理各地日常事务的，其实是那些封建领主。他们有很多可供使唤的农奴。城市是很稀罕的，当然也就不会有中产阶级。到了 13 世纪的时候，中产阶级，也即工商阶层，在销声匿迹几乎一千年后重登历史舞台。我们在上一章已经说过，这个阶层的兴盛同时意味着城堡势力的衰落。

以前，各封建国国王只对贵族和主教的意见有所顾忌，然而十字军东征之后，日益繁盛的商业贸易使他们不得不正视中产阶级，因为中产阶级将对国库的富足和空虚产生直接影响。相比而言，国王宁愿求助于牲畜也不愿与城市的自由民打交道。但现实迫使他们做了后一种选择。他们硬着头皮吞下这粒糖衣药丸，但事实上他们并不会把权力拱手相让。

英格兰国王“狮心”理查[①]率领十字军去东征，结果把大部分时间花在了奥地利监狱中。在此期间，他把管理国家的重任委托给他的兄弟约翰。约翰打仗不如“狮心”理查，但若论治国水平之糟，却与理查难分伯仲。开始执政没多久，约翰就把诺曼底和大半法国领地给丢了。接下来他又成功地与教皇英诺森三世展开争吵。这位霍亨斯陶芬家族的宿敌宣布革除约翰的教籍，二百年前格列高利七世就对皇帝亨利四世使了这一手。1213 年，约翰无奈地向教皇求和，这也跟亨利四世在 1077 年做的一样。

约翰败绩累累，却并不影响他继续在权力位置上胡作非为。到了最后，已经忍无可忍的诸侯只得把他幽禁起来，逼他向大家承诺会好好管理国家，并不再干涉臣民自古拥有的权利。这是在 1215 年 6 月 5 日，地点在泰晤士河[②]一小岛靠近如尼米德村的地方。约翰被逼签署的文书叫《大宪章》。它其实无甚新意，只是重新强调了国王的古老职责，明确了诸侯的权力。它对农民大众的权利毫无涉及，只给了新兴工商阶级一些权利保障。

几年以后新的国王陛下召开议会，事情发生了变化。

约翰在资质和品行两方面都堪称糟糕。他先是煞有介事地承诺遵守《大宪章》，然后又陆续废弃了其中的多项条款。还好他命

---

① 第三次十字军东征的主将，当时英、法、德联合出兵，法王与英王理查不合，率先率部回国。德王在渡河时不慎淹死。“狮心”理查与穆斯林将领定下休战协议后，在回国途中被奥地利公爵绑架，后来英国以十万马克的赎金把他赎回。

② 英国南部主要河流，源于科茨沃尔德山，流域大部分在伦敦盆地内，经伦敦、牛津等地注入北海。

不长，他的儿子亨利三世顺利当上国王。亨利迫于压力重新恢复了《大宪章》。那时候，他的叔父“狮心”理查在十字军东征中花费了大笔钱财。亨利只好想办法借钱来偿还犹太人的债务。可是国中的大地主和大主教都没能提供还债所需的钱财。亨利只好召集市民代表举行大议会。1265 年，新兴阶级的代表首度出现在议会上。尽管当时他们只是被当作提提税收建议的财政顾问，而无权干涉国家政务。

然而慢慢地，市民代表开始在许多问题上都有意见要提。最终这个由贵族、主教和市民代表共同组成的议会被发展成定期召开的国会。国会的法语表达是“oùl' on parlait”，意为“人民讨论的地方”。

但这种具有行政权力的议会并不如大家通常所认为那样是英国人最早发明的。国王及其议会共同参与国家管理的制度并不为不列颠诸岛所独有，欧洲很多国家都有。在法国，进入中世纪之后国王把议会的权力压到最低。早在 1302 年法国的市民代表就已参加议会，但足足又经历了五个世纪，议会才慢慢具有维护中产阶级即所谓“第三等级”利益的权能，突破了皇权的压制。然后他们就竭尽所能弥补在过去岁月里没能得到的一切。通过法国大革命，他们把国王、教士和贵族赶下台，普通人民的代表成为真正意义上的国家统治者。在西班牙，“cortes”（即国王的议会）从 12 世纪前半叶开始就允许民众参加。在德意志帝国，一些重要城市被称为“皇家城市”，他们的代表是皇家议会必不可少的成员。

在瑞典，1359 年，第一次全国议会召开，人民代表被允许列席。在丹麦，古已有之的国家议会于 1314 年重新出现。尽管贵族总是充当攫取国家大权的损人利己的角色，但是从没能够完全夺走市民代表参与国家管理的权利。

在斯堪的那维亚半岛，有着一个组织方案非常有趣的代议制政府。在冰岛，自由地主组成了共同管事的“冰岛议会”，并从公元9世纪开始存在了一千年。

在瑞士，各城镇的自由市民面对封建领主的夺权勇敢斗争，最终维护了自己在议会的权利。

最后在低地国家荷兰，第三等级的代表早在13世纪就参加了各自公国和各州的议会。

16世纪，荷兰许多小省份联合起来，通过“市民议会”废除了国王，驱逐了教士，打击了贵族势力。七省联盟组建起享有高度自治权的尼德兰联省共和国。市民代表组成的议会在没有国王、主教、贵族干扰的情况下管理国家长达两个世纪。城市获得了最高权力地位，自由民真正当家做主。

第三十七章　中世纪的世界

中世纪人怎样看待其周围世界

日期的发明确实伟大，我们的生活已经离不开它。但我们也必须提防不要被它所愚弄，它会使我们对历史产生过于具体精确的意识。比如我讲中世纪这个时间观念，我并不是说，公元 476 年 12 月 31 日，欧洲人突然聚在一起共同欢呼："看啊，罗马时代已经结束，我们开始中世纪生活了。太有意思了！"

在查理曼大帝的法兰克王宫里，还有很多人保持着古代罗马式的日常习惯、言谈举止和生活态度。长大后你会发现，在我们现在这个世界上居然还有人仍然保持着原始人的生活状态。对于历史而言，时间和年代会交叠出现，人类思想会不断回流、重现。尽管如此，我们还是可以大致确定中世纪人的思想意识及生活态度。

首要一点请记住，中世纪人从来不把自己看作是可以自主行动、通过自己的努力来改变命运的自由人。与之相反，他们认为自己只是皇帝与农奴、教皇与异端、英雄与痞子、富人和穷人、乞丐和盗寇等庞大社会构造中的一粒微尘。他们绝对服从于上帝的安排而不敢怀疑。在这一点上，他们和现代人完全两样。现代人习惯于怀疑一切，在此基础上不断努力以求改变自己的经济政治地位。

对于 13 世纪的普通大众而言，幸福的天堂和恐怖的地狱并不是神学家创造出来的迷人神话，而是真实存在的事实。中世纪骑士和农民的大半辈子都是被用来为死后世界做准备的。与之相反，我们现代人在面临寿终之时，总是以古代希腊人和罗马人的平和心态来接受死亡。我们回顾着自己六十年间的劳苦与功过，在为后人祝福的心情中安然逝去。

但是在中世纪，恐怖的死神总是狞笑着纠缠人们的心神。有时候他用小提琴上的恐怖音调来惊吓世人，有时候他在人们用餐时悄无声息地坐在他们身边，有时候他躲在树林后面对着正在散步的男男女女发出阴冷的笑声。如果你小时候听到的不是安徒生和格林童话，而尽是些坟墓啊、棺材啊、疾病啊之类的恐怖故事，那你肯定也会终其一生都深陷在对死亡和最后审判的极度恐惧之中。这种情况正是中世纪的儿童所面临的，他们从小生活在死神与魔鬼的话语世界中，天使很少光顾他们。恐惧感使他们幼小的心灵变得谦卑而虔诚，但更多时候却把他们变成了残忍的凶手。他们会把所征服城市中的男女老少一杀而光，然后举着血淋淋的双手虔诚地赶往圣地，向上帝祈祷以请求宽恕。他们祈祷的时候声泪俱下、满心忏悔，但是第二天又继续大肆屠杀穆斯林异教徒，把昨天的誓言忘得一干二净。

十字军战士是骑士，其行为准则大异于普通人。普通人像野马般对风吹草动都会惊怕。他对主人的命令总是不折不扣地执行，有时候鬼迷心窍了，也会和他们的主人一样犯下错误。

但请不要对这些人妄下评判，而应该先想到他们糟糕的外部环境。他们外表上仿佛已经是文明人了，但其实还秉有原始野蛮的因子。虽然查理曼大帝和奥托皇帝名为“罗马皇帝”，但是他们跟真正的古代罗马帝国皇帝（如奥古斯都或马可·奥勒利乌斯）之间的差距，就跟刚果河上游部落首领乌巴·乌巴和瑞典丹麦那些有教养的高贵统治者之间的差距一样遥远。他们只是些野蛮人，古老文明已被他们的祖辈夷为废墟，他们住在废墟之上，而对真正的文明精神一无所知。他们对于今天很多十二岁小孩都能知晓的历史事实毫不知情。《圣经》是他们所有文化知识的唯一来源。但《圣经》上只有《新约》中那几章教导大家要互助互爱的言论能够对人们的生活有所裨益。至于天文学、动物学、植物学、几何学和其他学问，《圣经》上的记载颇不可靠。幸好在12世纪，简陋的中世纪图书馆里又添加了一本新书，这就是公元前4世纪的古希腊哲学家亚里士多德编著的实用知识大百科全书。你一定会奇怪，为什么基督教一面把古希腊哲学家都斥为异端，一面却对这位亚历山大大帝的老师如此推崇？这个问题我也搞不懂。不管怎么样，当时亚里士多德被认为是《圣经》所言以外可信赖的唯一导师，其著作可以被基督徒安心阅读。

亚里士多德的著作是费了很大一番周折才传到欧洲的。首先它们从希腊传到亚历山大城。公元7世纪，占领了埃及的穆斯林把它们翻译成阿拉伯文。后来穆斯林大军把它们带到西班牙，在科尔多瓦的摩尔人大学里讲授这位伟大的斯塔吉拉人（亚里士多德的家乡在马其顿的斯塔吉拉）的深湛哲学思想。后来，那些从比利牛斯山对面过来寻求教育的基督教学生又把它们翻译成拉丁文。在经历了曲折的辗转和层层的转译之后，它们终于出现在欧洲西北部的诸多大学课堂里。具体的流传过程还没有完全探查清楚，但这更显示出其必有特别的意义和价值。

聪明的中世纪人在《圣经》和亚里士多德的指导与激发下瞥见了天地人神的奥秘及其关联。这些人被称为经院学者。他们学识渊博、充满智慧，但同时也耽于书本、缺乏实践。为了给学生讲解什么是鲟鱼或毛毛虫，他们会到《旧约》《新约》或者亚里士多德的厚重书本中去寻找答案，却不知道直接到附近的小河里去捉条鲟鱼来，或者走出书斋到院子里去捉几条毛毛虫，来现场观察这些小生命的自然生活。就算是中世纪最著名的大学者阿尔特·马格努斯和托马斯·阿奎那[①]，也从来不会怀疑巴勒斯坦的鲟鱼、马其顿的毛毛虫与西欧的鲟鱼和毛毛虫是颇有不同的。

在非常非常偶然的情况下，好奇心特重的罗杰·培根[②]来到了这些学者的讨论班里。他把真正的鲟鱼和毛毛虫拿到讲台上，然后用拙劣的放大镜和显微镜观察，以此证明它们长得并不像《圣经》或亚里士多德所说的那样。迂腐的学者们一边看一边不以为然地摇头。除此之外，培根居然还声称，苦读十年书还不如实地观察一个小时，还说亚里士多德的译著虽然意义重大，但其精义却必须到没被翻译过来的希腊文原著中去求取。经院学者听到这里再也听不下去了，他们急匆匆赶到警察局告发他："此人的言论将严重危及国家安全！他居然要我们学习希腊文以阅读亚里士多德的原著，而对权威的拉丁－阿拉伯译本表示怀疑。几个世纪以来无数虔诚信徒一直都在这个译本中汲取营养。非但如此，他还对鱼类和昆虫的身体构造非常好奇。他肯定是个想要扰乱正常秩序的邪恶巫师！"学者们煞有介事的忠告把负责国家安全的警察们镇住了，于是他们下令禁止培根发表言论十年。可怜的培根吸取了此番教训，开始在新的研究中采用别人看不懂的密码来做记录。后来，当人们开始提出一些对信仰有所怀疑的问题时，为防止教会插手阻拦，越来越多的人开始使用密码。

当然，教会之所以要采取这种保守行为并不是心怀恶意。这些压制异端思想的人在他们自己看来其实都是善良正直的。在他们

---

① 托马斯·阿奎那（1224—1274），13世纪意大利多米尼克修会修道士，欧洲中世纪最重要的经院哲学家和神学家。

② 罗杰·培根（1214—1294），英格兰哲学家、基督教僧侣。除研究哲学与神学外，对实验自然科学亦有很深的造诣，曾因进行科学实验被教会视为异端而遭长期监禁，后又因著作触犯教理，被投进监狱达十四年之久。

根深蒂固的观念中，现世生活只是在为彼岸世界做准备。他们深信过于繁杂的外部知识会扰乱人的心灵，导致信仰动摇从而无法进入天国。中世纪的教师如果发现学生抛开《圣经》和亚里士多德而企图独立研究，他会像母亲见到幼子正走向火炉一样大为惊恐。孩子如果碰到火炉是会被严重烫伤的，做母亲的肯定会竭力把孩子拉回来，甚至在危急时动用强力。但她对孩子的爱却是真挚而深刻的，在他乖的时候母亲会很温柔。与之相似，中世纪的这些人类灵魂看守者一方面在信仰问题上严守原则，另一方面又勤奋地为教民工作，在有需要的时候随时施以援手。为使人们的现世生活变得更加容易忍受，他们给予辛勤哺育，以此带领诸多虔诚男女共同渡过现世的难关。

农奴仍然还是农奴，其地位并没有得到改变。但是仁慈的上帝虽然为他安排了一个艰苦劳累的命运，却仍然保护着他的灵魂和权利，使他得以善终。在他年老体弱以至于无法继续劳作的时候，他的领主就必须负责照顾他的下半辈子。农奴生活是重复而乏味的，但至少不必为未来担忧。他很有安全感，因为他永不会失业，头上总有个屋顶在为他遮风挡雨——尽管有时可能会漏，也可以凭自己的劳动养活全家。

当然，中世纪社会的大多数阶层都很有稳定感和安定感。城市里的商人和手工艺者建立了自己的行会，通过互相合作和协调来保证每一位成员都有稳定收入。行会不会对那些特别突出的家伙施以鼓励，它的任务是保证那些生意不好或是勉勉强强的会员仍然能够度日。行会为广大劳动阶层带来了满足感和安全感，这在我们今天这个高度竞争的社会里是不可想象的。如果有个特别有钱的家伙把所有的粮食、肥皂以及腌制鲱鱼都收购下来，然后抬高价格在市面上出售（有点类似于我们今天的垄断行为），那将危及其他所有人的利益。中世纪的人不想让这种危险经常上演，因此政府总是对批发购买加以限制，并经常干预商品价格。

中世纪人对竞争没什么好感。为什么要竞争呢？竞争会给社会带来混乱和不安，并导致投机分子的出现。既然人生的终点是末日审判，那么财富说到底是毫无意义的。骑士如果又奸又恶就会被扔进可怕的地狱，农奴如果好好为人也能够进入金色的天国，在这样的情况下，竞争又有何益？

简言之，中世纪人会放弃思想与行动的部分自由，以期在苦难之中获得更大的安全感，最终获得灵魂的解脱。

他们很少会有反抗命运安排的想法。他们深信自己只是一个匆匆的路人，走过这个苦难的世界，奔向那幸福的来生。他们对满世界的痛苦、邪恶和不公无动于衷，自顾自拉下窗帘，遮住阳光，一头扎进《启示录》[①]里。《启示录》的神圣文字使他们相信，光明照耀下的天国将能给予人永恒的幸福。他们毫不看重尘世间的声色之娱，因为最重要的是享有末日之后的永恒幸福。现世生活的肉体痛苦必须被忍受，然后肉体将会泯灭，辉煌美丽的新生将开始。

古代希腊人和罗马人从不把心思放在不可知的未来，他们的天堂就在人间此世。如果他正好不是奴隶而是自由公民，那么他的生活将变得精彩和充满乐趣。而中世纪人则与他们背道而驰。他们的天堂远在天外，无论高贵低贱、富裕贫穷、聪明愚笨，都不可能改变现世生活的苦难事实。直到某一天，历史的钟摆又晃到了另一头。且看下一章的介绍。

---

①《圣经·新约》的最后一章。

第三十八章　中世纪的贸易

在十字军东征的推动下，地中海地区重现贸易中心的昔日风采，意大利城市一夜之间成为欧亚非贸易活动的中转站

意大利半岛在中世纪晚期开始复兴，重获商业中心的重要地位。我把其中的主要原因归结为三个。首要一点是，罗马帝国在很久以前就打下了意大利，在它的国土上建起了远比欧洲其他地方为多的公路、城镇和学校。

蛮族入侵的时候，意大利遭受了肆意的破坏。然而在那片土地上可供毁坏的东西实在太多了，因此还有很多没被毁掉的东西得以幸存下来。其次一点是，教皇就居住在意大利。他几乎是全欧洲最大政治机构的领袖，拥有数不清的土地、农奴、城堡、森林以及河流，加上宗教法庭的存在，使他的财政收入相当可观。就如同要付钱给威尼斯、热那亚的船主和商人一样，欧洲人对教皇也要缴纳很多贡品。欧洲北部和西部的人们为了把贡金方便地带到遥远的罗马城，不得不把牛羊、禽蛋、马匹等农产品兑换成金钱。因此，意大利相对于欧洲其他国家来说金银储备要丰富得多。最后一点我们以前已经说过，意大利城市在十字军东征期间变成了远征军向东航行的轮船码头，利用这个机会他们从中大捞了一笔。

在东方的战争生活使欧洲人迷上了那里的物品，东征结束后，意大利城市成了东方商品进入欧洲内陆的中转站。

水城威尼斯是其中最著名的一个商业城市。威尼斯其实是一个由一百多座小岛组成的共和国。公元 4 世纪的时候蛮族入侵，对面意大利半岛上的人们为了躲避战争的侵扰，逃到这里安家落户。面对威尼斯群岛丰富的海洋资源，人们开始发展起了制盐工艺。中世纪欧洲一直很缺盐，其价格也因之变得很昂贵。威尼斯在几百年间一直垄断着这种必不可少的调味品的供应（说它必不可少是因为如果食物没有足够的盐分，人是会生病的，就像羊一样）。威尼斯人就依靠这种垄断生意大大加强了他们城市的势力。甚至在有些时候他们敢于跟威严的教皇相对抗。凭借大量的本钱，许多人开始造船直接同东方人通商。在十字军东征期间，他们就用这些船运送十字军战士去往圣地。当战士们没钱付费的时候，就得为威尼斯人打侵略战争。依靠这种手段，威尼斯人实现了在爱琴海、小亚细亚和埃及地区的殖民扩张，地盘越来越大。

威尼斯的人口在 14 世纪末增加到了二十余万，从此成为中世纪最大的城市。威尼斯的行政管理权完全掌握在少数几个富商手中，老百姓是没有政治权力的。尽管参议院和总督都是通过选举产生的，但是城市的实际权力则被著名的十人委员会一手操控着。十人委员会设立了一个由秘密警察和职业杀手组成的特务机构，通过它来维护自己的政权。特务机构密切监视着所有市民的动向，如果发现谁对专权的公共安全委员会不满，就通过逮捕或者暗杀来把他干掉。

佛罗伦萨的政府体制却走向了另一个极端——一种摇摆不定的民主政治。地势险峻的佛罗伦萨控制着欧洲北部通往罗马的战略要道。它依靠特殊的地理位置赚取了大笔钱财，然后又用这些资金来投资商品制造业。佛罗伦萨人在政治习惯上沿袭了雅典人的传统，那里的贵族、教士和行会会员都对参与讨论城市政务乐此不疲。所有的人各自都分属于不同的政治派别，相互之间争权夺利。如果有一派在议会中取得支持的优势，就会想方设法把自己的对头判去流放，顺手侵吞他们的财产。经历了这么好几百年的混乱统治之后，终于发生了迟早要发生的事情。有一个财大势大的家族攫取了城市的统治权，他们以类似于古希腊"僭主"的方式管理这座城市及周边农村。这就是著名的美弟奇家族，他们的先祖是当外科医生的（拉丁语中"美弟奇"意为医生，这个家族也就因此而得名），后来又慢慢开始转向银行业。一段时间之后，他们的银行就已经遍布当时所有重要的贸易中心。今天你还能在美国的银行大厅里看到三个金质圆球，就源于美弟奇家族族徽上的图案。这个强大的家族还跟法国国王通了婚，因此其家族成员在死后将被葬在极端豪华的陵墓中，其奢靡程度绝不亚于罗马的皇陵。

另一个港口城市热那亚则是威尼斯的有力竞争对手。热那亚商人专门到非洲突尼斯和黑海沿岸的几个粮食产区去进行贸易。除了以上所说的三座著名城市，意大利半岛上还密密麻麻地散布着二百多个大小城市，它们每一个都具有独立的商业能力，因此相互之间就展开了利益争夺，彼此充满了仇恨。

另外，当这些意大利城市从东方与非洲买来了货物之后，还得再把它们转卖到欧洲的西部和北部。

热那亚人把货物经由海路运到法国马赛，换船之后销往罗讷河沿岸的各个城市，这些城市就此成为法国北部和西部的货物销售市场。

威尼斯人则从陆路进发，把商品卖往北欧。这条路线经过阿尔卑斯山的勃伦纳山口，是一条历史悠久的古道，很多年前，蛮族就从这里进入并侵犯意大利。过了这一山口之后再经过因斯布鲁克，然后到达巴塞尔，再沿着莱茵河一路向西，最终运抵北海和英格兰。另一条途径是将货物运到富格尔家族的奥格斯堡（这个家族的人是苛刻的银行家兼制造商，他们惯常克扣工人工资并因此而发家），由该家族负责帮忙将货物分别送到纽伦堡、莱比锡、波罗的海沿岸各城及哥特兰岛上的威斯比。威斯比会把货物卖到波罗的海北部，或者卖给诺夫哥罗德城市共和国这个俄罗斯的古老商业中心（诺夫哥罗德城市共和国于 16 世纪中期被伊凡大帝摧毁）。

那些地处欧洲西北沿海的小城市也发生了许多很有意思的事情。中世纪人有着名目繁多的斋戒日，那些日子是不能吃肉的，这就使得鱼类成为重要的食品。如果谁不巧住得离海岸和河流都很远，那么就只能吃鸡蛋了。这一情况很快得到了改观。13 世纪初期，一个荷兰渔民想出了一种鲱鱼加工方法，能使鲱鱼长期保持新鲜，从而可以被运送到很远的地方。从此，北海沿岸的人们大力发展鲱鱼捕捞业，并因此使该地区获得了重要的商业地位。可这种势头持续了没多久，在 13 世纪的某个时期，这种极具商业价值的小鱼突然由于物种原因而从北海迁徙到了波罗的海，从而使那里的渔民富庶起来。一时间，几乎全世界的捕鱼船都集中到波罗的海来捕捞鲱鱼。这种鱼的捕捞期比较有限，一年只有几个月时间（其他时间里它们要潜入深海繁殖小鲱鱼），因此在淡季就会有许多渔船空闲下来。人们就充分利用这个时段的空船，把俄罗斯中部和北部的粮食运送到西欧和南欧，然后在返航途中顺便把威尼斯和热那亚的香料、丝绸、地毯以及东方人做的挂毯运到布鲁日、汉堡和不来梅。

欧洲就依靠这种看似简单的商品运输而建立起了一个重要的国际贸易网，它覆盖了从布鲁日、根特这些制造业城市（那里的行会在与英、法国王的斗争中建起一个蹩脚的劳工专制制度，导致其雇主和工人一起陷入绝境）直到俄罗斯北部的诺夫哥罗德共和国（诺夫哥罗德原是个强大的商业之邦，可后来不幸被伊凡沙皇占领，憎恨商人的沙皇在一个月内杀死了六万市民，只有极少数人幸存下来沦为了乞丐）之间的广阔区域。

北方的商人为了能够与海盗、高额赋税和烦琐法律相对抗，成立了著名的“汉莎同盟”。该联盟由一百多个城市自发组成，总部设在吕贝克。同盟组建起了自己的军事力量，如果英国和丹麦国王敢来干涉他们的既得利益，这些军事力量就可以被派上用场。

商业贸易是极其神奇的，它跨越高山、渡过河海，几乎每一次旅程都要面临惊心动魄的风险。我真的愿意再多花些笔墨，来为你讲述这些奇妙的商业旅程中发生的趣闻逸事。但那样的话，真的够写上好几本书了，因此我们不再继续这个话题了吧。

我曾经努力向你说明，中世纪的发展其实是非常缓慢的。那些掌权者深信“进步”是一个恶毒的发明，不能任由其为害人间。这些实权派很容易把他们的意识形态强硬灌输给顺从的农奴和粗俗的骑士。偶有几个勇敢的斗士冒着危险闯进被禁的科学领地，却不得不面临极其悲惨的结局。如果他们能够保全自己的生命，只被判二十年监禁，那真的已经非常幸运了。

12 世纪和 13 世纪，欧洲经历了贸易浪潮的巨大冲击，就好像是埃及的土地被尼罗河水淹没一般。在潮水退却后留下的肥沃土地上，结出了财富的果实。谁拥有财富也就表示他拥有很多余暇，而余暇使他可以有机会去购买手抄稿，提高在文学、艺术、音乐方面的修养。

这以后，神圣的好奇心再次为世人所拥有。这种好奇心曾使人类一举超越了他的哺乳动物远亲。在前一个章节中，我已向你介绍过欧洲城市的崛起和发展，在那里曾有一些勇敢的文明先锋突破了愚昧的限制，而城市则像避风港一般保护着他们的安全。

他们现在要开始他们神圣的工作了。他们打开关闭了多年的窗户，任由阳光直射进尘封已久的书房，把黑暗年代的郁结彻底照亮。

然后他们把房间清理干净，又去对花园施以修整。

他们跨过古代世界遗留下来的废墟，走到蓝天白云下的原野上。他们按捺不住内心的溢美之词：“这个世界真是太美妙了。生活在这个世界上实在让我无比幸福。”

此时此刻，中世纪完结了，一个新的世界喷薄而出。

第三十九章　文艺复兴

> 人们又一次为今生今世大加赞誉。他们努力从古老而迷人的希腊、罗马和埃及文明中汲取养分。他们为自己的成就感到光荣，自豪地宣称这是人类文明的复兴

文艺复兴与政治或宗教无关，它牵涉的是人的心灵。

文艺复兴时期，人们对教会依然顺从如子，对国王、皇帝、公爵也仍然默默服从。

巨大转变表现在他们的生活态度上。他们开始改变他们的服饰，修饰他们的语言，在风格大变的房屋里面过起一种焕然一新的生活。

以前他们总是把全副心思都花在对永恒生命的祈求上。现在他们开始转变思想，尝试在尘世中建立一个属于自己的天堂。果然，他们在这一方面成就斐然。

我曾不时地提醒你，执着于具体准确的历史纪年是有危险的。人们对历史年代的认识经常停留在表面上。在这些人眼里，中世纪完全是愚昧的黑暗时代，然后时钟咔嗒一响，文艺复兴准时出现，在一夜之间用知识的火炬把城市和宫殿照得通透明亮。

对于历史事实而言，中世纪和文艺复兴之间并没有这么一道明确的时间界限。历史学家几乎都同意把13世纪归属于中世纪时代，

但它真的充满了黑暗与盲目吗？绝对不是这样的。13 世纪的人类活动已经相当活跃，一些强大的独立国家正在崛起，许多繁荣的商业中心也正在蓬勃发展。哥特式[①]大教堂开始树起了纤细灵动的塔尖，俯视着城堡和市政厅的屋顶。欧洲世界充满了盎然生机。市政厅里挤满了乡绅，他们通过财富积蓄起力量，并意识到应该把这种力量转化为权力，因此他们与原来的封建领主争权夺利。国王在他的顾问的协助下乘机从中大捞油水，收获了许多意想不到的利益。

夜幕降临城市，街道上昏昏沉沉，人们暂且把有关政治、经济的话题都搁置了起来。夜色迷离当中，行吟诗人和歌手陆续出场，向着美丽的贵妇人展开歌喉，吟唱起各种神话传奇、浪漫逸事和英雄战绩。与此同时，积极进取的青年人争相拥人大学，这就涉及另一个故事了。

中世纪人身上具备一种国际精神。我这么说你可能有些不太明白，待我慢慢道来。我们现代人身上具有强烈的民族精神，清醒地意识到自己是美国人、英国人、法国人或意大利人，使用着英语、法语或意大利语，上着英国、法国或意大利的大学。除非我们的研究领域是一门只有国外某个地方才有的高度专业的学科，我们才有可能去学习那个国家的语言，然后赶赴慕尼黑、马德里或莫斯科去请教当地专家。但是在 13 世纪和 14 世纪的时候，很少有人会把自己叫作英国人、法国人或意大利人。当被问及来历时，他们通常这么回答："我是谢非尔德的公民，我是波尔多的公民，我是热那亚的公民。"这些地区的人属于同一个教会，相互间会有一种同胞的感情。并且，当时有点文化的人都会说拉丁语，这样一门国际性语言使他们很少像我们现在这样经常碰到语言障碍。语言障碍是个

① 11 世纪下半叶起源于法国，13—15 世纪流行于欧洲的一种建筑风格。主要见于天主教堂，也影响到世俗建筑。由于采用了尖券、尖拱、飞扶壁和大面积彩色玻璃，哥特式教堂的内部空间高旷、单纯、统一，给人以直冲云霄的宗教感觉。

很麻烦的东西，许多小国就是因为存在语言障碍而错过了发展的机遇。在这方面，我愿意举一个伊拉斯谟的例子。伊拉斯谟为人宽厚风趣，他一生写了大量的著作，全部写于16世纪。他出生在荷兰的一个小村庄，可他的书全是用拉丁文写的，因而其读者遍布全世界。我们假设他能够活到今天，那恐怕他只能用荷兰文来写了，这样的话，全世界最多只有五六百万人可以读懂他的书。如果他的出版商想把他的书卖到欧洲其他国家以及美国，那就非得把他的书翻译成二十多种不同的语言不可。这样做不仅麻烦，而且花销巨大，出版商可不愿做这样的事情。

而六百年前的情况就大不一样了。那时候大多数的欧洲人仍然不会读书写字。少数能用鹅毛笔书写的人可以被归属于一个国际文人集团。这是一个覆盖全欧洲的文人集团，一切来自国界、语言或国籍方面的限制在此都不存在。各国的大学就是这个集团的基地。我们现代的大学都如军事要塞一样院墙林立，而那时候的大学却是没有围墙的。只要有几个老师和学生围坐在一起，就可以出现一所大学。这是中世纪及文艺复兴时期与我们现代社会很不一样的地方。现代大学的建设程序是这样的：一个有钱人突然想为他所在的城市做点慈善事业，或者某个宗教教派想要正确引导他的忠诚信众，或者国家对医生、律师、教师等专业人才突然有了大量需求，这才有可能去建立大学。于是，投资方把建设所需的资金打进新学校的账户里，然后就可以利用这笔钱来兴建学校的所有馆舍，包括教学楼、图书馆、教师公寓、学生宿舍，等等。最后公开招聘教师、招考学生，这所大学就可以正常运作了。

可中世纪却全然不是这样的。某一天会有一位智慧博学的人自语道："看看吧，我发现了一个多么伟大的真理啊，我得赶紧把我的发现传给年轻人。"于是他约请了几个年轻人，热情地向他们讲解他的新思想，其情形有点像现代的街头演说家。如果他讲得妙趣横生，那么就会有许多人聚拢来倾听。如果他讲得单调而无甚新意，大家就耸耸肩膀走人。慢慢地，某位大师的智慧话语开始吸引了许多年轻人定期前来听讲。有些虚心好学者会带上笔记本、墨水和鹅毛笔，把听到的重要内容一一记录下来。突然有一天下雨了，老师和学生们只好转移到某个废弃的地下室，或者索性到老师家里。老师就坐在椅子上高谈阔论，学生一脸严肃地坐在前面听讲。大学其实就起源于这样的小团体。“university（大学）”一词在中世纪的意思就是指由老师和学生组成的团体。只要有老师就有一切，在哪里上课并不是问题所在。

举一个公元 9 世纪的例子。那不勒斯有座小城叫萨勒诺，那里有许多很优秀的医生。这些医生吸引了大批立志行医的年轻人前来求教，然后就产生了著名的萨勒诺大学（它存在了一千年时间，直到 1817 年才被关闭），把从希波克拉底流传下来的医术广泛传授给世人（希波克拉底生活在公元前 5 世纪，是古代希腊最伟大的医生）。

再举一例。法国布列塔尼有一位名叫阿伯拉尔的年轻教士，从 12 世纪初期开始，他就在巴黎宣讲他的神学和逻辑学。很快他就吸引了数量可观的热血青年赶来巴黎求学。马上又有一些对阿伯拉尔的思想持有异议的教士出来与之辩论。没过多久，来自英国、德国、意大利甚至遥远的瑞典和匈牙利的学生都汇聚到巴黎来，参与这些热烈的争辩和讨论。于是在塞纳河中某个小岛的古老教堂旁边，举世闻名的巴黎大学诞生了。

意大利博洛尼亚有一位名叫格拉提安的教士，他编了一本基督教会的律法教科书。教科书在欧洲流传开后，各地的年轻教士和世俗人士都慕名而来，想亲耳听格拉提安为他们讲解。这些人为了与刻薄的房东、店主和女管家相对抗，结成了一个相互提供信息和帮助的团体，后来这一团体就发展成了著名的博洛尼亚大学。

后来不知出于什么原因，巴黎大学内部发生了某种争端，一些不甘寄人篱下的师生横渡英吉利海峡，在泰晤士河畔的小镇牛津安心教学，这就诞生了著名的牛津大学。相同情况也出现在了博洛尼亚大学，这是在1222年，一批寻求独立自主的师生把教学地点搬到了帕都亚，使这个城市也拥有了可以引以为豪的大学。这种情况还广泛发生在西班牙的瓦拉多里同波兰的克拉科夫、法国的普瓦提埃同德国的罗斯托克之间。

我们现代人已经习惯于在大学里听到代数、几何等精密学科，而对早期大学里所讲的荒诞内容觉得不可理解。但这并不是问题的要点所在。我在这里想要强调的是，中世纪（特别是在13世纪早期）并不是毫无生气的黑暗时代。那时的年轻人同样热情洋溢，会在好奇心驱使下害羞地提出他们对世界的疑问。正是这种燃烧的激情催生了文艺复兴。

在中世纪的舞台幕布缓缓落下之前，一个孤独的身影在上面依稀穿过。我想你不仅仅要知道他的名字，还得了解关于他更多的事情。这就是但丁[①]，他出生于1265年，是佛罗伦萨阿利格里家族一个律师的儿子，他从小就在这座世代居住的城市里长大。差不多在同一个时间，大画家乔托[②]正在圣十字教堂[③]的四周墙壁上刻画圣方济各[④]的动人事迹。后来但丁到了上学的时候，他经常在城里看到斑斑血迹，这是古尔夫党（教皇派）和吉伯林党（皇帝派）之间的

① 但丁（1265—1321），意大利诗人，欧洲文艺复兴时代的开拓人物之一，以长诗《神曲》闻名于世，被恩格斯称为“中世纪最后一位诗人，同时又是新时代的最初一位诗人”。

② 乔托（约1266—1337），意大利文艺复兴时期画家，意大利现实主义绘画传统的奠基者。

③ 指阿西西的圣弗朗切斯科教堂。

④ 圣方济各（1182—1226），又译为圣弗朗切斯科或圣法兰西斯科，天主教两大托钵修会之一的方济各会的创立者。生于意大利阿西西城一富商家庭，后弃家献身于传教事业，以清贫为福音、助人为乐事、谦卑为美德，赤足托钵传道。

暴力冲突留下的。

忧心忡忡的但丁远远望着阿尔卑斯山的对面，渴望北方的强大皇帝能够到意大利来整顿局势，恢复社会秩序。但是他的希望很快就告破灭。1302年，皇帝的势力被赶出了佛罗伦萨。从那个时候直到在拉文纳荒城中孤单逝去的1321年，但丁都过着四处流浪的生活，其唯一的生活来源出自其保护人的恩赐。这些人也经常被后人所提起，但这全都是因为他们在这位伟大诗人落难的时候给予了帮助。经历了多年的流亡与磨难，但丁觉得非常有必要为自己当年的政治行为作一种辩护。另外，当年还居住在故乡的时候，但丁曾为了能看到他所倾心的姑娘贝尔特丽齐·波提娜丽，而在阿诺河畔成天徘徊等待。但令人痛心的是，后来贝尔特丽齐嫁给了别人，并且在“皇帝派”事件发生以前就去世了。

但丁的政治理想早就已经破灭了。当年他曾经一腔热血地致力于故乡的政治建设，却被人在法庭上指控为侵吞公款，腐败的法庭判他流放，如果再敢回到佛罗伦萨，就把他活活烧死。为了向世人证明自己的清白，同时告慰自己的良心，但丁通过诗歌语言创造了一个幻想世界，叙述了他的流亡身世，揭露了意大利上流阶层的贪婪和自私。

他的长篇诗歌是这么开头的：1300年复活节前的星期四，他在森林里迷路了，这时在他面前出现了一只豹子、一头狮子和一匹狼。危难时刻古罗马诗人、哲学家维吉尔[①]身穿白衣出现在他的身旁。这原来是圣母马利亚和他逝去的初恋情人贝尔特丽齐在天堂里得知了但丁遇难的消息，然后才派了维吉尔下来救他。维吉尔带着但丁从炼狱和地狱的通道往外走。他们走到了地狱的最底层，看

① 维吉尔（公元前70—前19），古罗马诗人，荷马以后最重要的史诗诗人，史诗《埃涅阿斯纪》是他的代表作。

见魔鬼撒旦被永远地冰封在那里。撒旦周围满是邪恶的罪人、叛徒和欺世盗名之辈。而在走进地狱最底层之前，但丁还看到了佛罗伦萨的许多大人物，其中不但有境遇悲惨的骑士和高利贷者，还有同样遭遇悲惨的皇帝和教皇。

这是一个神奇的故事，百科全书一般详细记载着13世纪时人们的行为、思想、危难以及希望。而那个多年以前流浪在绝望之中的佛罗伦萨孤影，则始终在这幅画卷之中隐隐浮现。

然后，死亡将这位中世纪的忧郁诗人带回到上帝身边，而生命向着文艺复兴的先驱敞开了大门。这就是弗朗西斯科·彼特拉克①，他出生在意大利一个叫阿莱佐的小镇上，是一个公证员的儿子。

彼特拉克的父亲的命运和但丁有些相似，同样出于政治原因而被流放到外地，因此彼特拉克并没有出生在佛罗伦萨。在彼特拉克十五岁那年，父亲把他送到法国蒙彼利埃②学习法律，希望他以后子承父业做个律师。然而年幼的彼特拉克对律师这个行业毫无兴趣，甚至对法律深恶痛绝。在世界上所有的事业中，他只愿意选择做学者或者诗人。最终他凭借着坚强的意志，成功实现了人生的目标。早年他曾到处旅行，在佛兰德、莱茵河畔的修道院、巴黎、列日③和罗马等地抄写古代文献。积累了大量的文化知识之后，他到宁静的沃克鲁斯山区隐居起来，埋头于哲学研究和文学创作。他的深湛学问和优美诗歌马上使他驰名全欧，几乎在同时，巴黎大学和那不勒斯国王都盛情邀请他去讲学。他欣然应邀前往，途中经过了罗马。罗马人对彼特拉克的名字早已如雷贯耳，因为他曾经把大量被遗忘的古代罗马文献重新发掘出来。罗马人向来喜欢把“至高无

---

① 弗朗西斯科·彼特拉克（1304—1374），意大利诗人，早期人文主义文学的代表人物，以十四行诗著称于世。

② 法国南部城市。

③ 比利时东部城市。

上的荣誉”授给别人，于是彼特拉克就在古代罗马帝国的广场上被一群欢呼雀跃的罗马人册封为“桂冠诗人”。

从此，彼特拉克的一生中充满了赞誉。他把人们最喜闻乐见的事物一一记述下来。那时的人们早已对沉闷的宗教争论感到了厌倦。当可怜的但丁自得其乐畅行在阴郁的地狱中时，彼特拉克却放开歌喉热情洋溢地颂扬着爱情，赞美着自然，呼唤着太阳，从不提及阴暗的东西。如果他大驾光临某座城市，城里所有的人都会像欢迎凯旋的英雄一样出城迎接他。当然，如果他能够与年轻的故事大王薄伽丘[①]携手同来，那就再完美不过了。作为时代的风云人物，他们热情好问，善于接受新事物，并经常去图书馆埋头发掘久已被遗忘的维吉尔、奥维德[②]、卢克莱修[③]以及其他古代拉丁诗人的创作手稿。他们也像所有其他人一样虔诚地信仰耶稣，但如果只是因为注定要死去就整天满脸忧愁、衣衫褴褛，那就太没必要了。生命如此美好，为什么不去尽情享受？你要问我讨证据吗？那么请你拿把铁铲挖开脚下土地自己看看。你看到什么了？精美的雕塑、雅致的花瓶、宏伟的古建筑遗迹……这一切都是历史上那个伟大帝国留给后世的光辉遗产。他们曾经在漫长的一千多年时间里统治着整个文明世界。从奥古斯都大帝的半身像上我们看到，这些人曾经是那么健壮、那么富裕、那么俊朗。尽管这些异教徒永远不可能进入天堂，最多在炼狱里耐心忍受，就如同但丁在不久前看到的那样。

可是那又能怎么样？古代罗马的快乐生活不就已经有如天堂

---

① 薄伽丘（1313—1375），意大利作家，人文主义者，意大利文艺复兴运动的先驱。他的代表作短篇故事集《十日谈》，通过一百个歌颂现世生活、赞美爱情与才智、谴责禁欲主义的小故事，表现了人文主义思想对中世纪道德观念的冲击。

② 奥维德（公元前 43—公元 18），古罗马诗人，其代表作《变形记》向欧洲人展示了丰富多彩的古代神话世界。

③ 卢克莱修（公元前 99—前 55），古罗马杰出的诗人、哲学家。《物性论》是他流传下来的唯一著作，该书以诗的语言阐述了一种无神论思想。

一般了吗？人的生命只有一次，既然如此，就请尽情释放你的欢欣和愉悦吧。

总之，当时诸多意大利小城的大街小巷里就洋溢着这样一种时代精神。

你对现代社会的“自行车热”或者“汽车热”应该有所耳闻吧？就在不久以前，有人发明了第一辆自行车。人们几十万年以来一直依靠步行来缓慢而费力地移动。现在有了自行车，就可以既轻松又快速地抵达颇为遥远的目的地了，人们因此兴奋得发狂。最近又有一个天才工程师制造了第一辆汽车。人们连踩脚踏板的活都被省去了，只需要舒服地往上一坐，马达和汽油就会拉动你飞速行驶。于是世人的梦想又变成了拥有自己的汽车。大街上人人都在谈论劳斯莱斯、福特、计油器、里程表和汽油。许多探险家跑到遥远而未知的国家去开采石油资源。苏门答腊和刚果的热带雨林为我们带来了橡胶。石油和橡胶一夜之间成为世界上最宝贵的东西，许多人为了争夺它们而大打出手。几乎全世界的人都在为汽车疯狂，许多正在学话的小孩连“爸爸妈妈”都不会叫，却已经能够叫响“汽车”了。

而在遥远的14世纪，意大利人在地底下发现了壮丽的古代罗马遗迹，也同样深深为之疯狂。这种疯狂很快就传染给了欧洲其他地区的人们。如果有人发现了一部未知的古代手稿，全城都会为之休假狂欢。如果有人编著了一本语法书，会同今天的火花塞发明人一样声名远播。还有那些致力于“人性”“人道”研究的人文主义学者（不同于神学家们把全副精力用在讨论“神性”“天道”之上）也同样得到了巨大的声誉。即便是那些征服了食人岛的探险家，也会被当作英雄一样地赞美和崇拜。

一次政治事件对这场知识复兴运动产生了重大影响，为研究古代哲学家和作家创造了有利条件。土耳其人再次进攻欧洲，使古罗马帝国的残部君士坦丁堡陷入危险之中。1393年，东罗马皇帝曼纽尔·巴里奥洛格派遣伊曼纽尔·克利索罗拉斯去向西欧人求取援助。西欧人的援军是永远都不可能去的。东正教徒[①]受到上帝的惩罚正是罗马天主教会希望看到的，在罗马人看来，东正教徒是希腊世界的邪恶异端，是他们自己招来了报应。不过尽管西欧人并不关心拜占庭人的命运，但对古希腊人却很有兴趣。他们早就知道博斯普鲁斯海峡边的拜占庭城是古希腊人在特洛伊战争结束五个世纪之后建立的。欧洲人现在突然很想研读亚里士多德、荷马以及柏拉图的原著，因此希腊语成了他们的首要兴趣。他们萌生了强烈的学习欲望，却苦于没有合适的课本、语法教材和老师。正在这时，克利索罗拉斯要来的消息传到了佛罗伦萨的政府官员耳中，他们赶紧向他发出邀请："我们的市民对希腊语具有强烈的热情，您是否有兴趣来给予赐教呢？"克利索罗拉斯欣然答应。就这样他变成了西欧第一位希腊语教授，为数百名热情的学生耐心讲解希腊字母：阿尔法、贝塔、伽马……为了早日学会希腊语，同索福克勒斯与荷马直接对话，很多年轻学生历经千难万险（包括乞讨）赶往阿诺河畔的佛罗伦萨城，并在肮脏不堪的马厩或者在破旧狭窄的阁楼里留宿。

而在这个时候，大学里那些守旧的经院学者仍然抱着过时的知识观念，为学生讲解古老的神学和逻辑学，阐发《圣经·旧约》的微言大义，研读阿拉伯文、西班牙文、拉丁文写成的亚里士多德著作。开始的时候他们很是惊慌，后来就愤怒起来：年轻的学生竟然不去正规大学学习，却兴冲冲赶去听什么"人文主义者"的"文艺复兴"怪论，这还怎么得了。

---

① 东正教是与天主教、新教并立的基督教三大派别之一。以君士坦丁堡为中心的东派教会和以罗马为中心的西派教会，因其政治、经济、文化上的差异，终于在1054年分裂，说拉丁语的西派教会称为天主教，而说希腊语的东派教会称为东正教。

经院学者气愤地赶到市政府去讨说法。但对于那些人们无甚兴趣的古老话题，你动用蛮力强迫大家去听是不会有效果的。经院学者面临着无可挽回的失败命运。当然，他们也有过几次很偶然的胜利。他们联合了那些不能与人同乐的宗教狂热分子一起斗争。新旧势力在文艺复兴中心佛罗伦萨展开激烈冲突。中世纪阵营以一个多明我会[①]的僧侣[②]为首。这个一脸苦相、痛恨一切美好新事物的家伙每天在圣马利亚大教堂怒吼，警告大家不要得罪上帝。“忏悔吧！”他厉声叫喊，“忏悔你们亵渎了上帝！忏悔你们深陷于物欲！”他似乎已经听到了上帝的声音，看到了上帝的长剑。他热衷于向孩子布道，防止他们重走父亲的堕落之路。他组建了一支为上帝效力的童子军，甚至极端地宣称自己是上帝派来的先知。心生惧意的市民已经不再像运动开始时那么狂热，他们开始忏悔那种邪恶的对于美与欢乐的热爱。他们一边高唱赞美上帝的诗篇，跳着颇不圣洁的舞蹈（舞蹈正是美丽而欢乐的），一边把书籍、雕塑和绘画作品搬到集市上堆成堆，然后由那位多明我会僧侣萨沃纳罗拉放火把这堆珍贵的文化结晶烧成灰烬。

人们直到这些文化制品的灰烬冷却以后才意识到自己做了些什么。他们居然在这个宗教狂徒的唆使下把自己最热爱的东西亲手摧毁了。他们马上翻脸，把他关押起来。萨沃纳罗拉在监牢中饱受刑罚，但他始终都不承认自己的行为有罪。他只是一个想让自己和大家都过上圣洁生活的正直的人。他不能容忍那些站在他的信仰对面的人，一旦发现罪恶的存在，就刻不容缓地将它消灭。他对教会极端忠诚，在他看来，那种对异教徒的书本知识和美丽艺术品的热爱实在是罪大恶极。然而此时此刻，萨沃纳罗拉已经是孤家寡

① 天主教托钵修会之一，一译多米尼克派，1215 年由西班牙贵族多明我创立于法国图卢兹。建会后受教皇委托执掌罗马教会法庭。

② 即下文所说的萨沃纳罗拉。

人了。那个他可以为之光荣为之战斗的时代已经远去。罗马教皇丝毫没有搭救他的意思。不仅如此，教皇竟然还默许了他的那些“忠实的佛罗伦萨子民”把萨沃纳罗拉绞死在绞刑架上，并焚烧了他的尸体。

这样的悲惨结局恐怕是无以避免的。萨沃纳罗拉如果有幸生在 11 世纪，无疑将会成为伟人。但是生在 15 世纪，他的事业必然要遭受失败。在这个不一般的时代里，连教皇都成了人文主义者，梵蒂冈则彻底蜕变成收藏古代希腊和罗马的伟大艺术作品的博物馆，中世纪真的是穷途末路了。

第四十章　表现的时代

> 人们感到内心有一种需要，想借助媒介把生存的欢乐表现出来。诗歌、雕塑、建筑，绘画、著作等媒介使他们得以充分表现自己的幸福

1471年，一位虔诚而可敬的老人告别了人世。他的生命持续了九十一年，其中的七十二个年头都是在圣阿格尼斯山修道院里静静度过的。圣阿格尼斯山坐落在安详的茨沃勒古城（这座小城属于荷兰的汉莎联盟城市）郊外临近伊色尔河的地方。这位慈祥的老人就是著名的托马斯修士，因为他出生在坎普滕村，人们又称他为坎普滕的托马斯。十二岁那年托马斯被送往德文特求学。一个毕业于巴黎大学、科隆大学和布拉格大学的游方传教士格哈德·格鲁特在德文特创立了"共同生活兄弟会"。兄弟会成员都是些木工、油漆师傅、采石匠之类的世俗人士，他们希望一边做好自己的本职工作，一边过上基督门徒的圣洁生活。他们为当地的穷人家的孩子办了一所学校，使他们都能受到耶稣基督伟大智慧的引导。小托马斯就在这所学校里接受启蒙教育，包括学习拉丁文的动词变位规则，以及抄写古代手稿等。毕业后他决定献身神职事业，于是带着经书一路辗转来到茨沃勒。到达目的地以后，托马斯舒了口气——终于离开那个充斥着喧嚣与不安的浮躁世界了。

托马斯生活的时代确实不平静，瘟疫到处肆虐，社会动荡不安。在中欧的波西米亚，约翰尼斯·胡斯[①]（英国宗教改革者约翰·威克利夫的挚友兼追随者）的忠实信徒正要为他们可敬领袖的惨死而发动复仇战争。不久前，康斯坦茨市议会通过决议，把胡斯烧死在火刑柱上。而在更久以前，就是这个极不守信的议会向胡斯保证安全，请他来瑞士向共商教会改革的教皇、皇帝、二十三名红衣主教、三十三名大主教和主教、一百五十名修道院院长和一百多名王公贵族阐述他的宗教思想的。

在西欧，法国人正在经历惨烈的百年战争，同国土上的英国侵略者浴血奋战。几年以前，是圣女贞德[②]及时挽救了法国的命运。然而百年战争好不容易结束了，法国又同勃艮第卷入了争夺西欧霸权的战争。

在南方，罗马教皇正在向神圣的上帝诚挚祷告，请他出手惩罚住在法国南部亚维农地区的另外一位教皇。亚维农的教皇当然也不甘落后，振作精神给予最有力的还击。在遥远的东方，土耳其人正全力以赴地追杀东罗马帝国的最后残余力量。俄罗斯人则正在发起最后一次十字军东征，要把那些鞑靼统治者彻底消灭干净。

而此时此刻，我们可敬的托马斯修士却平静地坐在一个朴素的小居室里，对外界的纷繁变迁不闻不问。只要有古代手稿的无穷智慧相伴，并以自己的思想与之对话、交流，他就能从中得到一种满足。为了表达对上帝的无限敬爱，他写了一本名为《效法基督》的小书。这本小书后来在全世界广泛流传，译本种数仅次于《圣经》。而它的读者数量甚至有望和《圣经》的读者数持平，从而使无数人的生活因之得到改变。在这本小书中，作者把他的全部理想浓缩成

① 英国宗教改革者，被天主教会诱骗去烧死在火刑柱上。

② 贞德（1412—1431），英法百年战争时期法国女民族英雄。详见本书第四十五章。

了一个平实的愿望——“一个人坐在小角落里，手捧一本小书，就这样简单安静地度过此生。”

托马斯修士是中世纪圣洁理想的最佳代表。面对汹涌而来的文艺复兴浪潮，面对人文主义者对新时代的热切呼唤，中世纪聚集起最后的力量与之作殊死搏斗。修道院进行了自我改革，众僧侣收敛了物欲，改掉了恶习。许多正直而诚实的人试图以自身为榜样，把偏离了路向的世人带回到圣洁的信仰道路上来。但这些努力都是徒劳的。新时代的到来势如破竹、无可阻挡。静心苦修的岁月已经被历史抛弃，伟大的“表现”时代开始了。

现在请允许我为自己作一个说明，我对自己在书中用了一些很古怪的词语而向你致歉。我其实真的非常希望能够只用一些单音节词来写完这整本历史书，但事实是我们无法做到这一点。比如说要写一本几何教科书，那么诸如“弦”“三角”“平行六面体”之类的专用术语是必不可少的。学生也必须先充分理解这些术语，然后才能有效地学习数学。而对于历史来说（当然也包括在生活中），理解一些起源于拉丁语和希腊语的古怪词语是我们下一步工作的必要前提。既然如此，我们就开始这种学习吧。

文艺复兴之所以被称作“表现”的时代，是出于这样一种解释：这一时期的人已不能满足于坐在台下当观众，看着皇帝和教皇在上面发号施令。他们要亲自做生命舞台上的舞者，把自己的思想意识完美“表现”出来。对政治有兴趣的人会像佛罗伦萨的尼科·马基雅维利一样，写本书来“表现”他对成功国家和成功统治者的定义的深入思考。热爱绘画的人会在尺幅之间尽情“表现”他对柔美线条、鲜丽色彩的喜好，于是乔托、拉斐尔、安吉利科这些伟大名字开始让人耳熟能详。当然人们对艺术家的接受需要一个前提，就是他们要能够真正欣赏和喜爱对永恒之美的“表现”。

如果既对线条与色彩无比热爱，又同时对机械与水利深感兴趣，那么伟大的列奥纳多·达·芬奇[①]就诞生了。达·芬奇真是个不世出的全才，他既喜欢画画，又热衷于热气球和飞行器实验，同时还要主持伦巴底平原的水利工作。通过散文、绘画、雕塑，以及构思巧妙的机械装置等等媒介，他无拘无束地“表现”着自己对生命乐趣的丰富感受。还有精力旺盛的米开朗琪罗[②]，他似乎总觉得对于他强健的双手而言，一切画笔和调色板都显得过于柔弱乏力了，因此他转而投向建筑和雕塑，把坚硬厚实的大理石塑造成温婉典雅的动人形象。另外他还被邀请参与设计圣彼得大教堂[③]，以这种最具体最感性的方式来“表现”教会的荣耀与威严。诸如此类的例子数不胜数。

过不多久，这样一群乐于“表现”自我的男男女女就已经遍布意大利乃至全欧洲。他们热情地生活，勤奋地工作，竭尽所能为人类创造出受用不尽的美与智慧。美因茨人约翰·祖姆·甘瑟弗雷希（人们通常称他为约翰·古登堡）发明了一种全新的书籍复制方法。他充分吸收了古代木刻法和现有方法的优点，通过任意组合单个的软铅字母来合成单词和长篇文字。尽管没过多久他就因为打了一场印刷机专利权官司而变得一贫如洗，并在穷困潦倒中死去，但那部“表现”他天才智慧的机器却从此广为流传，造福人间。

威尼斯的埃尔达斯、巴黎的埃提安、安特卫普的普拉丁、巴塞

---

① 列奥纳多·达·芬奇（1452—1519），意大利文艺复兴时期画家、科学家。绘画代表作有《岩间圣母》《最后的晚餐》《圣母子与圣安娜》《蒙娜丽莎》。晚年极少作画，潜心研究科学。

② 米开朗琪罗（1475—1564），意大利文艺复兴时期雕刻家、画家、建筑师。雕刻代表作《大卫》，绘画代表作《西斯廷教堂屋顶壁画》，建筑代表作为梵蒂冈圣彼得大教堂的建筑设计。

③ 天主教教廷教堂，位于梵蒂冈。1506 年初建时由布拉曼特设计，为十字形集中式教堂；1547 年米开朗琪罗受命主持这项工程，加大了结构并增加了中央穹顶设计；17 世纪中叶，贝尼尼在教堂前建造了环形柱廊。它是世界上最大的教堂，也是意大利文艺复兴时代不朽的纪念碑。

尔的伏罗本等人很快把新的印刷方法投入生产，快速高效地印制出大批经典著作并广泛发行，其中有的书用古登堡版《圣经》上的哥特字母印刷，有的书用意大利字母印刷，还有的一些则印上了希腊字母甚至希伯来字母。

总之，只要你有真正美好的“表现”，就不用担心没有观众。特权阶级垄断文化的时代一去不返。当哈勒姆[①]的厄尔泽维大批量地印刷起通俗读本的时候，人们再也不能为愚昧寻找借口了。你只需掏几个小钱，亚里士多德、柏拉图、维吉尔、贺拉斯[②]、普林尼等伟大的古代作家、哲学家、科学家就会如良师益友般给予你智慧的启迪。印刷文字使人类自由、平等的人文主义理想完美地实现了。

---

① 荷兰西部城市。

② 贺拉斯（公元前65—前8），古罗马诗人、文艺理论家，著有文学理论著作《诗艺》等。

第四十一章　伟大的发现

挣脱了中世纪的枷锁，欧洲人开始向往更大的生活空间。狭小的欧洲束缚了人们的手脚，无法满足人们远大的抱负。于是，伟大的地理大发现应运而生

十字军东征的成果之一，就是它教会了人们旅行的技巧。然而在当时，人们的路线比较单一，大多是沿着广为人知的威尼斯通往雅法[①]之路，敢于另辟蹊径的人寥寥无几。13世纪，威尼斯的波罗兄弟踏过千山万水，越过辽阔无边的蒙古大沙漠，终于找到了神秘的元朝大汗（中国蒙古族的皇帝）的宫殿。经历了长达二十年之久的东方之行，波罗家族的马可·波罗写了一本游记。在书中，他夸夸其谈、口若悬河，声称在东方神秘的"持盘"（"日本"一词的意大利念法）岛上有无数耀眼的金塔。不知实情的欧洲人民，对他们的这些经历惊羡不已。此后，东方黄金遍地的梦想就一直诱惑着人们，他们希望有朝一日能到达那里，然后一辈子衣食无忧。但是，陆路旅程的漫长和艰险，使得人们前行的步伐犹豫不决。

当然，也许海路也能通往东方。可是在中世纪，人们不太热衷于航海。究其原因，其中最主要的是，那时的船只过于狭小。在那

① 以色列第二大城市，世界上最古老的港口。

次持续了数载、享誉世界的环球航行中，麦哲伦所用的船只，其体积还不如当今的一艘普通渡轮。像这样的船，搭载的人数大多只能在二十至五十人之间；相应地，船舱也很狭小，舱顶低矮，人们在里面根本无法站直身体；厨房的情况也很糟糕，一旦遭遇恶劣的天气就不能生火；水手们的食物粗劣，而且大多没有煮熟。在中世纪，对于怎么腌制鳕鱼、怎么晒鱼干，人们已经掌握了技巧，但还不会制作罐头食品。所以，水手们一旦离岸，就根本不可能再吃到新鲜蔬菜。至于淡水，是事先用小木桶准备好的，可是没过多久就会变臭，夹杂着烂木和铁锈的味道，并且是黏糊糊的。在中世纪，人们根本不了解细菌（13世纪，博学的僧侣罗杰·培根似乎检测到了细菌的存在，但是他很明智，没有把这个发现透露给外界），不知道饮用不洁的水会致病。因此，这些不幸的船员，常常会染上伤寒病而死，有时甚至全船的人无一幸免。事实上，早期航海的死亡率高得让人瞠目结舌。1519年，二百名水手追随麦哲伦从塞维利亚出发，但最后安全归来的却仅仅只剩十八个人。即使在17世纪，那时西欧与印度群岛间的海上贸易已经相当繁忙，可是往返于阿姆斯特丹和巴达维亚[①]之间的贸易商船上，百分之四十的死亡率并不是什么让人震惊的事。这些不幸的人大多死于坏血症——缺乏新鲜蔬菜所引发的疾病，它会毒坏患者的血液，先是引发牙龈出血，最后是精疲力竭而死。

情况是如此的糟糕。现在你应该明白，为什么航海没能吸引当时欧洲的精英。即使像麦哲伦、哥伦布、达·伽马这样著名的航海家，追随他们出海航行的船员也几乎全是一些诸如刚出狱的罪犯、杀人犯、无家可归的窃贼等社会渣滓。

---

① 在印度尼西亚爪哇岛，即今天的印尼首都雅加达，东南亚第一大城市，著名港口。

享受着安逸的现代生活的我们，根本无法想象当时的航海所要面临的那些困难。那些勇敢的船员们，凭着坚定的毅力，将几乎不可能实现的航行任务完成了。那时的船只经常会面临漏水的危险，装备也极为简陋。虽然从13世纪中期开始，他们已经拥有了指南针（由中国传到阿拉伯半岛，再由十字军带到欧洲），但由于当时航海地图的不精确，使得路线的选择常常只能是听天由命。幸运的话，一两年或者两三年内就能返回欧洲；一旦运气不佳，就会尸骨无存，或者被遗留在某个无人问津的海岸。不过，他们是以命运作为赌注的真正的探险家，对他们而言，生活本身就是充满冒险的旅程。当陆地遥远而模糊的轮廓，或是一片自古就无人知晓的海域出现在他们的眼中时，他们就会觉得所经历的一切苦难、饥渴和病痛的折磨都是值得的。

地理大发现这个话题着实让人入迷，使我恨不得把此书写成厚厚的一卷。但是真正的历史书写应该是对历史作最贴切的概述，就好像伦勃朗蚀刻画的创作方法一样，将那些最重大的历史事件、最杰出的历史人物、意义最突出的历史时刻作为描绘的重点，至于那些相对而言比较次要的部分，则将它处理成背景，或者只是用细线简单勾勒几笔。因此，在本章接下来的部分里，我只能向你们讲述一些最重要的航海事件。

在14、15世纪，几乎所有航海家都怀着一个梦想，那就是寻找一条可靠的航线，可以通往朝思暮想的震旦之国（中国）、持盘古岛（日本），以及传说中那些神秘的香料岛。香料早在十字军东征的时候，就深深地吸引了欧洲人。当时，人们还不会使用冷藏法保存食物，香料就显得非常神奇。只要把胡椒或者肉豆蔻粉什么的撒在食物上，包括那些很容易腐坏的鱼肉，就能使食物在贮存很久之后，仍然可以放心地食用。

地中海伟大航行者的荣誉是属于威尼斯人和热那亚人的，但是大西洋探索的殊荣则非葡萄牙人莫属。经过长年与摩尔人的抗战，西班牙人和葡萄牙人的爱国之情日益深厚。感情一旦存在就不会轻易消失，即使不被用于战争，也会很容易地被转向其他领域。13世纪，位于西班牙半岛西南方向的阿尔加维王国，被葡萄牙国王阿方索三世征服，并将它纳入了葡萄牙版图。接下来，在与穆斯林的长达一个世纪的争斗中，葡萄牙人又逐渐稳占了上风。接着，他们横渡直布罗陀海峡，首先攻占了休达城[①]——位于阿拉伯城塔里发（阿拉伯语，意思是"库存"，后来经过西班牙语的变音，逐步演化成"关税"的意思）对面，然后占领了丹吉尔[②]，并将那里作为据点，以便于他们抢占非洲领土。

一切准备就绪的葡萄牙人，就要开始他们的探险了。

1415年，享有"航海家亨利"之称的亨利亲王（其父是西班牙的约翰一世，其母是冈特的约翰之女菲丽帕。有关冈特的约翰的故事，你可以去读读莎士比亚的戏剧《理查二世》）热心地开始筹备一次大规模的探险，目标是非洲西北地区炽热而荒芜的海滩。在很早以前，腓尼基人和古代北欧人曾经涉足那里，并声称那里生活着一群遍体长毛的"野人"。其实，据我们所知，那是大猩猩。亨利亲王带领着他的船长们出海了。他们的这次经历似乎非常顺利，相继发现了加纳利群岛、马德拉岛——大约一个世纪以前，热那亚的一艘商船曾经到过这里，绘制出了亚速尔群岛的地图（对于亚速尔群岛，葡萄牙人和西班牙人曾经模模糊糊地了解过），还看见了位于非洲西海岸的塞内加尔河河口，并以为那就是尼罗河的入海口。大约在15世纪中期，他们终于抵达了佛得角（即绿角），看到了佛得角群岛，那是一片位于从非洲海岸去往巴西的中途的岛屿群。

① 位于直布罗陀海峡附近的地中海沿岸，与摩洛哥接壤。
② 摩洛哥港口城市。

亨利的探险活动并没有就此了结，其范围也绝非仅限于海域。在葡萄牙，有一支基督骑士团，它是十字军东征期间圣殿骑士团的衍生物。1312 年，教皇克莱门特五世撤除了圣殿骑士团制度。如愿以偿的法国国王“美男子菲利普”，立即将自己所有的圣殿骑士处以火刑，并趁机夺取了他们所有的财产。而身为基督骑士团首领的亨利亲王，充分利用了骑士团的地产收入，装备了几支探索撒哈拉沙漠以及几内亚海岸的远征队。

从整体上来说，亨利的思想仍然停留在中世纪。他相信神秘的“祭司皇帝约翰”的传说，并为了能够找到他而投入了大量的时间及精力。至于这个传说，最早出现在 12 世纪中叶，据说在“东方的某处”有一个庞大的神秘帝国，是一个叫约翰的基督传教士所建，而人们却始终不知道它的具体位置。三百多年来，它吸引了无数的找寻者，亨利也在其中。可是“祭司皇帝约翰”的谜底，直到亨利去世三十年之后才被揭开。

1486 年，为了寻找“祭司皇帝约翰”的神秘之国，探险家巴托罗缪·迪亚斯从海路踏上了征程，结果却到达了非洲的最南端，并被狂风困在那里，无法继续向东航行。所以一开始，他以风暴角来命名此地。但是他手下的里斯本海员乐观地发现，这里将非常有利于向东寻找通往印度的航线。于是，这里就成了“好望角”。

一年后，怀揣着美弟奇家族的介绍信，佩德洛·德·科维汉姆踏上了寻找神秘帝国之旅。他一路南行，先后渡过了地中海，穿越了埃及，最终到达了亚丁港，并从那里渡过波斯湾（一千八百年前，亚历山大大帝曾经到过这里，此后，鲜有欧洲人见过波斯湾）。然后，他到达了印度沿岸的果阿和卡利卡特，并在那里耳闻了关于月亮之岛马达加斯加[①]的传说。据说，它坐落在印度与非洲之间的大

---

① 非洲东南部的世界第四大岛。

海上。接着科维汉姆踏上了回程。他偷偷地经过了麦加与麦地那，然后渡过红海。1490年，他历经千辛万苦，终于找到了“祭司皇帝约翰”之国。真相终于大白于天下，所谓的“祭司皇帝约翰”，其实就是阿比尼西亚（埃塞俄比亚）的“黑王”。“黑王”的祖先早在公元4世纪的时候，就开始信奉基督教，比到达斯堪的那维亚的基督教传教士早了整整七百年。

经历了无数的航行，葡萄牙的地理学家和地图绘制者们开始相信，由海路向东到达印度是极有可能的，只是不太容易。于是，一场大规模的讨论就展开了。一些人坚持从好望角继续向东探索，总有一天会到达印度的；而另一些人则认为：“不，不能再做徒劳的无用功了，我们必须向西穿越大西洋，直达中国。”

在接着叙述之前，我有必要先解释一下。在当时，凡是有头脑的人都坚信，地球是圆的，而不是扁平的。公元2世纪，埃及地理学家克劳狄·托勒密宣称地球是方的，并提出一套关于宇宙结构的托勒密体系。这一理论来源于人类局限的感官世界，简单而易于理解，在中世纪被人们广泛接受。直到文艺复兴时期，科学家们才扬弃了这一体系，转而接受了波兰数学家尼古拉·哥白尼的理论。哥白尼通过仔细的观察和研究后提出，地球只是一颗小行星，它和其他许多颗行星一样，一直同绕着太阳转动。但是，出于对宗教裁判所的恐惧，哥白尼将这一伟大的发现小心翼翼地藏了整整三十六年。直到1543年他去世之际，这套理论才得以公诸天下。宗教裁判所其实是一种教皇法庭，主要是为了维护罗马教皇的绝对权威。它始建于13世纪，因为当时法国的阿尔比教派和意大利的华尔德教派的异端们曾对教皇的权威构成了威胁。其实这些所谓的异端们大都个性温柔，有着极其虔诚的信仰，不沉迷于积累私有财产，向往基督般的简朴生活。我们说了一些题外话，解释了当时的航海家们大多相信地球是圆的。他们当时争论的焦点，只是寻找出最为便捷的航行线路。

力主向西航行的诸多人士中，有位名叫克里斯托弗·哥伦布[①]的热那亚水手。他年轻的时候曾就读于帕维亚大学，系统地学习过数学和几何学，后来子承父业，开始经营羊毛生意。可是没过多久，在东地中海的开俄斯岛，我们发现他转向了商务旅行。后来又听说他去了英格兰，但我们不知道，他到底是以商人的身份为购买羊毛而去的，还是以船长的名义而去的。1477 年 2 月，哥伦布去了冰岛（据他自己说）。但其实很可能他只是去了法罗群岛，因为在 2 月的时候，这些群岛大都非常寒冷，无论是谁都极有可能把它当成冰岛。在那里，哥伦布见到了勇猛的古代北欧人的子孙。根据当地人的自我介绍，他们早在 10 世纪的时候，就已经居住在格陵兰岛上了。而且，在 11 世纪的时候，他们还曾经去过美洲。当时，利夫船长的船遭到了海风的袭击，船只顺风抵达了美洲的文兰岛或是拉布拉多半岛。

这些遥远的西方殖民地后来的结局到底如何，我们已经无从得知了。利夫的兄弟托尔斯坦因死后，他的妻子改嫁托芬·卡尔塞夫纳。这位新任的丈夫于 1003 年也在美洲建立了殖民地，并以自己的名字加以命名。但是，由于爱斯基摩人的不满与侵扰，该殖民地维持了三年便夭折了。至于格陵兰岛上的居民，自 1440 年起便音讯全无。很有可能是黑死病袭击了那里，使当地居民死亡殆尽，就像致使挪威居民丧失一半人口一样。但无论事实真相究竟如何，在法罗群岛人或冰岛人那里，始终流传着有关“遥远的辽阔的西方土地”的故事。哥伦布一定是听信了这些。后来，从苏格兰北部群岛的渔民的口中，哥伦布又收集到了更多相似的信息。随后他来到葡萄牙，与亨利亲王手下的一位船长之女结为夫妻。

---

① 克里斯托弗·哥伦布（1451—1506），意大利航海家，美洲的发现者。

从那时（即 1478 年）开始，哥伦布就一直努力地向西寻找通向印度的航线。经过深思熟虑之后，哥伦布制订了向西航海的计划，并分别呈给了葡萄牙和西班牙王室。然而，当时葡萄牙人已经垄断了东路航线，并且自我感觉良好，根本不屑于理睬哥伦布。至于西班牙这边，1496 年阿拉贡的斐迪南大公和卡斯蒂利亚的伊莎贝拉的联姻，使得阿拉贡和卡斯蒂利亚合并为统一王国。之后，他们整日忙于攻打摩尔人，抢占他们的最后一块领地格拉纳达。于是，几乎所有的钱都被用于战争，已经没有能力为哥伦布的高风险计划提供资金。

哥伦布是个勇敢而坚强的意大利人，很少有人能像他那样，为实现理想而努力争取，坚持不懈。不过，哥伦布的故事大概早已是人尽皆知了，不用我再多费口舌。1492 年 1 月 2 日，格拉纳达失陷，摩尔人投降。哥伦布以最快的速度在同年 4 月，拿到了与西班牙国王、王后的合约。8 月 3 日，星期五，哥伦布离开帕罗斯开始了他的伟大之旅。他率领的船队由三艘小船、共八十八名海员组成。这些海员大多是为了获求免刑的罪犯。10 月 12 日（星期五）凌晨两点，哥伦布看见了陆地的海岸线。1493 年 1 月 4 日，哥伦布开始返航，并将四十四名海员（无一人生还）留在拉纳维达德要塞驻守。2 月中旬，哥伦布抵达亚速尔群岛，差点被当地的葡萄牙人关进监狱。1493 年 3 月 15 日，哥伦布终于回到了他起航的帕罗斯岛。成功的喜悦让他激动不已，他立即带着印第安人（哥伦布始终坚信他发现了印度群岛，所以他把当地的土著居民称为红色印第安人，意思就是印度人）奔赴巴塞罗那，让西班牙王室分享他的快乐，声称陛下已经拥有了通往金银之都的中国和日本的航线。

终其一生，哥伦布都没能揭开事实的真相。他在自己生命走到暮年之时，也就是他的第四次航行中，接触到了南美大陆。那时，他大概有些怀疑了。不过，他至死都深信不疑的是，亚欧之间没有什么单独的大陆，他找到的确实是直达中国的航线。

在哥伦布坚持向西而行时，葡萄牙人也依然执着于他们的向东之行。相比于西班牙人而言，他们的运气似乎要好很多。1498 年，达·伽马成功了。他顺利抵达马拉贝尔海岸[1]，然后带着满满一船的香料安全地返回里斯本。1502 年，达·伽马沿着旧路再次成功地到达印度。东线的辉煌成就，反衬着西线的一无所获，这实在是一件让人不愉快的事。1497 年和 1498 年，约翰·卡伯特和塞巴斯蒂安·卡伯特兄弟出发开始寻找日本，结果却看到纽芬兰岛，以及岛上的冰天雪地。其实，早在五个世纪以前，北欧人就已经发现了纽芬兰岛。佛罗伦萨人亚美利哥·韦斯普奇（后来成为西班牙的领航员，并以他的名字命名了新大陆）沿着漫长的巴西海岸一路探索，却始终找不到梦想中的印度群岛。

1513 年，此时距离哥伦布去世已有七年之久，欧洲的地理学家们终于弄清了事实的真相。瓦斯戈·努内斯·德·巴尔沃亚穿过巴拿马地峡，登上达连峰，惊讶地发现眼前竟然是一片辽阔无边的海洋——一个全新的大洋。

1519 年终于到来，葡萄牙航海家斐迪南·德·麦哲伦[2]出发了。他带着五艘小船，奉西班牙王室之命，继续向西寻找香料群岛（之所以没有向东，是因为那里的路线已经被葡萄牙人垄断，绝对不许他人插足）。麦哲伦先是顺利地渡过了非洲与巴西之间的大西洋，然后向南继续航行，直至到了一个狭窄的海峡——位于巴塔哥尼亚（即“大脚人的国家”）与火地岛（之所以称它为火地岛，是因为船员在某天夜晚看到了岛上的火光，这也表明那里有土著居民）之间。在那里，狂风和暴雪持续了整整五个星期，麦哲伦船队的处

---

① 印度西南沿海地区。

② 斐迪南·德·麦哲伦（1480—1521），葡萄牙航海家，人类历史上第一次环球航行的组织者。

境非常危险。于是，出于恐慌，船员们发起了叛乱，结果被麦哲伦残酷地镇压了。船只再次出发时，两名船员被留在了荒无人烟的海岸上，“忏悔”终生。风暴和叛乱一起平息了，海峡也越来越宽，终于，船队驶进了一片陌生的新大洋。由于一切已经风平浪静，麦哲伦以“太平洋”作为了它的名字，然后继续西行。可是此后整整有九十八天，船员们始终不见陆地的踪影。船队慢慢地陷入了饥渴交困的绝境，最后只得去吞食船上的老鼠，甚至咀嚼船帆。

1521 年 3 月，陆地终于出现了，那就是拉卓恩群岛（意为“盗匪之地”）。麦哲伦之所以给它取了这个名字，是因为在船队靠岸时，当地的土著居民冲上来洗劫了他们。他们继续向西，一点一点接近梦想中的香料群岛。

然后，陆地再次出现在他们眼前。这回是一片荒凉的群岛。麦哲伦以他的君主查理五世之子菲利普二世（此人在历史上声名不佳）的名字将之命名为“菲律宾”群岛。最初，菲律宾土著居民们非常友好，热情款待了麦哲伦的船员们。可是后来，麦哲伦强迫当地居民信奉基督教，并准备用火炮加以威胁。这些举动激起土著居民的愤怒，他们奋起反抗，杀死了麦哲伦及他的绝大部分手下。动乱结束后，船队只剩下了三艘船，而幸存的船员们却只需要两艘，于是他们焚毁其中的一艘，然后继续西行。终于，他们发现了摩鹿加——传说中的香料群岛，看到了婆罗洲（即印度尼西亚的加里曼丹岛），并到达了蒂多雷岛。在这里，其中的一艘船严重漏水，只好和船员一起留在了当地。最后，船长塞巴斯蒂安·戴尔·加诺带着仅存的“维多利亚”号，穿越印度洋，与澳大利亚（它直到 17 世纪初，才被荷兰东印度公司的船员们发现）擦肩而过，然后回到西班牙。这场历经千辛万苦的航行，终于画上了句号。

这是所有航行中意义最为重大的一次。它耗时长达三年之久，投入了大量的金钱和人力。它成功了，而且证实，地球的确是圆的。除此之外，它还纠正了哥伦布犯下的错误，证实他发现的土地不是印度，而是一片独立的新大陆。从此，西班牙和葡萄牙这两个国家，就开始致力于开发与西印度群岛及美洲的贸易，并把他们的全副精力投入其中，竭尽所能，互不相让。为了避免他们挑起战事，教皇亚历山大六世（唯一被选上这一神圣职位的异教徒）以西经五十度子午线为界，将地球平分为东、西两个部分，这就是著名的 1494 年的托德西拉斯分界约定。根据约定，葡萄牙人享有的是东部世界，它可以在那里随心所欲地建立殖民地；而西班牙人分享的世界则在西边。这就解释了一件事情：即为什么整个南美大陆曾经一度除巴西外，都是西班牙的殖民地，而印度群岛和非洲大部分地区则属于葡萄牙。这种情况一直维持到 17、18 世纪。那时，崛起的英国和荷兰无视教皇的旨意，凭借实力夺取了这些殖民地。

当人们把哥伦布发现中国与印度的消息传到威尼斯的里奥托（中世纪的“股票交易所”）时，引起了当地的一场大恐慌，股票价格为此狂跌了百分之四十至百分之五十。后来，人们才发现哥伦布找到的并不是通往中国的通途。这时，惊恐的威尼斯商人们才勉强缓过神来。但是后来，达·伽马与麦哲伦的航行成功了，这意味着从海路向东完全可以到达印度群岛。直到那时，威尼斯与热那亚的统治者们才开始有了追悔之意，而当初他们是多么不屑于哥伦布的建议。可是一切已经太晚了，这些中世纪和文艺复兴时期闻名于世的商业中心，如今只能眼睁睁地看着地中海变成了内海，通往印度和中国的陆路交通不再被人重视，而他们发家致富之路也快要走到尽头了。意大利的辉煌之日就要落山了，而大西洋则蒸蒸日上，成为商业及文明的新中心。即使在现代社会，大西洋沿岸依旧繁荣鼎盛。

从尼罗河沿岸居民开始用文字记载历史算起，人类已经走过了五千年的文明。接着，就让我们来回顾一下，看看文明究竟是怎样变迁的。文明之河最初流淌在尼罗河流域，后来流到了幼发拉底河与底格里斯河之间的美索不达米亚。接着它流进了地中海，使那里成为全世界的贸易中心。在地中海的沿岸，克里特文明、古希腊文明和罗马文明相继兴起，艺术、科学、哲学等其他学问得以孕育。直到16世纪，文明离开了地中海，再次向西流进了大西洋。于是，大西洋沿岸的国家开始主宰世界。

有人说，经历了毁灭性的世界大战，大西洋的地位已经大大降低。根据这一点，他们预言文明将穿越美洲大陆，投进太平洋的怀抱。对此，我保持沉默。

随着西线航海的发展，我们看到了这样的状况：船的体积日益膨胀，航海家的视野日渐拓宽。接着，我们来了解一下，人类历史的变迁在一些具体的物事上是如何体现的。就拿船只来举个例子：当帆船取代了平底船时，尼罗河和幼发拉底河文明中心的地位让位于腓尼基人、爱琴海人、古希腊人、迦太基人及罗马人；当帆船被横帆航船驱逐出海面时，葡萄牙人和西班牙人崛起；后来满帆船只纵横四海，英国人和荷兰人成了世界的主人。

如今，文明的发展对船只的依赖程度日益减少，飞机将逐步地占据原来帆船和汽船的地位。接下来主宰世界的，将是依赖于飞机和水力的文明中心。海洋将不再被打扰，重新成为鱼儿的幸福乐园，就像回到远古之初，海洋生物与人类的最早祖先和平共处的那片深海。

第四十二章　佛陀与孔子

有关佛陀和孔子的故事

地理大发现之后，西欧的基督徒们开始走近东方，有了更多的机会去了解印度人和中国人。宗教并不是唯一的，关于这一点，基督徒们早就知道了，因为他们已经见识过穆斯林，以及北非那些崇拜原始神灵的异教部落。但是，这些信仰基督教的殖民者在踏进印度和中国时，还是吃了一惊，他们惊讶地发现这个世界上还有如此多的异教子民，竟然从未听说过基督的事迹，也根本不想听别人宣扬基督教教义。那里的人民认为自己的宗教早已延续了数千年，远胜于西方宗教。此书的题目是《人类简史》，我们不应该仅仅局限在欧洲和西半球的历史范围内，那么，接下来就让我们来了解一下佛陀与孔子。他们生活在数千年以前，可是直到如今，他们的教诲，以及他们树立的榜样，依然对许多人的言行和思想产生着深远的影响。

在印度，佛陀是最最尊贵的“牧羊人”。他的生平充满着传奇色彩。佛陀降生于公元前 6 世纪，在一个能见到喜马拉雅山的地方。四百年前，就是在那里，雅利安民族（印欧种族的东支的自我称呼）的伟大领袖查拉图斯特拉[①]（琐罗亚斯德）教导他的子民，要

① 公元前 6 世纪的伊朗先知，拜火教的创始人。

将生命视为恶神阿里曼与善神奥姆兹德之间的永不停息的争斗。佛陀出身高贵，父亲是释迦部落的首领净饭王，母亲摩诃摩耶是邻近王国的公主。公主早在少女时代就出嫁了，可是岁月流逝，月亮在远山背后升起又落下，经过了无数春秋，她的丈夫仍然没有子嗣能够接任他的王位。终于，在五十岁那年，她怀孕了。她快乐地返回故里，希望能在娘家的照顾下产下娇儿。

距离故土的旅程非常遥远，公主经过长途跋涉，才终于回到了考里延人的部落。某天晚上，正在蓝毗尼花园享受阴凉的摩诃摩耶，突然生下了王子。孩子被取名为悉达多，但人们通常还是称他为佛陀，即"悟者"。

日子一天天过去，悉达多渐渐地长大成人。在年满十九岁之时，英俊的王子娶了自己的表妹雅苏陀罗为妻。此后的十年间，悉达多一直生活在王宫里，从未接触过任何苦难，只是静静地等待着继承父亲王位的那一天。

但是在悉达多三十岁那年，他的生活中出现了一些特别的事情。有一次他走出宫门的高墙，看见了一位老人。老人已经快要接近生命的终点，体力衰微，羸弱至极。大吃一惊的悉达多把这位老人指给车匿看，车匿则平静地回答说，这个世界上到处是苦命之人，并不在乎再多一个。这使得年轻的王子非常悲伤，但他并没有说什么，回宫后继续过着往日的平静生活，并竭力想让自己忘却烦恼。不久，他再次离开王宫，这次遇到的是一个疾病缠身的穷人。悉达多问车匿，这个人怎么会痛苦至此？车匿回答说，世界上的病人无处不在，可是谁也没有办法。年轻的王子听后更加悲伤，但他还是回到了家人的身边。

几星期之后的一个傍晚，悉达多想要去河边洗澡，于是驾车出宫。仿佛命运的安排，浮在路边水沟里的一具死尸惊吓了他的马。王子自幼深居王宫，从来没有亲眼看到过这般恐怖的情景，不禁吓呆了。但车匿告诉他说，不要太在意，世界上随处可见死人，这是生命的规律，一切终有完结，没有永恒。坟墓等待着我们每一个人，谁都无法逃脱。

当晚，悉达多回到家中。一进门，就受到悦耳之音的欢迎。原来在他出门之时，他的妻子为他生下了一个男孩。这就意味着王位又有了继承人，大家为此而热烈庆祝。可是悉达多却无法分享他们的快乐。一个新的生命刚刚诞生，让他更加深刻地体会到生存的恐怖。死亡与苦难的情景紧紧缠绕着他，仿佛梦魇一般。

那晚，月光皎洁如水。悉达多无法入眠，开始认真地思考这所有的一切。如果解不开这缠绕着他的生存之谜，他就再也不会快乐起来。最终他下定决心，离开心爱的亲人们，独自去揭开谜底。他悄悄来到妻子的卧房，看了妻儿最后一眼，然后叫醒忠诚的车匿，离家出走。

两人一起走进黑夜，一个去追寻灵魂的安宁，一个去效忠于敬爱的主人。

悉达多四处流浪。而当时，印度正好处于剧烈的变动之中。很久以前，争强好战的雅利安人（欧洲人的表亲）轻易地征服了印度的先人们，也就是印度土著居民。从此，这些性情温顺、体型矮小的黄种人就生活在雅利安人的统治之下。雅利安人为了维护、巩固自己的权力，将印度人口划分为不同等级，并进而演化成一套僵化的“种姓”制度。雅利安人属于最高等级的“种姓”，即武士和贵族阶层，往下就是祭司阶层，再往下是农民和商人。而土著居民则被划为“吠舍”，沦为了卑贱的奴隶，备受鄙视，命运悲惨而且永无出头之日。

种姓制度甚至波及人们的宗教信仰。古老的印欧人历经几千年的流荡，遭遇过许多神奇的事情。人们将这些经历加以整理，汇编成书，这就是《吠陀经》。书是用梵文写成的。作为一种语言，梵语与欧洲大陆的希腊语、拉丁语、俄语、德语及其他几十种语言非常接近。《吠陀经》被誉为圣书，只有三个高等种姓才允许阅读，最低的“吠舍”是不能了解此书内容的。贵族或是僧侣还被明令禁止将此书的内容透露给“吠舍”，一旦越界，就会受到严厉的惩罚。

因此，大多数印度人的生活极其悲惨。由于尘世所能给予的快乐实在太少了，他们必须要寻找别的途径来摆脱苦难。有很多人通过冥想来世的美好生活，来求取一丝安慰。

梵天是印度神话里所有生灵的创造者，也是生与死的最高主宰，是完美的最高理想。很多印度人通过效仿梵天来断绝对财富和权势的欲望，并将之作为生活的最高目标。他们相信圣洁的思想比圣洁的行为更加重要，为了能更好地思索梵天的智慧，他们走进荒漠，以树叶为食，通过对肉体的磨砺来丰富灵魂。

这些远离喧嚣、一心追求真理的流浪者们引起了悉达多的注意，最后，他决定效仿他们。他剃去头发，取下佩戴的珠宝，写了一封诀别信，交给了忠诚的车匿带回家。然后，年轻的王子孤身走进了沙漠。

他的圣洁之举很快就四处流传，五个年轻人慕名前来拜访，希望能追随他。悉达多答应了，并收他们为徒。于是，五个年轻人随着悉达多走进了深山。在灵鹫山的荒凉山峰间，一晃过去了整整六个寒暑，悉达多一直在向门徒传授自己所知的一切。但是，经过这段精心的修行后，悉达多意识到自己还远未到达完美的境界，俗世对他依然充满着诱惑。于是，悉达多离开学生，独自一人坐在一棵菩提树下，斋戒了七七四十九个昼夜。苦修终于取得了灵验，梵天向他现身显灵了。从那一刻起，悉达多就被尊称为“佛陀”，即救赎人们脱离苦海的“大彻大悟之人”。

在恒河附近的山谷里，佛陀度过了他俗世生命的最后四十五年。在那里，他把他关于服从、温顺的朴素教义讲给所有人听。公元前488年，佛陀圆寂，完满地结束了他的俗世生命。这时，他已经得到了数百万人的热爱。佛陀的教义面向众生，就连最低等级的“吠舍”也能成为他的信徒。

这些承认众生平等，让人把生活的希望寄予来生的教义，当然使得贵族、僧侣和商人们大为不满，于是他们绞尽脑汁想要消灭这一信仰。只要有机会，他们就鼓动印度人回归古老的婆罗门教，坚持斋戒并磨砺自己的肉身。但是，佛教始终没有被消灭。后来，他的信徒们越过了喜马拉雅山，将佛的智慧带进了中国。他们还渡过黄海，给日本人民带去了佛的教诲。这些信徒忠实地恪守佛陀的意志，严禁使用暴力。今天，信仰佛教的人比自古的任何时候都要多，甚至远远多于基督徒和穆斯林的总和。

接下来，让我们去看看中国的智者孔子，有关他的故事则要相对简单一点。孔子生于公元前550年，一生宁静、恬淡、宠辱不惊。当时的中国社会相当混乱，没有一个强大的中央集权政府，百姓生活于水深火热之中。强盗四处流窜，肆意烧杀劫掠。中国的北部和中部地区原本富饶多产，如今却饥民遍布。

孔子主张仁爱，一心想拯救苦难的人民于水火。他天性平和，不信武力，不赞成以苛刻的刑法来治国。他深信真正的安邦之道在于改变世道人心。孔子知其不可为而为之，尽其一生始终致力于改善中原数百万同胞的性格。中国人对西方意义上的宗教向来不太热情。他们虽然也相信鬼怪神灵，但他们没有先知，也没有所谓的“神启”。在人类所有伟大的精神领袖中，孔子大概是唯一一个没有见过神的显灵、没有声称自己是神的使者或是曾经受过神的启示的人。

孔子善解人意，通达仁爱，喜欢独自漫游，喜欢用自己钟爱的笛子吹奏忧伤的曲调。他毫无名利之心，从来没有要求任何人追随、崇拜他。这让我们联想起一些古希腊的智者，尤其是斯多葛学派。他们同样坚持正直的生活与正当的思考，从不企求回报，坚守灵魂的平静和安宁。

孔子为人宽厚。他曾经特地拜访了老子——中国另一位伟大的思想者。老子开创了“道家”哲学体系，其教义有点类似于早期基督教的“金律”[①]。

无论对谁，孔子都怀有仁爱，绝不存有仇恨之心。他教人自律的美德。根据孔子的教诲，一个真正的有德之人是不会让自己受怨气侵扰的，无论命运怎样安排，都应该乐天知命，绝不怨天尤人。这些智者知道，应该学会从多种角度看待事物，这样无论是什么事情都有它有益的一面。

最初，孔子没有什么弟子。可是渐渐地，他的弟子越来越多。孔子死于公元前478年，在他生命的暮年，一些王公贵族也公开承认自己是孔子的弟子。耶稣在伯利恒马槽降生之时，孔子的哲学早已融入大部分中国人的思想里，并一直影响着他们的生活——当然并非是原初的、纯粹的形式。岁月变迁，人类社会几经沧桑，宗教也大多会相应地发生变化。耶稣最初的教导是谦卑、恭顺、放弃俗世生活的名利追逐。可是各各他事件[②]十五个世纪以后，基督教会的领袖却肆意挥霍，毫无节制，大兴土木，建立一座座辉煌奢华的教堂。相比于最初伯利恒马槽的凄清，教皇所作所为已经相去何止千万里。

老子最初教导人们的思想，有点类似于基督教的“金律”。可

---

① “金律”即“爱人如己”。这一律令出于基督教《圣经》的“诫命”，即《圣经·新约·马太福音》载耶稣说：“你要尽心、尽性、尽意，爱主你的神，这是诫命中的第一，且是最大的。其次也相仿，就是要爱人如己。这两条诫命是律法和先知一切道理的总纲。”其实“爱人如己”的道德律令和老子的思想并无多大相似处，倒是和孔子“己所不欲，勿施于人”的忠恕之道接近。作者对孔子、老子的思想恐怕有所误解。

② 即耶稣被钉十字架的事件。

是不出三个世纪，他却被变成了一位严酷的神祇。他那充满智慧的思想被深埋在了庸俗的迷信之下，普通中国百姓的生活也变得充满了惊恐不安。①

孝，是孔子的核心思想之一。可是不久，人们将极大的精力与时间投入在死去的父母身上，甚至远远多于他们对于子孙的关注。他们故意无视未来的存在，极力地回顾过去，于是祖先崇拜开始成为一种类似于西方的宗教仪式。②人们把自己的祖先埋葬在山坡的南面，那里阳光充足、土地肥沃，为此他们宁愿将稻谷种在阴暗、贫瘠的山坡北面。他们情愿忍饥挨饿，也不愿意侵扰祖先的阴灵。

尽管如此，孔子的智慧言行还是影响了越来越多的东亚人。儒家思想凭借一些思想深刻而鞭辟入里的话语，给每个中国人的心灵融入了一丝生活的哲学。这种思想影响着人们的日常生活，无论对谁都一样发挥效力，不管他是生活在水汽弥漫的地下室里的洗衣工，还是高墙深宫之内统治着广袤大地的帝王将相。

16世纪，热情洋溢却也蛮横无理的基督徒们从西方走来，与东方的古老教义相遇。当他们面对宁静安详的佛陀塑像和慈祥亲和的孔子画像时，早期的西班牙人和葡萄牙人显得有些手足无措，根本不懂得该怎样去尊重这些面露微笑的神人。他们简单地认为，这些与西方苦难的先知相去甚远的神明，一定都是魔鬼的化身，是崇拜偶像的异端信仰，根本不值得基督徒的尊敬。可是，一旦这些“邪恶影响”对他们的香料与丝绸贸易产生了阻碍，欧洲人便开始

---

① 汉魏时中国人模仿西来印度佛教的宗教形式创建道教，把道家哲学思想改造成道教的教义，先秦道家思想家老子被奉为道教至高的神祇太上老君，《老子》一书被尊为《道德经》，原始道家提倡的顺其自然的生活态度也被道教扭曲为追求长生不死的宗教态度。

② 指孔子对“礼”的倡导。

诉诸武力，用坚船利炮来攻击他们对西方信仰禁闭的大门。这种行为当然要遭到谴责，它不仅对未来没有一丝有利之处，还给我们留下了敌意的阴影。

第四十三章　宗教改革

挂在墙上的钟摆，总是有规律地前后交替摆动，而人类进步的步伐有时也仿佛如此。你看，在文艺复兴时期，人们对文艺充满着热情，对宗教则不闻不问；可是，在随后的宗教改革中，人们又丢下了文艺，重新燃起了宗教的激情

“宗教改革”一词，听起来肯定不会陌生，它能让人联想到历史上许多无畏的清教徒。他们坚信“宗教信仰自由”，并且为了实现理想而远渡重洋。岁月推移变迁，宗教改革如今已经成了“思想自由”的近义词（尤其在新教国家），马丁·路德[①]也被尊为进步的先锋。但是，我们书写这部历史不能一味地赞美那些让人尊敬的先辈，这不应该成为我们的历史书写。德国历史学家兰克曾经说过，历史研究的关键是搞清楚“到底发生了什么”。只有这样，看待历史的眼光才能公正而客观。

好坏绝对分明的事情，在我们的历史上是鲜有的，纯粹的黑、白两色不可能构建起我们的世界。历史学家如果足够坦诚的话，就应该对任何一个历史事件给予客观公正的评价。然而实际上，

① 马丁·路德（1483—1546），16 世纪德国宗教改革倡导者，新教路德宗创始人。

由于我们无法避免的个人喜好，真正做到这一点又谈何容易。但是，我们至少应该尽力而为，不要让个人偏见过多地干涉我们的历史书写。

仅以我个人举个简单的例子。我生长的地方新教特色非常明显，因此在十二岁之前，我从未见过天主教徒。所以，后来我在遇到他们的时候就会觉得不舒服，甚至还会有些害怕。我听人说起过一些关于新教徒被迫害的事情，说是什么艾尔巴公爵想要消灭路德派与加尔文派的异端，结果使得成千上万的新教徒被西班牙宗教裁判所残酷地绞死、烧死，甚至肢解①。这些事情在我看来，好像就发生在昨天，而且也许不久会卷土重来。可能在另一个圣巴托罗缪之夜②，我会在睡梦中遭遇不幸，可怜而瘦小的身体会被人扔出窗外，就好像是高贵的科利尼将军③所经历的遭遇一样。

很多年以后，我生活在一个信奉天主教的国家里。在那段日子里，我惊讶地发现，那里的人竟然比我的邻居更加快乐、宽容，而且也相当的聪明。这一发现让我开始相信，在宗教改革中天主教徒们也有着他们合理的一面。

当然，16、17世纪那些善良的人们，是不会以我现在这样的态度来看待问题的。他们确确实实地经历过了那场混乱的宗教改革，并且坚信真理在自己这边。这是一个你死我活、不容置疑的问题，生存是人们本能的、无可厚非的选择。

1500年，这个年份非常好记。查理五世就降生在这一年。通过历史的考证，我们知道，中世纪混乱的封建割据局面后来被高度

① 详见本书第四十四章。

② 1572年8月23日至24日夜间，胡格诺派的重要人物正聚集巴黎，庆祝其领袖波旁家族的亨利的婚礼。法国天主教徒亨利·吉斯（吉斯公爵之子）以巴黎各教堂钟声为号，率军队发动突然袭击，杀死胡格诺教徒两千多人，由于24日正值圣巴托罗缪节，因此这一血腥的夜晚在历史上被称为“圣巴托罗缪之夜”。

③ 法国新教领袖，死于圣巴托罗缪之夜。

集权化的几个国家取而代之。后来，查理又成为这几个国家之中最为伟大的君王。不过在1500年，他还是个襁褓中的婴儿。查理的出身非同一般，他是斐迪南与伊莎贝拉的孙子，又是哈布斯堡王室的马克西米利安（中世纪最后一位骑士）和玛丽（“勇敢者”查理的女儿，“勇敢者”查理就是勃艮第大公，他获得了对法战争的胜利，却被一个瑞士农民所杀）的孙子。这使得查理在孩提时代，就拥有了世界上最大的一片领土，包括他在德国、奥地利、荷兰、比利时、意大利及西班牙的父母、祖父母、外祖父母、叔叔舅舅、堂表兄弟、姑妈阿姨的全部领土，外加这些人在亚洲、非洲、美洲的所有殖民地。命运女神仿佛在开查理的玩笑，把他降生在根特的佛德兰伯爵的城堡中，而这个城堡在不久前曾被德国人当作监狱。更加让人觉得奇妙的是，身为德意志和西班牙的帝王，查理接受的却是佛德兰的教育。

查理的父亲去世很早（据说他是被毒死的，但已不可考），母亲因此变得精神失常（她带着丈夫的棺材四处旅行），所以小查理是由姑妈玛格丽特管教的。查理长大后，不得不接管德国、意大利、西班牙等百来个或大或小的奇异民族的统治权。但是，小时候接受的佛德兰教育，使得他一直忠实于天主教，反对任何宗教偏见。从小到大，查理一直都很散漫。可是命运偏偏不放过他，把他安排在正处于宗教狂热的乱世。他一辈子就是在各个不同的城市间奔走，来去匆匆，毫无安宁可言。他热爱和平与安宁，却一生没有离开过战争。在五十五岁之际，他对人类的厌恶和憎恨达到了承受的极限。于是，他抛弃了一切俗务。三年后，他就在绝望和疲惫中撒手人寰。

关于皇帝查理，我们就说这些吧。接下来就是教会，它是当时社会的第二大势力，那么它的故事又如何呢？在中世纪早期，教会的任务就是努力地征服异教徒。可是也正是从那时起，教会就在逐步发生一些变化。而这些变化中最为重要的就是，教会已变得相当的富有，教皇也不再是贫寒的基督徒的牧羊人。教皇的住所是富丽奢华的宫殿，身边簇拥的是一大群的艺术家、音乐家和知名文人。他的教堂、礼拜堂布置华丽，满挂着崭新的圣像，仿佛古希腊的神祇[①]。他关注艺术品的时间要远远多于教务：他用在教务上的时间大概只有十分之一，剩下的十分之九，他都花费在了非常安闲舒适的事情上了，比如古罗马雕塑、新出土的古希腊花瓶、新夏宫的设计、新剧的首演等。对于教皇的行为举止，大主教和红衣主教们争相效仿，而他们又为主教树立了榜样。只有乡村牧师们依然恪尽职守，他们远离邪恶的世俗世界，远离异教徒对美与享乐的热爱，他们也同样远离修道院。因为，修道院里的僧侣们好像已经忘记了那些古老的谨守简朴的誓言，只要不出乱子，他们就尽情享受耳目之娱。

最后则是普通百姓。相对于过去而言，他们的状况有了很大的改观：生活富裕，住房舒适，孩子们能受到良好的教育，城市干净漂亮。他们手中拥有火枪，可以和欺压者对抗，这使得他们终于摆脱了数百年来压在他们身上的重税。到这里，宗教改革的主角们都已登场了。

接下来，让我们先来了解一下文艺复兴对欧洲的影响。这样你就会明白，为什么经历了文艺复兴以后，宗教狂热会再度爆发。文艺复兴始于意大利，后来波及法国。文艺复兴在西班牙没有激起什么波澜，这是因为西班牙人在与摩尔人的五百年战争中，日渐变得心胸狭窄，并对宗教极度狂热。文艺复兴波及的范围越来越广，但是它的性质在越过阿尔卑斯山之后发生了变化。

欧洲南北两地气候差异很大，这使得北欧人与南欧人的生活

---

① 早期基督教是反对古希腊的偶像崇拜的，认为这是异端的行为。摩西十诫第二条即“不可崇拜偶像”。

习性相去甚远。意大利阳光充足，人们喜欢户外活动，喜欢纵酒高歌，享受生活。而北欧的德国、荷兰、英国、瑞典的气候则比较阴冷，人们更愿意待在舒适温暖的小屋内，不苟言笑，态度严肃，他们会经常关心自己的灵魂，不会拿神圣的东西开玩笑。因此，北欧人只关注文艺复兴中的“人文”部分，比如书籍、古代作家的研究、语法以及教科书等。而对于全面回归古希腊、古罗马文明的号召，他们却不敢去响应，而这恰恰是文艺复兴在意大利的主要成就。

然而，教皇和红衣主教的担任者，几乎全都是意大利人。教会被他们变成了俱乐部，人们在此可以毫无顾忌地大谈特谈艺术、音乐或者戏剧，而信仰问题却很少被涉及。于是，严肃认真的北方世界与随意乐天的南方国家有了分裂的罅隙，而且日益加剧。可是，没有人想到，这会给教会带来危险。

还有一些次要原因，可以解释为什么宗教改革运动会在德国爆发，而不是瑞典或者英国。德国人向来不喜欢罗马，日耳曼皇帝与教皇之间积怨颇深，争吵也是无休无止。至于欧洲的其他国家，国王通常能够强有力地控制政权，并能够保护子民免遭教士的盘剥。而在德国，皇帝毫无实权，大小王公良莠不齐，善良规矩的市民得不到国家的保护，很容易受到主教或者教士的欺凌，财富被大量搜刮。教士用这些钱修建豪华的教堂，以便向教皇献媚（文艺复兴时期的教皇特别喜欢装饰奢华的教堂）。德国人觉得吃了亏，对此极其不满。

此外，还有一个原因很少被人提及。德国是印刷机的故乡，因而书籍在北欧价格低廉。《圣经》本来是手抄本，一直由教士垄断着解释权。而现在它成了家用图书，人们只要懂得拉丁文，就可以自己阅读《圣经》。这本来是违背教规的。可是后来人们通过阅读发现，教士告诉他们的东西，有很多与《圣经》中的记载不符。这使人们产生了怀疑，并开始提出问题。而问题又必须被正当地解答，否则就会引起麻烦。

矛盾逐步激化，北方的人文主义者们终于按捺不住，开始向僧侣发动了进攻。由于他们的内心还存有对教皇的敬畏，因此他们不敢直接攻击教皇本人。于是，最初的攻击目标，就是那些修道院里懒惰、无知的僧侣。

令人惊奇的是，这场运动的领袖竟然是教会忠诚的子民。他叫杰拉德·杰拉德松，荷兰鹿特丹人，大家通常也称他为德西德里乌斯·伊拉斯谟。伊拉斯谟出身贫寒，曾经在德文特的拉丁学校（就是坎普滕的托马斯修士的母校）接受教育，并成为教士。后来，他离开了一度居住的修道院，周游欧洲各地，并将旅途见闻记录在册。再后来，伊拉斯谟开始了他的写作生涯（在现代社会，他大概会被称为社论作家）。他的《蒙昧者书简》中那些风趣幽默的匿名信，给世人带来了极大的乐趣。书中采用一种奇特的德语－拉丁语的打油诗形式，揭露了普遍存在于中世纪晚期僧侣中的无知与自负。伊拉斯谟学识渊博而严谨，精通拉丁语和希腊语。他认真校对了希腊文的《圣经·新约》，然后将其翻译成拉丁文，这是第一本可靠的拉丁文版《圣经·新约》。但是，和古罗马诗人贺拉斯相仿，他相信“微笑说明真相”的写作方式是强有力的。

1500年，伊拉斯谟拜访了托马斯·摩尔爵士。之后的几个星期里，他完成了《愚人颂》。此书妙趣横生，以最锐利的武器——幽默来抨击僧侣及其追随者，成了16世纪最为畅销的著作，并被译成多种文字。最为重要的一点就是，它使欧洲各国人民开始关注伊拉斯谟的所有宗教改革著作。他在那些书中，揭露教会的弊端，呼吁改革，号召人们都来协助他完成基督信仰的伟大复兴。

这些计划宏大而美妙，可是却一无所成。伊拉斯谟过于理性而且宽容，无法满足大多数教会敌人的要求。于是，他们只好继续等待，希望一位天性更为强硬的领袖的出现。

他来了，名为马丁·路德。

路德出生在德国北部的乡村，才智超群，勇敢大胆。他接受过高等教育，取得了埃尔富特大学颁发的艺术学硕士学位，进入一家多明我派修道院修行，最后成为威登堡神学院的大学教授，开始向不太热情的农夫们解释《圣经》。空闲之余，他开始研究《旧约》和《新约》的原文。很快，他就发现，教皇和主教们所说的与耶稣基督本人的训诫竟然有着天壤之别。

1511 年，路德因公出访罗马。这时，博尔吉亚家族的亚历山大六世（他曾经为了子女聚敛起大量财物）去世，尤利乌斯二世接任了教皇一职。此人品行端正，只是非常热衷于征战和兴修土木。此人态度虔诚，但是在严肃的德国神学家路德看来却不以为然。他失望之余，返回了威登堡。可是，更糟的事情还在后面。

尤利乌斯教皇临终之时，托付他的继任者扩建圣彼得大教堂。这座教堂非常宏大，尚未完成就需要维修。然而，教会的府库早已被老教皇亚历山大六世挥霍一空，到了 1513 年利奥十世接任之时，教廷事实上已经濒临破产。于是，为了筹集资金，他想到了一个古老的方法——出售“赎罪券”。赎罪券其实就是一张羊皮纸，不过要花钱才能得到，据说它能使拥有者缩短他在炼狱里的时间。根据中世纪晚期的教义，这是合乎情理的。因为，教会既然能够宽恕那些死前真心忏悔的罪人，那么当然也可以缩短灵魂在炼狱里的时间。

赎罪券必须花钱购买，这实在很不幸，但却是教廷创收的捷径。而且对于那些特别穷的人，它又是可以免费领取的。

1517 年，在德国的萨克森地区，赎罪券的销售权在一个多明我会修士的手中。这位修士名叫约翰·特泽尔，算得上是一位急功近利的推销员。他敛财心切，强迫式的销售手法激怒了那里虔诚的信徒们。诚实的路德在盛怒之余，做了一个鲁莽的举动。1517 年 10

月 31 日，路德来到萨克森宫廷教堂的大门前，将他写的九十五条声明张贴在上面。声明用拉丁文写成，猛烈地抨击了销售赎罪券的行径。路德不是革命者，毫无引发暴乱的念头，他只是反对销售赎罪券这一做法，并希望他的神职同事们能明白他的态度。这原本是神职人员与教授之间的私事，不是要世人去认识教会的过错。

然而，颇为遗憾的是，当时几乎所有的人都在关注宗教事务。对于任何事情的讨论，都会立刻导致严重的思想震荡。不出两个月，萨克森的九十五条声明几乎无人不知，整个欧洲到处都在沸沸扬扬地讨论它。每个人都必须选择立场，每个神职人员都必须发表自己的观点。教廷终于嗅到了不安的味道，于是急令这位威登堡神学院教授前往罗马，以便向他们表达他的观点。路德想起了胡斯的教训，明智地选择了拒绝。作为藐视教廷威严的处罚，罗马教会将他的教籍革除。可是，在无数的支持者面前，路德亲手焚毁了教皇的敕令。从那一刻起，路德和教皇就不可能再言和了。

路德成了领袖，领导着众多不满于罗马教会的基督徒，尽管这并非出于他的意愿。一些德意志爱国者，比如乌里奇·冯·胡登，甚至赶去保护路德。威登堡、埃尔富特、莱比锡大学的学生们也公开声明，如果当局逮捕路德，他们一定誓死保护他。甚至连萨克森选帝侯也向热血的青年们保证，只要路德在萨克森的土地上，他就不允许任何人对他造成伤害。

这些事情发生在 1520 年。查理五世那时已经年满二十岁。身为半个世界的统治者，他不得不与教皇互相协助。于是，他决定在莱茵河畔的沃尔姆斯召开一次宗教大会，并命令路德出席，要求他在会议上解释自己的越轨行为。此时的路德已经是德意志的民族英雄，他毅然前往。但是在沃尔姆斯，路德拒绝收回他所写的或者所说的任何一句话。他把良心虔诚地献给了上帝，置生死于度外。

沃尔姆斯会议经过长期的讨论，最终将路德定为神人共愤的罪人，并禁止任何德国人给他提供食宿，或者阅读他所写的任何书籍，而这位伟大的改革者的生命却毫无危险。在绝大多数的德国人看来，沃尔姆斯敕令是一份不公正的可恶文件。为了安全起见，路德被藏匿到萨克森选帝侯在威登堡的城堡里。在那里，他仍然不懈地对抗着教廷的权威，并将《旧约》和《新约》译成德语，使每个人都有机会亲自接触上帝的话语。

事态发展到这一步，宗教改革已不再仅仅涉及宗教和信仰了。社会动荡不安，有很多人便趁势兴风作浪：憎恶现代大教堂建筑之美的人，开始攻击甚至摧毁他们不喜欢的东西——因为他们不理解；穷困潦倒的骑士们想夺回曾失去的，占领了原来属于修道院的土地；心怀不满的王公们则趁机扩张自己的势力；饥民们在鼓动家的狂热的带领下攻进城堡，像十字军战士一般大肆劫掠。

帝国真的发生了暴乱。有的王公成了新教徒（就是路德所谓的“抗议教廷者”），对统治区内的天主教徒进行残酷的迫害。而另一些王公们依然信仰天主教，于是大肆绞杀自己的新教子民。1526年，为了解决子民的教派归属问题，斯帕尔会议规定“臣民们必须信奉其领主所属的教派”。这使德意志联邦的上千个小公国相互敌视，从而阻碍了德国数百年的正常发展。

1546年2月，路德逝世。遗体被安葬的教堂，就是二十九年前他反对销售赎罪券的地方。岁月还没有迈过三十个春秋，那个漠视宗教、追求俗世欢乐的文艺复兴世界，就已经完全被不是争吵就是辩论的宗教改革世界取而代之。多年来统一的宗教帝国在瞬间土崩瓦解。为了发扬一些神学教义，天主教徒和新教徒们拼得你死我活，整个西欧世界都沦为了战场。可是在现代人看来，这些神学教义就如同古代伊特鲁里亚的神秘铭文一般让人莫名其妙。

第四十四章　宗教战争

一个宗教大讨论的时代

16、17世纪的欧洲，正是处于宗教大讨论的时期。

如果你能细心观察的话，你会发现在现代社会里，几乎人人都离不开“经济”这个话题，什么工资啦、工时啦、罢工啦，或者是金钱对于社会生活的影响，等等。这是我们这个时代人们最为关注的问题。

而在1600年或者1650年左右，孩子们遇到的则是非常糟糕的情形。那时，无论是天主教徒还是新教徒，他们的耳朵充斥的都是关于“宗教”的话语，脑海里满塞着什么“命定”“圣餐变体论”[①]“自由意志”[②]等晦涩难懂的字眼，嘴里吐出来的也是一些关于“真正信仰”的音调。在很小的时候，他们就不得不在父母的意愿下接受洗礼，加入天主教、路德教、加尔文教[③]、茨温利教[④]或

---

① 早期天主教认为，在圣餐中，面包与红葡萄酒经过祝福之后，可见的物理性质虽未改变，但其不可见的实体已成为基督的身体与血液。这种变体论后来被路德和瑞士宗教改革家慈运理所质疑。

② 宗教改革中，主张“命定论”的路德和主张“自由意志”的依拉马斯之间发生过著名的辩论。

③ 瑞士宗教改革家加尔文所创的新教教派。

④ 瑞士宗教改革家茨温利所创的新教教派。

再洗礼教[1]，等等。为了提高神学修养，他们必须要看那些代表着“真正信仰”的书籍，譬如路德编纂的《奥格斯堡教理问答》，或是加尔文撰写的《基督教原理》，或是《英国公祷书》[2]里的三十九条信条。

他们的耳边不断地响起关于英王亨利八世的故事：据说他结过好几次婚，曾自封为英格兰圣公会的最高首脑，而且他掠夺教会财产，夺取了教皇对主教与教士的古老的任命权。宗教裁判所则有着一副恐怖的模样，它带着可怕的地牢与行刑室，让人噩梦连连。可怕的故事还有很多，如一群疯狂的荷兰新教徒抓住十几个手无寸铁的老教士，然后把他们绞死，来满足杀死不同信仰者带来的乐趣。对阵双方的势力旗鼓相当，实在是非常不幸。本来可以早早结束的冲突，如今却拖了近八代人之久，事情也日益变得错综复杂。在这里，我只是挑了一些最重要的情节简单地叙述一下，至于其他的情况，如果你有兴趣的话，随便找一本有关宗教改革的历史专著就可以非常清楚了。

新教徒经历了巨大的改革变迁，天主教会也进行了彻底的内部改革。那些身兼业余人文主义者和希腊罗马古董交易商的教皇，全部退出了历史舞台，新登场的教皇们态度严谨，教务繁重，每天工作长达二十个小时。

曾经在修道院里盛行的享乐生活也退场了。教士和修女们洗心革面，开始上早课，勤奋研习教义教规，照顾病人，安慰垂死之人。宗教裁判所则不分日夜时刻警惕着，避免任何有危险教义的印刷品传播开来。故事讲到这里，依照惯例，接下来应该是可怜的伽利略部分了。伽利略爱好天文，曾经凭借他的小望远镜观测宇宙，

---

① 宗教改革时期新教中一些主张成人洗礼的激进派别的总称。

② 宗教改革后英国国教圣公会信守的教条。

还提出了某些与官方解释截然相反的星体运行规律。他的这些举动，在宗教裁判所看来简直是异想天开，而且非常危险，于是将他关进了地牢。对于教皇、主教和宗教裁判所，其实我们应当更公平一些。事实上，即使是新教徒也同样愚昧和不宽容，他们也常常仇视科学和医学，并把那些自主研究的人看成是最危险的敌人。

举个例子，我们对加尔文都不陌生。他是法国伟大的宗教改革家，但同时也是日内瓦地区政治与宗教事务的双重暴君。法国当局曾经想绞死迈克尔·塞尔维修（西班牙的神学家与外科医生，也是第一位伟大的解剖学家维萨里的助手），此时加尔文给予了他巨大的援助。后来塞尔维修从法国监狱中逃了出来，躲到日内瓦避难。没想到，加尔文却又重新把他投进了监狱，经过漫长的审讯，最后对塞尔维修冠以异端邪说的罪名，并将他烧死在火刑柱上，全然无视塞尔维修作为著名科学家的隆隆声名。

事态的发展一步步激化。由于我手头缺少可靠的资料和数据，因此关于这一话题，我没有更多的发言权。但总的说来，新教徒比天主教徒更早地厌倦了这场争斗。那些被烧死、绞死或者砍头的男男女女，大多是些善良的普通百姓。他们不幸生长在那样一个时代，由于宗教信仰而沦为教会的牺牲品。

宗教宽容是在很晚的时候才出现的（至于这一点，你们长大后一定要牢记），即便是身处所谓“现代社会”的我们，宽容也只是针对一些无关痛痒的事情。举个例子来说，人们可以对非洲的土著居民表现得相当宽容，毫不在乎他是佛教徒还是伊斯兰教徒。可是如果身边的邻居，原来是个自由主义贸易者，极力反对征收高额保护性关税，现在却突然加入了关税改革政党，宣扬要对一切进口商品征收高额税费，那么这时人们的宽容就会消失，甚至会用恶毒的语言进行攻击。同样，17世纪那些善良的天主教徒或新教徒，在听说自己最要好的朋友突然屈从了某种异端邪说时，也会恶语相向的。

那时，“异端”被视为一种可怕的疾病。现在，有些人如果不太注意卫生，就会染上伤寒症或者其他什么可怕的传染病。这时，我们只要一发现就会马上向卫生部报告，让他们派人来将病人带走，以消除他对整个社区安全构成的威胁。在16、17世纪，异端分子（那些公开质疑天主教或新教信仰的男女）通常就会被视为是一种可怕的威胁，甚至比伤寒病菌携带者更为恐怖。因为在他们看来，伤寒虽然有可能（确实很有可能）摧毁人的肉体，而异端却能毁掉人们原本可以不朽的灵魂。于是，善良而理性的公民只要发现了这些破坏者，就会义不容辞地马上向警察报告。否则，其罪行就如同现代人发现同屋得了天花或是霍乱，却不报告医生一样。

在你成长的期间，你会听到一些关于预防性治疗的事情。什么是预防性治疗呢？我们知道，病人一般是在病倒后才被送进医院救治的。而所谓的预防性治疗，就是指我们应该防病于未然。在人们身体完全健康之时，医生们通过研究人们的生活状况，建议人们及时清扫体内垃圾，保证合理的饮食，保持个人卫生等，从而消除可能引发疾病的各种隐患。甚至还远不止这些，医生也许还会去学校，教孩子们如何正确刷牙、如何预防感冒等。

在16世纪，相对于身体隐患而言，人们更看重灵魂的隐患（这也正是我努力想要告诉你们的）。于是，人们建立起了一整套的措施，用以预防灵魂的疾病。在孩子能勉强读书认字之时，长辈们就应该用真正的（唯一“真正”的）信仰来教育他。这种做法也不是一无是处，它其实对于欧洲的整体进步起了间接的促进作用。为了解释教理，各种学校在新教国家如雨后春笋般建立起来。虽然这些学校以神学为主要教学任务，但多少还会教授一些其他的知识，并促成了人们热爱阅读的良好习惯。而且，在客观上还促进了印刷业的发展。

天主教徒自然也不会坐以待毙，他们同样非常重视教育，并投以大量的时间和精力。至于此事，刚刚成立的耶稣会成为罗马天主教会的亲密盟友。耶稣会是由一名西班牙战士创立的。这名士兵曾经长期沉迷于不洁生活，之后却幡然醒悟。于是，为了弥补自己的过错，他主动承担起为教会出力的责任。这就好像古时候的一些罪人，他们得到了救世主的指点，然后愿意把余生奉献给他人。

这名西班牙士兵名叫伊格纳提乌斯·德·罗耀拉，生于发现新大陆的前一年。他在战争中不幸负伤，导致了腿部的终身残疾。据他自己说，就是在医院治疗的期间，圣母和圣子向他显灵，并命令他抛弃以前的邪恶生活。于是，伤愈出院后，罗耀拉选择去圣地，以完成十字军未完成的神圣使命。可是到了耶路撒冷，他发现这是一个永远无法实现的任务。于是他重新回到欧洲，投入到反对路德教派的战斗中。

1534 年，他在巴黎大学的索邦神学院学习，并与另外的七名学生结成了一个兄弟会。八个人共同立誓，从今以后要过圣洁的生活，正直诚恳，不慕富贵，将自己的身心全部奉献给教会。几年之后，这个小型的兄弟会迅速地发展成为一个正规的组织，并被教皇保罗三世正式命名为“耶稣会”。

军人出身的罗耀拉非常相信纪律，讲究上下级服从关系，这也正是耶稣会成功的最重要因素。耶稣会以从事教育为专职，老师在正式授课以前，需要经过严格的培训。老师要寓教于乐，时刻关心学生的思想和灵魂，给予无微不至的悉心照料。这样的教育，培养出了一批忠诚的天主教徒，他们就像生活在早期的中世纪一般，对自己的信仰严肃认真。

耶稣会教士的精明之处在于，他们并不把所有的精力都投注在教育穷人上。他们也涉足权贵的宫殿，为未来的帝王们做家庭教师。耶稣会这样做将意味着什么，我们在讲三十年战争的时候，你就会明白了。但是，在那次宗教狂热的最后总爆发以前，还有其他很多故事。

查理五世逝世以后，他的兄弟斐迪南得到了德国和奥地利，而其他所有领地，包括西班牙、荷兰、西印度群岛和美洲，则全部由他的儿子菲利普继承。菲利普是查理五世和葡萄牙公主（查理的堂妹）所生的儿子，这种近亲结合使得菲利普行为怪异。菲利普的儿子，不幸的唐·卡洛斯就完全是个疯子，后来在父亲的默许下被杀害。菲利普本人并没有疯，但他对教会的热情却近乎疯狂。他坚信自己是上帝派来拯救人类的，因此谁要是胆敢与他持相反的意见，就会被宣布为人类的敌人，然后将他的肉体毁灭，净化邻居们虔诚的灵魂。

西班牙在当时非常富有，新大陆的金银源源不断地流入卡斯蒂利亚和阿拉贡的国库。但不幸的是，西班牙有一种经济怪疾。西班牙的农民，无论男女都非常勤劳，但上层社会却蔑视任何劳动（除了陆军、海军和公共机关以外）。至于摩尔人，本来一直是兢兢业业的工匠，但如今已经被逐出了西班牙。这样，为了取得粮食等他们不屑生产的生活必需品，西班牙必须把所有的钱再次送到国外。所以西班牙徒有世界金库之称，实际上却非常贫穷。

菲利普统治着 16 世纪最强大的国家西班牙，然而他的收入却依赖于当时的商业中心尼德兰所纳的赋税。问题在于，尼德兰人与荷兰人信奉的是路德教与加尔文教，他们清除了当地教堂里的所有圣像，还声称教皇已不再是他们的牧羊人，新译《圣经》的教诲和自己的良心是他们行事的指引。

这使得国王菲利普陷入了进退两难的境地。一方面他无法容忍荷兰子民的异端思想，另一方面他又确实需要那里的税收。如果任由荷兰人信奉新教而对他们的灵魂置若罔闻，那么他就觉得有愧于上帝；如果在尼德兰设置宗教裁判所，用火刑柱毁灭那些异端子民的肉体，他的大部分财源又没着落了。

菲利普是个优柔寡断之人，尤其在这件事情上，他犹豫了很久，时而和蔼，时而严厉，时而允诺，时而恐吓。但是无论他采取怎样的态度，荷兰人始终不知悔改，继续一边唱着赞美诗，一边聆听路德派或加尔文派牧师的布道。最后，绝望无助的菲利普只好把“铁腕人物”艾尔巴公爵派往荷兰，去收拾这些死不悔改的“罪人”。艾尔巴到了那里的第一件事，就是砍下宗教首领的头颅——这些人对于形势的严峻毫无意识，竟然没有赶紧溜走。接着就是1572年，也就是法国新教领袖在圣巴托罗缪之夜被杀的那一年，艾尔巴对攻下来的几座荷兰城市进行了屠戮。第二年，他又率军围攻荷兰的制造业中心莱顿城。

与此同时，尼德兰北部七省组建了一个防御性联盟，即乌德勒支同盟。曾经担任过查理五世私人秘书的德国大公、奥兰治的威廉被推举为海陆军总司令（荷兰水军有着“海上乞丐”的著名绰号）。为了拯救莱顿城，威廉挖开海防大坝，倒灌的海水形成了一片浅浅的内海，将城市包围。然后他率领一支由驳船和平底船组成的奇特海军，又划又推又拉地穿过泥沼，来到莱顿城，拯救了莱顿人。

这是西班牙无敌舰队遭遇的第一次惨败。它让整个世界为之惊讶，就像我们惊讶于日军在沈阳大败俄军一样。从此，新教徒士气大振。走投无路的菲利普只好重新制定计谋，于是一个被雇的宗教狂热分子刺杀了奥兰治的威廉。可是，领袖的惨死非但没有让七省的人民泄气，反而增加了他们的斗志。1581年，七省代表召开海牙大会，郑重声明废黜“邪恶的国王菲利普”，并宣布从此他们将自己行使主权。而在这之前，国家主权一直是“君权神授”的。

这是一个具有标志性的重大事件，相比于签署《大宪章》的英国贵族起义，人类争取政治自由的步伐又向前迈了一步。天真的荷兰市民们认为：“国王与臣民之间应该有一种默认的契约关系，双方都应该自觉地履行义务，肩负责任。任何一方一旦破坏了这种契约，另一方就有权将这种关系终止。”1776 年，英国国王乔治三世的北美臣民也发表了类似的宣言，但他们与统治者之间被三千英里的大洋遥遥相隔，相对比较安全。而荷兰七省联盟会议在做出这一生死抉择（一旦失败，等待他们的将是残酷无情的折磨）的时候，西班牙军队的枪炮声就在不远处响起，西班牙海军正在实施严酷的报复。

当信仰新教的伊丽莎白继承了“血腥玛丽”的王位时，人们纷纷传言，一支庞大的西班牙舰队将出发征服荷兰和英国。这个传言从很久以前就开始流传，连海滨地区的水手都在谈论它。到了 16 世纪 80 年代，传言的内容成为现实。一些去过里斯本的海员说，西班牙和葡萄牙的所有码头都在制造战船。而在尼德兰南部（今比利时境内），帕尔马公爵正在组织庞大的远征军，一旦西班牙舰队到来，就可以把他们从比利时港口奥斯坦德运往伦敦和阿姆斯特丹。

1588 年，准备就绪的西班牙无敌舰队终于扬帆起航，向北进发。可是，荷兰的佛兰德沿岸港口早有重兵把守，而英吉利海峡也早被严密控制。而且，习惯于南方平静海域的西班牙舰队，对于北方海域恶劣的气候不熟悉，根本不知如何作战，后来终于被敌舰和暴风雨无情地击毁。在这里，我就不再介绍当时的详细情形，你们只需知道有几艘侥幸脱逃的船只，后来经由冰岛回到西班牙，向世人讲述那可怕的经历，而其余大部分战船都葬身于北海海底。

从此，英国和荷兰迅速崛起。16 世纪末，霍特曼在林硕顿（荷兰人，曾为葡萄牙人服务）所写的一本小书的指引下，终于找到了通往印度的航线。然后，他成立了荷兰东印度公司，开始了与西班牙、葡萄牙争夺亚非殖民地的战争。

在争夺海外殖民地期间，荷兰法庭里出现了一桩很怪的官司。那是在 17 世纪初，一位荷兰军官，名叫范 · 西斯科克（他曾经率领探险队，试图寻找通往印度群岛的东北航线，结果由于海洋冰封，他在新地岛[①]被困了整整一个冬天），在马六甲海峡[②]俘获了一艘葡萄牙商船。不知你们是否还记得，教皇曾经将世界平分给了西班牙和葡萄牙。因此，在葡萄牙人看来，印度群岛周围的海域应该是他们的私有财产。当时，葡萄牙和尼德兰七省联盟的战争还没有爆发，他们声称，私人贸易公司的船长没有权力进入他们的领地，盗窃他们的船只。于是，他们提出了诉讼。青年律师德·格鲁特（或称格劳修斯）被聘请为荷兰东印度公司辩护，他在辩论中令人吃惊地提出，"海洋是对所有人开放的"。根据他的说法，国家的私有海域只限于海岸上大炮的射程，除此之外的汪洋大海，对于所有国家的所有船只来说，都是免费的"公路"。这个理论一发表就激起了巨大的波澜，紧接着便遭到了几乎所有航海人员的反对。英国人约翰·塞尔顿为此还写了一篇有关"领海权"的著名文章，提出一个国家周围的海域是属于这个国家的"领海"。我之所以提及此事，是因为这个问题直至今日仍没有圆满地解决，并且在上次世界大战[③]中引发了很多麻烦。

接下来，让我们重新回到西班牙和英国、荷兰之间的战争中。在不足二十年的时间里，那些原来属于西班牙的殖民地——印度群岛、好望角、斯里兰卡、中国海岸以及日本等，都统统转入新教徒的手中。1621年，西印度公司成立。之后它征服了巴西，并在北美的哈德逊河河口建立了新阿姆斯特丹[④]要塞。哈德逊河是1609年由亨利·哈德逊发现而得名的。

---

① 俄罗斯西伯利亚的千年冰岛。

② 亚洲东南部重要海峡，位于马来半岛和苏门答腊岛之间，是沟通大平洋和印度洋的天然水道。

③ 指第一次世界大战。

④ 即今天的纽约。

新夺取的殖民地使英国和荷兰大发横财。他们雇用外国士兵打陆上战争，自己则专心从事商贸活动。对他们而言，信奉新教、反对天主教带来的是政治独立和经济繁荣。可是，在欧洲的其他地方，这种反抗带来的却是深重的灾难，甚至连世界大战都不足以相提并论。

三十年战争于1618年爆发，直到1648年《威斯特伐利亚条约》的签订才平息。日益激化的宗教仇恨积蓄了整整一个世纪，战争在所难免。我前面已经说过，这是一场非常可怕的战争，人们相互厮杀，彼此混战，直至精疲力竭方告结束。

短短不足一代人的时间就让中欧的许多地区变成了荒野。为了得到一匹充饥的死马，饥饿的人们不得不与野狼争抢。在德国，大约有六分之五的城镇和村庄毁于战火，法尔茨地区被反复劫掠多达二十八次，人口也从战前的一千八百万锐减到四百万。

自从哈布斯堡家族的斐迪南二世当选为德意志皇帝，仇恨的种子就已经埋下了。斐迪南从学于耶稣会，是个虔诚、顺服的天主教徒。早在年轻的时候，他就立下誓言，要消灭自己领土上的所有异端。在他当选为皇帝的两天前，他的主要竞争对手弗雷德里克（法尔茨的新教徒选帝侯，英王詹姆斯一世的女婿）被选为波西米亚国王。这与斐迪南的意愿大相径庭。

没过多久，哈布斯堡的大军就开进了波西米亚。强敌压境，年轻的弗雷德里克国王只好四处求援，结果却一无所获。荷兰共和国本来是会帮忙的，然而当时他们正忙于应付西班牙的哈布斯堡王族，无力再施援手。英国的斯图亚特王朝热衷于强化自己的绝对权力，在他们看来，遥远的波西米亚战争只是浪费他们的人力和财力。于是，法尔茨选帝侯抵抗了不到数月，就被赶走了。巴伐利亚的天主教王族接管了他的领地。三十年战争拉开了序幕。

在提利和华伦斯坦的带领下，哈布斯堡的大军从德国的新教地区出发，一直打到波罗的海沿岸。丹麦国王克里斯蒂安四世信奉新教，于是强大的天主教邻居自然成了丹麦的安全隐患。于是，趁德国的势力还未巩固，丹麦先发制人，把军队开进了德国，结果却以失败告终。华伦斯坦乘胜追击，迫使丹麦求和。而此时波罗的海地区尚由新教徒控制的只剩一座孤城，那就是斯特拉尔松。

1630年夏，瑞典国王、瓦萨家族的古斯塔夫·阿道尔夫登陆斯特拉尔松。古斯塔夫是因为曾经成功地抗击了俄罗斯人的入侵而闻名。[①]信奉新教的他，野心勃勃，一直幻想着使瑞典成为北方大帝国的中心。欧洲的新教王公们对古斯塔夫的举动热情鼓励，将他视为路德事业的挽救者。古斯塔夫战果累累，他先是击败了刚刚大肆屠杀马德堡新教徒的提利，然后长途行军，穿越德国腹地，准备攻打哈布斯堡王室的意大利领地。可是，由于天主教军队对他的后方构成了威胁，古斯塔夫突然改变了路线，在鲁岑战役中大败哈布斯堡的主力，重创哈布斯堡王室的势力。不幸的是，他自己却因脱离了部队而丧命。

斐迪南生性多疑。受挫后，他开始怀疑自己的手下，军队总司令华伦斯坦因此而被他谋杀。消息传开后，与哈布斯堡王室结有宿怨的法国天主教的波旁王室，转向了支持新教的瑞典。路易十三的军队攻向了德国东部。图兰和孔第将军率领的法国军队和巴纳、威玛将军率领的瑞典军队英勇奋战，获得了赫赫威名。瑞典一战成名，顺便还夺得了财富无数，这让丹麦人嫉妒不已。于是信奉新教的丹麦人向同样信奉新教的瑞典人宣战，而瑞典人又与信奉天主教的法国人结盟。法国的政治领袖——红衣主教黎塞留[②]，刚刚剥夺了胡格诺教徒（法国新教徒）于1598年在南特敕令中获得的公开

---

① 详见本书第四十八章。

② 黎塞留（1585—1642），法国宰相，红衣主教，政治家。任职期间对内恢复和强化遭到削弱的专制王权，对外谋求法国在欧洲的霸主地位。

祈祷权。

和许多类似的冲突相仿，在参战各国于1648年签署《威斯特伐利亚条约》时，战前的所有问题依然没有得到合理的解决。天主教国家依然信奉天主教，新教国家也仍旧是路德、加尔文、茨温利的忠实信徒。瑞士和荷兰的新教徒们建立起了独立的共和国，法国取得了梅斯、图尔、凡尔登等城市及阿尔萨斯的一部分。神圣罗马帝国名存实亡，既无人力也无财力，没有希望，没有勇气。

三十年战争对人类的唯一贡献就是提供了一个反面教训。从此以后，天主教徒和新教徒泯灭了战争的欲念，开始互不理睬，但宗教狂热与信仰仇恨却并未消失。相反，这一争吵刚刚告一段落，新教内部不同派别的纷争又激烈展开。在荷兰，有关“命定论”（这是个晦涩的神学概念，但在你曾祖父眼里，它是个必须要搞清楚的重要问题）的意见分歧引发了大争吵，结果荷兰政治家奥登巴恩凡尔特的约翰（在荷兰共和国独立的最初二十年里，他功勋卓著，并对东印度公司的发展举足轻重）被砍头。在英国，分歧则导致了内战。

内战结果致使国王以法律程序被处死，这是欧洲有史以来的第一次。但是，在正式讲述这次大革命以前，我必须先简单介绍一下英国的历史。在此书中，我只关注于一些有助于理解当今社会的历史事件，而不是出于个人喜好来故意选择或者回避一些国家。我也很想讲述一些有关挪威、瑞士、塞尔维亚或者中国的故事，但由于这些国家对16、17世纪的欧洲没有什么深远的影响，我只好非常抱歉地略过不提。但英国的情况就完全不一样了。在过去的五百年间，这个小小的岛国的举动，几乎影响了世界各地的文明发展。如果不了解英国历史，我们甚至不能读懂今天的报纸。那么、接下来就让我们看看，在君主专制依然控制着欧洲大陆时，英国是如何发展出了议会制的。

第四十五章　英国革命

国王坚持“君权神授”，“议会”认为自己虽然并不那么神圣，但却是合乎情理的。于是，它们彼此争斗起来，最后以国王的毁灭而告终

最早对西北欧进行探索的人是恺撒，公元前 55 年，他率军横渡英吉利海峡，征服了英格兰。此后的四百年里，英国一直是罗马的行省。后来，罗马遭到了蛮族入侵，原来驻守英国的罗马军队只好被紧急召回。从此，不列颠成了一个没有政府、缺乏保护的孤岛。

但是这一局面并没有维持多久。岛国舒适的气候、富饶的物产，很快就吸引了北日耳曼的撒克逊部落。他们渡海而来，并在此安了家，后来还建立起独立的盎格鲁 - 撒克逊王国——因最初的入侵者盎格鲁人和撒克逊人而得名。但是，能够统一英格兰的国王还未出现，岛国依然四分五裂，小国之间争吵不休。此后，岛国的麦西亚、诺森布里亚、威塞克斯、苏塞克斯、肯特、东盎格里亚，或者还有其他什么地方，不断遭遇各种北欧海盗的侵袭。就这样默默忍受了漫长的五百年，时间进入了 11 世纪。这时，丹麦的克努特帝国强大起来，将英格兰、挪威、北德意志都纳入了自己的版图。英格兰彻底丧失了独立。

又过了很久，英格兰终于赶走了丹麦人。可是，独立的喜悦还没来得及细享，它又被北欧部落的一支后裔再次征服。早在10世纪的时候，这个部落就入侵法国，建立了诺曼底公国。诺曼底大公威廉早已垂涎这个只有一海之隔的富饶岛屿。1066年10月，威廉率军渡过海峡，并在10月14日的黑斯廷斯战役中，一举消灭最后一位盎格鲁－撒克逊国王——威塞克斯的哈罗德，自立为英格兰国王。但是，不管是在威廉本人还是在安茹王朝（也称金雀花王朝）的继任者眼中，岛国并不是他们真正的家，而只是他们陆地上广大领土的附属部分，是一块居住着落后民族的殖民地。但是，他们又不得不强迫岛国居民学习他们的语言和文化。时过境迁，"殖民地"英格兰如今已逐渐超过了它的"诺曼底祖国"。与此同时，法国国王正为摆脱强大的诺曼底－英格兰邻居而竭尽全力，因为在他看来，诺曼底王公们都有些不够顺从。后来圣女贞德带领着法国人民经过近一个世纪的奋战，终于将这些"外国人"赶出了自己的国土。然而在1430年，不幸的贞德在贡比埃涅战役中被俘，俘获她的勃艮第人又将她转卖给了英国士兵。在英国，人们将她视为女巫，把她活活烧死在火刑柱上。

英王失去了立足于欧洲大陆的机会，此后只得全身心地管理不列颠领土。在岛上，封建贵族们长期混战（在中世纪，混战就仿佛天花和麻疹一样流行），最后纷纷丧命于所谓的"玫瑰战争"[1]。于是，国王没费什么周折，就顺利地巩固了王权。到了15世纪末，英格兰已经成为强有力的中央集权国家，由都铎王朝的亨利七世统治。一些在战争中幸存下来的贵族试图重获对国家的影响力，亨利七世就以著名法庭，即令人闻风丧胆的星法院[2]，将他们极其严厉地镇压了。

---

① 百年战争之后，英国各地贵族纷纷参与争夺对国家的最高统治权。经过一番分化后，这些贵族分为两个集团，分别以红、白玫瑰为各自的徽记，故称"红白玫瑰战争"。

② 星法院是普通法院之外依国王特权设立的和政府密切联系的特别法院。

1509年，亨利八世继任英格兰国王，为英格兰的历史掀开了重要的篇章。从此以后，英格兰逐步从落后的中世纪岛国发展壮大为一个现代帝国。

亨利对宗教并不热衷。他曾因多次离婚而与教皇不和，并借此机会脱离了罗马教廷。这样，英格兰圣公会就成为第一个真正意义上的“国家教会”，而国王除了是世俗的统治者外，还担任着臣民的精神领袖。这一变革发生于1534年，它不仅使王朝得到了英国牧师的拥护（他们一直遭受路德派新教徒的攻击），还通过没收修道院财产而进一步加强了王权。同时，亨利还赢得了商人和手工匠们的支持。这些居民自幼生活在海岛，宽阔的海峡将他们与大陆遥遥相隔，他们不喜欢一切“外国”东西，也不愿意让一位意大利人来统治他们正直的灵魂。

1547年，亨利逝世，王位由年仅十岁的幼子继任。这位幼小国王的监护人非常赞赏路德教，决定全力支持发展新教。然而不幸的是，小国王在不满十六岁的时候就死了。接任王位的是他的姐姐玛丽，也就是当时的西班牙国王菲利普二世的妻子。玛丽是天主教的忠实信徒，于是下令烧死了新任的“国家教会”主教。除了信仰之外，她几乎处处与丈夫夫唱妇随。

所幸的是玛丽在位的时间并不长，她在1558年就死了。接任王位的是伊丽莎白，亨利八世与安娜·波琳（亨利八世六任妻子中的第二任，失宠后被亨利斩首）之女。在玛丽执政期间，伊丽莎白曾经下狱，后来经神圣罗马帝国皇帝的亲自请求才得以释放。从此，伊丽莎白仇视一切有关天主教与西班牙的东西。伊丽莎白与她的父亲十分相像，同样不热衷于宗教问题，同样对他人性格有着惊人的判断力。伊丽莎白在位四十五年，始终致力于强化王朝实权，增加国家的财政收入。而且，她还得到了一批杰出人士的有力支持，使伊丽莎白时代成为英国历史上一个非常重要的时期。如果你有兴趣了解当时的详细情形，读一本有关伊丽莎白时代的专著吧。

然而，伊丽莎白的王位也并不是高枕无忧的，斯图亚特王室的玛丽就对她构成了威胁。玛丽的母亲是位法国公爵夫人，父亲是苏格兰贵族。她自己则是法国国王弗朗西斯二世的遗孀，美弟奇家族的凯瑟琳的儿媳——圣巴托罗缪之夜的大屠杀计划就是由这个凯瑟琳一手策划的。玛丽的儿子就是后来英国斯图亚特王朝的第一任国王。玛丽是天主教的虔诚信徒，愿意帮助伊丽莎白的所有敌人。但是，她缺乏政治才能，镇压加尔文教的手段又过于残忍，最终引发了苏格兰的暴乱。被迫逃到英格兰境内的玛丽，在避难的十八年间，每时每刻都在盘算着如何颠覆伊丽莎白的王位，对伊丽莎白的慷慨收留毫无感激之言。最后，伊丽莎白不得不听从她心腹顾问的建议，"砍掉那个苏格兰女王的头"。

1587 年，玛丽被杀，并成为英国与西班牙战争的导火线。但是我们已经知道，在英国与荷兰海上联军的攻击下，菲利普的"无敌舰队"几乎全军覆没。西班牙本想借机彻底消灭反对天主教的两大强国，结果却一败涂地。

战争的胜利，让早已犹豫多年的荷兰和英国，找到了入侵印度和美洲的借口——为那些被西班牙迫害的新教徒报仇。英国人还曾经是哥伦布事业的最早继承者之一。早在 1496 年，英国的船队就在威尼斯人乔万尼·卡波特的指引下，首次发现并考察了北美大陆。作为未来的殖民地，拉布拉多和纽芬兰并不是显得特别重要，但纽芬兰沿岸的海域却使英国的捕鱼业收获颇丰。一年后，也就是 1497 年，卡波特又踏上了佛罗里达海岸。

接下来，就该是亨利七世和亨利八世的多事时期。起初，英国并不发达，没有充足的财力资助海外探险。但在伊丽莎白统治时期，国泰民安，玛丽也被留在了监狱里，水手们终于安心地出海远航。早在伊丽莎白尚幼之年，英国人威洛比就已经到过了北角。

后来，他手下的理查·昌瑟勒船长继续向东，试图寻找通往印度群岛的航线，结果却到达了俄国的阿尔汉格尔斯克港口，并与遥远而神秘的莫斯科帝国建立了贸易往来关系。在伊丽莎白执政初期，还有许多人沿着这条航线前行。商人探险家们建立起了“联合股份公司”，并奠定了后来强大的贸易公司的基础。伊丽莎白时代的船员一半是海盗，一半是外交家，敢于把全部赌注压在一次前途未卜的航行上，也敢于为了金钱而不顾一切，只要是能塞进船舱的东西他们都会走私，甚至贩卖人口。那些水手们还将英格兰的国旗以及女王的威名，散布到世界的每个角落。国内，伟大的威廉·莎士比亚为女王提供了娱乐消遣，英格兰最杰出的智慧也都在力辅女王。亨利八世留下的封建遗产发展成了一个现代民族国家。

1603年，伊丽莎白女王去世，享年七十岁，詹姆斯一世继任为英国国王。他是亨利七世的曾孙，伊丽莎白的侄子，苏格兰女王玛丽之子。詹姆斯继任后发现，他统治的国家逃脱了欧洲大陆上的厄运，为此他是多么感谢上帝。当时的欧洲一片混乱，天主教徒和新教徒们完全丧失了理智，整日彼此厮杀，试图彻底摧毁对手，确立自己信仰的绝对统治。而在英格兰却天下太平，“宗教改革”以不流血的方式顺利解决，没有走上路德或者罗耀拉的极端道路。正是因为这一点，英国在后来的许多事务中都占据了极大的优势，无论是殖民地争夺战还是国际事务的领导地位。这种优势一直延续到世界大战的结束，即便是斯图亚特王朝遭遇的灾难性事件，也没能阻止历史发展的必然趋势。

在英国人眼里，斯图亚特王朝是“外国人”。可是对于这一点，他们没能意识到，也没能理解。都铎王室的成员可以明目张胆地偷窃马匹，但“外来”的斯图亚特王朝的成员即便是对马鞍看上一眼，都会招致非议。老女王贝丝[1]统治之时，基本上可以为所欲为，毫无顾忌，但她始终奉行使诚实的（或不诚实的）英国商人财源广进的政策。因而，她备受爱戴。有时，女王会僭越国会的一些小权力，但人们都情愿睁一只眼闭一只眼，因为女王强硬而成功的外交政策，最终会给他们带来极大的利益。

从表面上看，詹姆斯国王延续了相同的政策。然而在他身上，人们找不到伊丽莎白那特有的热情。尽管他也继续鼓励海外贸易，没有给天主教徒任何新的自由，但当西班牙对英国露出讨好的笑脸，试图建交之时，詹姆斯却欣然接受了。这让多数英国人很不喜欢，但詹姆斯毕竟是国王，所以人们只好沉默。

矛盾很快又来了。詹姆斯国王和1625年继任的查理一世都坚信"君权神授"。他们认为自己拥有特权，可以随心所欲地治理国家，而全然不顾臣民的意见。"君权神授"并不新鲜。教皇——某种意义上罗马帝国皇帝的继承者（或者说继承了将整个世界统一于罗马帝国的古代理想），就总是视自己为"基督在尘世的代理人"，并被广泛接受。上帝有权任意统治世界，这是毋庸置疑的，因而人们自然也很少去怀疑神圣"代理人"的权力。在人们看来，教皇直接代表宇宙的绝对主宰，是直接对上帝负责之人。于是，教皇拥有一切特权，可以要求民众绝对臣服于他。

后来，路德宗教改革逐步深入，教皇丧失了曾经享有的特权。许多信仰新教的世俗君主趁机取而代之，身为"国家教会"的领袖，他们宣称自己是领土内的"基督的代理人"。对此，人们也丝毫没有怀疑。他们不假思索地接受它，就像如今我们不假思索地认为议会制合理正当。但是，当詹姆斯整天把"君权神授"挂在嘴上时，民众却开始不满了。为什么呢？是因为路德或加尔文的新教思想

---

① 伊丽莎白的昵称。

的影响？这显然不够公正。所以，诚实的英格兰臣民突然对“君权神授”的王权产生了怀疑，肯定还有别的原因。

最先反对“君权神授”的是尼德兰。1581年，尼德兰三级会议召开，最终决定废黜他们的合法君主，即西班牙的菲利普二世。会议宣称：“国王一旦违背了契约，就应该像那些不忠诚的仆人一样被解雇。”从此，国王应该对其子民负责的观念，就开始在北海沿岸盛传。这其中的原因大概也与那里的人民经济实力较强，地位得以提升有关。至于中欧地区的贫苦人民是绝对不敢谈论这些话题的，他们时刻处于卫队的监控下，稍有闪失就有可能被关进漆黑的地牢。而在荷兰和英国，则根本不需有此顾虑，富商们实力雄厚，足以维持国家的陆军与海军，而且他们知道利用“银行信贷”这一有力武器。他们会以金钱的“神圣权利”，同哈布斯堡王室、波旁王室或斯图亚特王室的“神授君权”相抗衡。他们还知道，自己兜里的金币有着无穷的力量，完全可以战胜国王那些差劲的封建军队。他们敢做敢言，不必担心有任何危险，而在其他国家，人们只能默默忍受。

英格兰人民首先被激怒了，因为斯图亚特王室竟然宣称，自己可以任意妄为，而不必考虑任何责任。于是不列颠岛国的中产阶级行动了，他们以议会为第一道防线，试图阻止王室滥用权力。国王非但拒绝这一请求，甚至还解散了议会。此后的十一年里，查理一世独揽大权。他毫不顾忌人民的意见，非法征税，把国家管理成他的私人农庄。但是，我们必须承认，他用人非常得力，而且在坚守信念方面勇气可嘉。

查理本来打算争取苏格兰的支持，可遗憾的是，他不仅没有如愿以偿，反而与苏格兰长老会教派起了争执。后来，资金的匮乏迫使查理极不情愿地再次召开议会。1640年4月议会召开，可是议员们个个怒不可遏，争相表达自己的不满。于是，议会于几周后再度被解散。11 月，新议会组成，结果却比前议会更为强势。议员们终于明白，武力将是解决“神授君权治国”还是“议会治国”问题的有效途径。于是，他们采取了行动，处决了国王主要顾问中的其中六个。而且，他们还强硬地宣布，未获得议会许可，国王无权解散议会。最后，1641 年 12 月 1 日，议会向国王递交了《大抗议书》，详细列举了人民对国王的种种不满。

1642 年 1 月，查理离开伦敦来到乡村，希望能够在那里找到支援者。战争在所难免。国王和议会各自组建了军队，准备为了绝对权力的归属而一决生死。在这场战斗中，英格兰最大的宗教派别，即清教徒（英国圣公会的成员，致力于最大限度地净化自己的教义）很快显露锋芒。奥利佛·克伦威尔[①]率领的“圣洁兵团”，凭借钢铁般的纪律和对神圣目标的执着信念，迅速成为军队效仿的楷模。查理率领的军队曾经两次遭受重创，最终在 1645 年的纳斯比战役之后，狼狈逃往苏格兰。可是不幸的查理，旋即又被苏格兰人出卖给了英格兰人。

紧接着，苏格兰长老会与英格兰清教徒之间又起纷争。1648 年 8 月，普莱顿荒原上持续三天的激战，终于为第二场内战画上了句号。克伦威尔攻下了爱丁堡凯旋。此时，对于空谈与无意义的宗教论争早已忍无可忍的士兵们，终于采取了行动。他们冲进议会，赶走了所有对清教徒持反对意见的议员。留下的议员们组建了“残余议会”，指控国王犯了叛国罪。对于国王的进一步审判，遭到了上议院的拒绝，于是特别法庭组建起来，并将国王处以死刑。1649 年 1 月 30 日，查理一世从白厅的一扇窗户边平静地迈向了断头台。查理大概至死都没有弄清，一个身处现代社会的国王应

① 奥利佛·克伦威尔（1599—1658，17 世纪英国资产阶级独立派的首领，在两次内战中战胜王党的军队，1653 年建立军事独裁统治。

该处于怎样的地位。那一天，独立自主的人民通过自己选出的代表，处决了一位国王。

查理之后通常被称为克伦威尔时期。起初，克伦威尔虽然统治着英格兰，但却是以非正式的独裁者身份，直到1653年才成为正式的护国公。在克伦威尔统治的五年间，伊丽莎白的政策得以延续。西班牙再次成为英格兰最主要的敌人，全国都在谈论向西班牙人开战的问题。

在克伦威尔统治时期，海外贸易和商人利益被置于最重要的地位，宗教上则严格实行新教教义。克伦威尔成功地维护了英格兰的国际地位，可是在社会改革方面，却遭受了失败。要知道，这个世界上的人实在是太多了，每个人又都有着自己的想法，很难将其统一。根据长远的眼光，这似乎也非常明智。政府如果只为部分成员谋利，那肯定不会长久。在反对国王滥用王权时，清教徒是进步的，但作为英格兰的统治者，他们就有点让人无法忍受了。

1658年，克伦威尔逝世，斯图亚特王朝轻松复辟。此时，英国人发现，他们已经不能再忍受清教徒了，就像当年无法忍受查理一样。于是，人们热情欢迎斯图亚特王室，就像是在迎接“救世主”。斯图亚特王室如果能够忘记所谓的“君权神授”，承认议会的至高权力，那么他们将依然是子民最爱戴的国王。

为了实现这样的安排，整整两代人付出了不懈的努力。然而，斯图亚特王室似乎并没有认清时务，依然旧习未改。1660年，查理二世回国继位。他性情懒散，喜欢投机取巧，还善于撒谎，这使他没有与人民马上发生冲突。1662年，《统一法案》通过，他趁机驱逐了一些与他政见相左的神职人员，打击了清教徒势力。1664年，通过所谓的《秘密集会法案》，他下令禁止异己力量进行宗教集会，否则就把他们流放到西印度群岛。这种做法似乎又回到了“君权神授”的老路。于是，一度让人熟悉的不耐烦的表情又再次浮现在人们的脸上，议会也不再轻易为国王提供资金。

议会的不合作态度，使得查理二世丧失了经济来源，他只好偷偷地从他的邻居兼表亲——法国路易国王那儿借钱。为了每年二十万英镑的钱财，查理二世背叛了他的新教盟友，还暗自嘲笑议会那帮可怜的傻瓜。

由于经济上可以不再受牵制，查理二世突然信心倍增。他幼年时曾长期流亡在外，寄居在信奉天主教的亲戚家中，因而暗地里对天主教也颇有好感。他想，或许自己能使误入迷途的英格兰重新回归罗马教会！他颁布《免罪宣言》，废除了一切曾经压制天主教徒和异见者的法律。而正在此时，流言四起，说查理的弟弟詹姆斯皈依了天主教。人们开始疑虑不安，担心这或许与教皇有关，是一个可怕的阴谋。这种情绪四处蔓延，笼罩了整个英国。大多数人还是不希望再度陷入内战，对他们而言，国王专制也好，天主教信仰也罢，甚至是“君权神授”，都比战争更能让人忍受。但不是人人都那么宽容，有些不愿意信仰国教的人，态度坚定且勇敢无畏，他们在几个大贵族的带领下，坚决阻止绝对王权的复归。

在此后的近十年间，这两拨人始终互相对峙，并逐步形成了各自的党派。一派是辉格党，代表中产阶级的权益。这个名字听起来非常滑稽，这是由于他们坚决反对国王，就好像在1640年的时候，苏格兰长老会率领马夫（辉格莫人）进攻王宫一样。另一派叫托利党。“托利”原来是称呼保皇的爱尔兰人，现在用来指国王的支持者。两大党派彼此对抗，但谁都不愿意最先引发危机，而只是耐心地等待着。查理二世寿终正寝了，1685年天主教徒詹姆斯二世继任王位。詹姆斯继任后的第一步就是效仿外国，设立了一支“常备军”，由法国的天主教徒指挥。然后在1688年颁布了第二个《免罪宣言》，并强令所有圣公会教堂宣读。他的行为有些越界了，这是条严禁跨越的界限，只有最受爱戴的国王才被允许例外。七位主教拒绝宣读，但马上被指控犯了“叛国诽谤罪”。法庭审判了他们，却被陪审团宣布“无罪”，民众为此而欢呼雀跃。

然而不凑巧的是，詹姆斯（他的第二任妻子是毛德奈斯特家族的玛丽亚，信奉天主教）偏偏在此时生了一个儿子。这就意味着王位今后将由一个天主教徒继承，而不是他信奉新教的姐姐玛丽或安娜。而且，此事让人颇为怀疑。因为玛丽亚的年纪已大，按理说是不可能再生育的。这肯定是个阴谋！说不定是某个耶稣会教士干的，他将来历不明的婴儿偷偷带进王宫，以便将来统治英国的是位天主教徒。一时间流言四起，内战似乎一触即发。此时，辉格党和托利党联合起来，两党的七位知名人士联名写信，邀请荷兰的护国主威廉三世，即詹姆斯大女儿玛丽的丈夫前来英格兰，赶走那位合法但却不受欢迎的小王储。

1688年11月15日，威廉登陆托尔比。为了避免岳父遭遇不幸，威廉帮助詹姆斯安全逃往法国。1689年1月22日。威廉召开议会。同年2月13日，威廉与玛丽一起登上了英国王位。英国的新教得救了。

此时，议会的权力欲望上升，他们已经无法满足于做国王的咨询机构。因而，他们希望能充分把握时机。他们先从档案室的某个被遗忘的角落找出了1628年的《权利请愿书》，接着起草了更为激进的《权利法案》，对国王的权力作了种种限制。国王被要求必须信奉圣公会信仰，没有废除法律的权力，也无权允许某些特权阶层违背法律。法案甚至还强调：“未经议会许可，国王不得自行征税和维持军队。”就这样，这些其他欧洲国家连想都不敢想的权力，英国议会在1689年成功获得了。

不过，威廉时期被英国人牢记至今，并不仅仅是由于这些开明的措施，而是因为那时，首次出现了“责任”内阁的政府管理体制。不难想象，国王不可能独自一人管理国家，他们都需要一些值得信任的顾问。都铎王朝就有一个“大顾问团”，由贵族和神职人员组成。但是这个机构后来变得过于庞大，只好被精简成“枢密院”。慢慢地，这些枢密院顾问形成了一个惯例，就是在王宫的一间内室觐见国王，因此他们又被称为“内阁成员”。不久，“内阁”一词就流传开了。

作为君主，威廉也不例外。顾问被从各个党派中选出。后来议会势力日益强大，威廉意识到辉格党逐步占据了议会多数，即便会有托利党的帮助，他也无法顺利推行政策。于是他干脆清除了托利党，把内阁完全交给辉格党。几年后，辉格党失势，国王又只好依赖占据优势的托利党。威廉于1702年去世，他的一生都在为和法王路易的战争而忙碌，常常无暇顾及英国政府的管理，事实上，他把所有重要的事务都交给了内阁。威廉死后，他的小姨子安娜继位，局面同样如此。1714年安娜去世，她的十七个子女没有一个活得比她长，于是王位传给了詹姆斯一世的孙女苏菲的儿子，汉诺威王室的乔治一世。

乔治一世非常粗俗，从未学过英语，至于迷宫般错综复杂的政治制度更让他手足无措。于是，他把所有的事务全部交给内阁处理，也不出席任何会议——他不懂英语，即使参加也形同虚设。这样，内阁便逐渐养成了自行治理英格兰与苏格兰（1707年，苏格兰议会与英格兰议会合并）的习惯，不需要再去麻烦国王。对此，乔治也非常乐意，他可以将更多的时间用在回欧洲大陆的享乐上。

乔治一世和乔治二世统治期间，许多优秀的辉格党人相继组建了内阁，其中罗伯特·瓦尔浦把持政务长达二十一年之久。辉格党领袖的地位日益上升，他们不仅是内阁首脑，还是掌权的多数党首领。后来，乔治三世继位。他曾经试图重掌权力，将内阁闲置，夺回政府重要事务的管理权。但结果却是灾难性的，并使后人再也不敢重蹈覆辙。就这样，早在18世纪初期，英国就拥有了代议制政府，由责任内阁真正管理国家事务。

当然，这个政府并不代表社会所有阶层的利益，真正享有选举权的人口不足全国人口的十二分之一。然而无论如何，它还是奠定了现代代议制政府的基础。它采用了一种和平的手段，成功地剥夺了国王的权力，使越来越多的国民代表能够自主地管理国家。虽然这一做法没有给英国带来黄金盛世，却成功地使英国避免了一场流血冲突。可是，激烈的革命却给17、18世纪的欧洲大陆带来了巨大的灾难。

第四十六章　势力均衡

“君权神授”的言论曾经在法国空前高涨，后来“势力均衡”原则出现，国王的野心才得以限制

接下来我将讲述的是，在英国人极力争取自由的那段时间里，法国又起了怎样的风云。在历史上，一个合适的人在合适的时机出现在某个合适的国家，即所谓的天时地利人和，是十分罕见的。可在当时的法国，路易十四的出现实现了这一完美理想。但是对于欧洲的其他地区而言，要是没有他，一切会更好。

在当时的欧洲大陆，法国人口最多，国力也最为强盛。经过两位红衣主教马萨林与黎塞留的整顿，路易十四即位之时，古老的法兰西王国已经成为17世纪最强大的集权国家。路易十四本人也不同凡响，才华横溢，智勇双全。因而即使到了20世纪的今天，我们似乎依然能够体会到太阳王时代光辉的余迹。在路易十四时代的宫廷里，人们创造了经典而完美的礼仪，高贵而儒雅的谈吐，这些不仅奠定了我们现代社交生活的基础，而且为之创立了最高标准。在外交领域，法语依然是国际会议最重要的官方语言之一，因为早在两个世纪以前，法语就以高贵雅致、文辞纯粹而著称，让欧洲的其他语言难以望其项背。路易十四时代的戏剧至今仍然能给我们带来很多启示，我们甚至经常会抱怨自己太过鲁钝，无法领略这些古典戏剧的神秘美感。路易十四在位期间，黎塞留创建了法兰西学院，占据了学术界的领军地位，这让其他国家羡慕不已，并纷纷效仿。类似这样的成就，足以让我列举很多页。譬如，如今的菜单依然使用法语，这也绝非偶然。精制的法式烹饪，最初或许只是为了满足这位伟大君主的口腹之欲，如今也已经成为了一门艺术，代表了人类文明的最高成就之一。总之，路易十四的时代充满了辉煌和优雅，至今仍能教给我们许多东西。

然而遗憾的是，在辉煌耀眼的背后也有着它的灰暗面。对外的辉煌往往意味着国内的悲惨处境，法国也没有逃出这条规律。1643年，路易十四继任王位，死于1715年。这就表明，路易十四独揽法国政权长达七十二年之久。

首先，我们应该完全了解“独揽大权”的含义。历史上，有不少的君主建立过一种高效率的独裁统治，我们将之称为“开明君主制”，而路易十四正是此类君主的第一人。许多国王视国家事务为儿戏，觉得非常轻松愉快，对此路易十四憎恶不已。开明时代的君主是相当勤奋的，甚至要超过他的任何子民。他们起早摸黑，不仅感受到他们的“天赋神权”(可以不必征求臣民的意见而随心所欲地治理国家)，也强烈感受到由此产生的“神圣职责”。

当然，国王也没有不分事务大小，统统包揽。他的身边，自然需要几个助手和顾问、一两个将军、数名外交家、一小拨精明的银行家与经济学家。不过这些辅政大臣只能遵从君权行事，并不允许有独立意志。在普通百姓眼中，君主本人就代表着国家政府。所谓的祖国荣耀实际上成了某个王朝的荣耀，法兰西由波旁王室统治，它的利益和荣光便都属于波旁王室。这是与民主理想背道而驰的。

这一体系的弊端显而易见。国王意味着一切，其他人则什么都不是。古老的功勋卓著的贵族被迫放弃了对外省事务的管理权。手上满是墨水的王室小官僚，坐在巴黎的某幢政府建筑里，行使着政府管理的艰巨职责，而一百多年前，那本是封建主的责任。如今，这些封建主们无事可干，便搬到巴黎宫廷里来尽情享乐。他们的庄园经济很快就处于一种非常危险的境地，即所谓的“在外地主制”。在不足一代人的时间里，那些勤劳负责的封建管理者，全都成了凡尔赛宫中举止优雅但却无所事事的闲人。

《威斯特伐利亚条约》签订之时，路易十四刚满十岁。三十年战争结束了，哈布斯堡王室在欧洲大陆的显赫地位从此一去不返。满怀雄心壮志的路易，当然会利用这个机会，为自己的家族争取原属于哈布斯堡王室的荣耀。1660年，路易娶了西班牙公主玛丽亚·特雷莎为妻。后来，他在岳父菲利普四世（西班牙哈布斯堡王室中半疯的国王之一）逝世后马上对外宣称，西班牙属下的尼德兰部分（今比利时）是他妻子的一部分嫁妆。这种公开的劫掠当然会冲击欧洲的和平，并对新教国家的安全构成了威胁。在尼德兰七省联盟的外交部长詹·德·维特的极力倡导下，1664年，有史以来的第一个国际联盟——瑞典、英国、荷兰三国同盟成立。不过这是一个短命的联盟，并没有维持太久。利用万能的金钱和漂亮的诺言，路易十四将英国的查理一世和瑞典议会轻易收买，被出卖的荷兰只好独自承担厄运。1672年，荷兰遭遇法国军队的入侵。当法军深入到荷兰腹地时，海防大堤再次被开启。结果，法兰西的太阳王与当年的西班牙军队一样，深陷荷兰沼泽的淤泥之中。1678年，《尼姆威根条约》签订，但是它不仅没有解决任何问题，反而引发了另一场战争。

第二次的侵略从1689年一直延续到1697年，以《莱斯维克条约》的签订而告终。但是，路易梦想的在欧洲事务上的地位依然没有实现。宿敌詹·德·维特虽然已经死于荷兰暴民之手，可他的继任者威廉三世（前一章我们已经提到过他）却继续与路易为敌，打破路易试图称霸欧洲的梦想。

1701年，西班牙的最后一任哈布斯堡国王查理二世去世，紧接着西班牙的王位争夺战就打响了。1713年《乌得勒支条约》签订，却等于是一纸空文。然而，正是这场战争将路易十四的国库消耗殆尽。在陆战中，法国所向披靡，可英国与荷兰的海上联军却使法国始终无法取得最终胜利。还有一点值得一提，那就是在经历了这场旷日持久的战争之后，一个新的国际政治基本原则诞生了。根据这一原则，从今以后，任何一个国家都不可能长期统治整个欧洲或整个世界。

这就是“势力均衡”。它虽然不是一条成文的法律，但在此后的三百多年里，却得到了人们的严格遵守。提出此原则的人认为，欧洲正处于民族化发展阶段，只有当各种冲突或利益之间处于绝对平衡状态时，才可能有和平的保证。某个国家或者王朝，绝对不能再凌驾于别国之上。三十年战争期间，哈布斯堡王室就成为这一法则的牺牲品，尽管当时他们还没有意识到这一点。当时，宗教争端的迷雾遮蔽了人们的视线，掩盖了问题的实质。但从那以后，人们意识到，在一切重要的国际争端中，经济利益是问题的主导因素。不久我们就发现，一种新的政治家诞生了，他们的精明和理性就像收银机一般准确无误。詹·德·维特是这种政治家的首位成功倡导者，威廉三世则是他的第一位优秀学生。而路易十四尽管拥有无比的威望，却成为第一个有意识的牺牲品。从那时开始，还有许多人步了他的后尘。

第四十七章　俄罗斯的崛起

遥远而神秘的莫斯科帝国突然崛起，闯入了欧洲的政治大舞台

我们知道，哥伦布在1492年发现了美洲。而就在同一年的早些时候，一位名叫施努普斯的提洛尔人，奉提洛尔大主教之命，带着对他满是赞誉之辞的介绍信，率领一支科考队去寻找神秘的莫斯科城，但没有成功。他历经千山万水，终于到达了莫斯科帝国的边境（人们依稀觉得，此国应该位于欧洲的遥远东方），却吃了个闭门羹——莫斯科不欢迎外国人。无奈之下，施努普斯只好掉头去拜访了土耳其异教徒统治之下的君士坦丁堡，好在回国后对大主教有个交代。

六十一年后，为了寻找印度的东北航线，英国的理查·昌瑟勒船长率队出发。结果遭遇了狂风，船只被刮进了北海，一直吹到了德维纳河的入海口。在那里，他发现了莫斯科帝国的霍尔莫果利村，距离1584年发现的阿尔汉格尔斯克城并不远，大概只有几小时的路程。这一回，莫斯科人欢迎了这些外国来访者，并把他们带到了莫斯科。莫斯科大公接见了昌瑟勒，并让他带回了他们与西方世界的第一个通商条约。此后，其他国家也蜂拥而至，这片土地的神秘面纱终于慢慢地在欧洲人面前揭开。

从地理角度而言，俄国幅员辽阔，地势平坦。乌拉尔山脉贯穿南北，可是低矮平缓，难以阻挡入侵者的步伐。河流宽阔而清浅，是游牧民族的理想家园。

岁月流逝，罗马帝国几经兴衰荣辱，最后从欧洲地图上消失。在此期间，斯拉夫部落远离了中亚的故土，在很长的一段时间里，他们一直游荡在德涅斯特河与第涅伯河之间的森林与草原。古希腊人曾经遇见过他们，3、4 世纪的旅行者也曾偶尔提起过他们。不然的话，我们会对斯拉夫人一无所知，就像我们几乎不了解 1800 年的内华达印第安人一样。

本来，这个游牧民族的生活是非常安宁而平静的。遗憾的是，一条繁忙的商道穿过了他们的国土。这条要道蜿蜒而漫长，连接着北欧与君士坦丁堡。起初它顺着波罗的海沿岸伸展，一直到达涅瓦河口；接着跨越拉多加湖，沿沃尔霍夫河南下；然后穿越伊尔门湖，逆罗瓦特河而上；之后再经过一小段路就到了第涅伯河；最后顺着第涅伯河抵达黑海。

很早以前，北欧人就发现了这条道路。公元 9 世纪的时候，有一部分北欧人开始到俄罗斯北部定居，而另一部分人则建立起一些独立的小王国，奠定了后来法国和德国的基础。公元 862 年，三个北欧兄弟渡过波罗的海，在俄罗斯平原上各自缔造了自己的小国家。三兄弟当中，活得最长的是留里克，他后来兼并了兄弟的国土。北欧人到达那里二十年后，就建立了一个斯拉夫王国，首都定在基辅。

基辅距离黑海并不远，因此这个斯拉夫国家刚建立不久，君士坦丁堡就得知了消息。这让基督传教士们激动不已，因为陌生的土地时刻在召唤着他们去传播耶稣的福音。于是拜占庭教士的足迹布满了第涅伯河沿岸，一直伸展到俄罗斯内地。那里的居民在信仰方面很落后，还非常原始地崇拜着森林、河流或山洞里的古老神灵。而当时罗马的传教士正全副身心致力于教化那些野蛮的异教徒条顿人，根本无法顾及遥远的斯拉夫部落。这对拜占庭传教士而言无疑是个好消息，于是他们放开手脚大干起来。若干年以后，俄罗斯人已经全盘接受了拜占庭的宗教、文字、艺术、建筑等一系列文明成果。拜占庭帝国这个东罗马帝国的残部早就已经被东方人同化，而全无欧洲特征了，如今俄罗斯也继承了这种东方文化的血脉。

这些兴起在俄罗斯平原上的国家，政治路途非常坎坷。这主要归咎于北欧人的一个特殊习俗，即儿子要平分父亲的遗产。因而，一个小国没建起来多久，马上就会被老王的八九个子嗣平分掉，而他们的国土又会被继续划分。这些小国之间又总是相互竞争，吵闹不休，混乱反倒是平常之事。于是，当东方亮起了冲天的红光，亚洲的蛮族入侵之时，一切都为时已晚。这些四散的小国过于弱小，又都各自为政，根本无法集结成一支团结的队伍抗击强敌。

1224 年，鞑靼人首次大举入侵俄罗斯。成吉思汗所向披靡，先后征服了中国、布哈拉、塔什干和土耳其斯坦，然后杀入西方世界。在卡尔卡河附近，斯拉夫军队彻底失败，俄罗斯落入了蒙古人之手。但是，蒙古人来得快去得也快。十二年后，即 1237 年，蒙古人卷土重来。仅仅用了五年的时间，他们就征服了整个俄罗斯平原，然后统治那里一直到 1380 年。在那一年的库里科沃平原上，莫斯科大公德米特里·东斯科伊击败了蒙古人，重新夺回了俄罗斯的自由。

俄罗斯人在鞑靼人的压迫下，痛苦地经历了几乎整整两个世纪。这种压迫是多么令人难以忍受！斯拉夫农民被迫成为凄惨的奴隶。他们只能在蒙古人面前匍匐前行，否则就别想活命，而蒙古人则端坐在俄罗斯南部大草原的帐篷中，朝他们吐着唾沫。俄罗斯人饱受饥饿、虐待和痛苦的折磨，丧失了为人的一切尊严。最后，每一位俄罗斯人，不管是农民还是贵族，都成为甚至连摇尾乞怜都不敢的丧家之犬，肉体的虐待已使他们的精神彻底崩溃。

逃跑是徒劳无益的。鞑靼的骑兵迅捷无比，却也残酷无情。无边无际的草原没有任何遮蔽之所，能够安全避难的地区遥不可及。无论蒙古主子将施以怎样的折磨，悲惨的俄罗斯人都只能默默地忍受，否则等待他的就是死亡。当然，欧洲人本该插手干预的。然而遗憾的是，当时的欧洲人正焦头烂额地忙于自家的事务，不是教皇或皇帝争权夺利，就是镇压各类异端，根本无暇顾及其他。斯拉夫人只能自生自灭，痛苦地寻求自救的道路。

最后，在当年北欧人建立的诸多小国之中，出现了改变俄罗斯人命运的“救世主”。它占据着俄罗斯平原的心脏地带，首都是莫斯科，坐落在莫斯科河畔的陡峭山崖上。这个小公国时而讨好鞑靼人，时而又稍加反抗，靠着这种墙头草两边倒的无赖办法，在 14 世纪中期确立了俄罗斯各民族的领导地位。我们必须牢记一点，鞑靼人几乎没有政治才能可言，其最大的本领就是破坏。他们不断地扩张领土，其首要目的无非是获得更多的财政收入。为了以征收赋税的方式取得这些收入，他们只好允许旧有政治体系的某些残余部分保留下来。这样，许多小城主在大汗的恩典下得以存续，成为蒙古的征税人。他们的主要任务就是不断填补鞑靼人的国库，为此他们不得不劫掠自己的邻居。

莫斯科公国的富裕、壮大，正是通过这种牺牲邻居利益的方式。最后它终于公然对鞑靼人进行了反抗，并获得了成功。莫斯科是俄罗斯独立事业的领袖，凭借这种荣誉，它聚集了许多相信美好未来的斯拉夫人，并逐步发展成为一个中心城市。1453 年，土耳其人攻陷君士坦丁堡。十年后，莫斯科大公伊凡三世通告西方，他们有权享有业已灭亡的拜占庭帝国在物质和精神两方面的遗产，有权继承君士坦丁堡遗留下来的古代罗马传统。一代人之后，即伊凡大帝统治时期，莫斯科已经非常强大，大公们甚至沿用了恺撒的称号（即沙皇），并要求西欧社会的承认。

1598 年，菲奥多一世去世，北欧人留里克后裔们所统治的古老莫斯科王朝也告终结。接下来的七年间，一个鞑靼人和斯拉夫人的混血儿鲍里斯·戈都诺夫成了新沙皇。在他执政期间，许多俄罗斯百姓的未来命运得以注定。俄罗斯虽然幅员辽阔，但不够富裕。在俄罗斯，几乎没有什么商业，更别提工厂，仅有的几个城市，在欧洲看来，也只是一些杂乱的脏乱村落而已。它的中央集权政府非常强大，杂糅了斯拉夫、北欧、拜占庭和鞑靼的政治影响，而农民则几乎全部是文盲。它奉行国家利益至上的原则，对其他的任何事物都不屑一顾。为了保卫国家，它需要政府军队；为了供养军队，它又需要公务员去征收赋税；为了雇用公务员，它又需要土地。不过在俄罗斯平原上，广袤荒野从遥远的东方一直延伸到西方，土地应有尽有。可是空闲的土地是毫无价值的，它需要有人充分地利用它，对它进行耕作或者在上面饲养牲口。因此，原来游牧民的权利被接二连三地夺走，最终在 17 世纪初，他们正式从自由民变成了农奴，沦为了土地的一部分。这种无比悲惨的境遇一直持续到 1861 年，在快要将他们毁灭之时才告终止。

17 世纪，俄罗斯的领土不断地扩张，其东部边境一直延伸到了西伯利亚。如此广袤的土地以及强大的国力，终于使得其他欧洲国家对它刮目相看。1613 年，鲍里斯·戈都诺夫去世。俄罗斯贵族从自己的阵营中推选出一位新沙皇，即菲奥多的儿子，罗玛诺家族的迈克尔。他一直生活在克里姆林宫外的一间小屋里。

1672 年，迈克尔的曾孙彼得（其父也叫菲奥多）降生。在他十岁那一年，他同父异母的姐姐索菲亚继承王位。于是小彼得被送到莫斯科郊区，与聚居在那里的外国人生活在一起。在那里，这位年轻的王子见识了各式各样的外国人：苏格兰酒店老板、荷兰商人、瑞士药剂师、意大利理发匠、法国舞蹈教师和德国小学教员等。这使王子获得了对遥远而神秘的欧洲（那里的一切与俄罗斯截然不同）奇特的第一印象。

彼得在十七岁那年，突然发起了宫廷政变，将姐姐索菲亚赶下王位，自己取而代之，成了俄罗斯的新国王。他雄心勃勃，一个野蛮与东方化参半的民族的沙皇地位根本无法满足他的雄心。他想成为一个拥有高度文明之国的君主，把"拜占庭－鞑靼"的杂交国家变成开化的欧洲帝国。然而这并非易事，它需要强有力的手腕和睿智清醒的头脑，而彼得正好两者兼备。1698 年，他开始施行"大手术"，将现代的欧洲文明移植到古老的俄罗斯体内。最终，俄罗斯病人奇迹般地活了下来。但在本书写作五年前发生的事情[①]表明，它其实一直没有真正康复。

① 指 1917 年俄国的十月社会主义革命。

第四十八章 俄罗斯与瑞典

为了东北欧的霸主地位，俄罗斯与瑞典争斗多年，打得不可开交

1698 年，彼得沙皇开始了他的第一次西欧之旅。他途经柏林，然后前往荷兰和英格兰。早在孩提时代，彼得就表现出了对水的热爱。在彼得父亲的乡村庄园里，有一个养鸭的小池塘，贪玩的彼得就自制了小船去划水，结果差点被淹死。这种对水的狂热情结伴随了彼得一生，他一直希望能为俄罗斯找到一个通向广阔海洋的入口。

这位严厉的年轻君主虽然一心致力于强大祖国，却并没有广受欢迎。莫斯科古老势力的拥护者们，趁着他在国外游历之际，密谋粉碎他的改革，并由皇宫卫戍队斯特莱尔茨兵团发起叛乱。得知消息后的彼得立即回国，亲自担任最高指挥官，镇压了叛乱。对于叛乱者，彼得毫不留情：首领被绞死后碎尸万段；士兵被统统处死，一个不剩；策划者，他姐姐索菲亚则被关进了修道院。这样一来，彼得真正大权在握了。1716 年，在彼得第二次游历西欧时，相同的场面再度上演，这一次带头造反的竟然是他半疯的儿子阿列克谢。彼得又一次被迫放弃旅行，火速回国。结果，不幸的阿列克谢惨死在牢房，而拜占庭古老传统的其他维护者们则遭到流放，在西伯利

亚的一座铅矿劳作至死。此后，对他不满的骚乱再也没有发生过。彼得放手改革而不受任何干扰。

想要把彼得的改革措施依次罗列出来，这恐怕很难办到。这位沙皇的工作效率高得近乎发狂，从不依章办事、墨守成规。他发布的改革条令多得如流水一般，致使他的手下都来不及将它们一一记录。在彼得看来，前人所做的一切都是错的，所以必须尽快对整个俄国进行彻底变革。在他去世之时，俄罗斯已经拥有了训练有素的二十万陆军，以及备有五十艘战船的强大海军。陈旧的政府机构被彻底清扫。国家杜马，即老的贵族议会被解散。参议院取而代之，它是一个聚集在沙皇身边的咨询委员会。

俄罗斯被划分为八大行政区域，也就是八大行省。道路被修通，城镇被建起。工业兴建在沙皇觉得合适的地方，全然不顾那里原材料是否充足。运河得以开凿，东部山区的矿藏也得以开采。并且，他建起的中小学和高等教育机构，以及大学、医院和职业技术学校，改变了文盲遍布的局面，还为建设培养了人才。他还制定各种政策，吸引荷兰造船工程师及世界各地的商人工匠搬到俄罗斯来居住。印刷厂纷纷设立，不过所有出版物都必须经过皇家官员的严格审查。每个社会阶层的权利与义务都被详细写进一部新的法律，民法、刑法等法规被汇编成一套系统的法典。旧式的俄罗斯服装不允许再穿，警察手持剪刀，监视着每一条乡村小路。一夜之间，长须长发的俄罗斯山民突然变成了面容光净的文明人。

沙皇不容许任何人分割他的权力，在宗教事务上也同样如此。他知道，在欧洲曾经出现过教皇与皇帝争权的情形，而这一情形绝不能在他的土地上重演。1721 年，彼得废除了莫斯科大主教一职，自己担任俄罗斯教会的领袖。宗教会议成为处理东正教所有问题的最高权威。

然而，反对改革的保守势力在莫斯科尚有残余，他们极力阻碍改革，影响改革步骤的顺利开展。于是，彼得决定迁都。新都的地址被选在波罗的海沿岸，一块不太适宜人居的沼泽地带。1703 年，彼得开始在这里拓荒，四万农民年复一年地辛勤工作，为这座帝国新都打造基础。这时瑞典人对俄国发动了进攻，想要摧毁这座建设中的城市，但没有成功。无论是战乱、疾病，还是成千上万的建城农民相继死去，工程依然不分寒暑地进行着。终于，一座完全符合彼得意愿的城市开始崛起。1712 年，它正式成为"帝国首都"。十几年后，它已拥有七万五千居民。然而，涅瓦河的洪水以一年两次的频率侵袭着这座新城。彼得再次凭借坚强的意志修建起堤坝，开挖出运河，使洪水不再肆虐。在 1725 年彼得驾崩前，他一直是这座欧洲北部最大城市[①]的拥有者。

一个充满威胁的强国突然崛起，自然使得它的邻居们寝食难安。而在彼得这里，他也时刻关注邻居们的举动，比如波罗的海沿岸的瑞典。1654 年，三十年战争的英雄古斯塔夫 · 阿道尔夫的独生女克里斯蒂娜放弃了王位，前往罗马做了一名虔诚的天主教徒。她是瓦萨王朝的末代女王，于是王位被古斯塔夫的新教侄子继承。查理十世和查理十一世非常用心地管理着国家，他们的统治时期，是瑞典王国繁荣强盛的巅峰时期。但在 1697 年，查理十一世猝死，王位的继任者查理十二世年仅十五岁。

这无疑是给北欧诸国带来了期盼已久的大好契机。在宗教战争期间，瑞典为了壮大自己的力量，牺牲了邻居们的利益。如今，他们趁机前来报复。战争迅速打响，一方是俄国、波兰、丹麦、萨克森缔结的联盟，一方是孤立无助的瑞典。1700 年 11 月，在著名的纳尔瓦战役中，彼得手下那支装备简陋、缺乏训练的军队遭遇惨

---

① 这就是圣彼得堡。1924 年 1 月列宁去世后曾更名为列宁格勒，1991 年 12 月苏联解体后又恢复了圣彼得堡的原名。

败。然后，查理——那个时代最有意思的军事天才之一，一路大砍大杀，横扫波兰、萨克森、丹麦及波罗的海沿岸各省的乡村和城镇。而那时，接受教训的彼得正老老实实地待在遥远的俄罗斯加紧练兵。

1709 年，波尔塔瓦战役打响，俄国人一举摧毁了瑞典的疲惫之师。查理是一个极具戏剧色彩的传奇人物，但是他沉迷于各种徒劳无功的复仇行动，并最终断送了自己的国家。1718 年，查理意外身亡（或许是被人暗杀，具体难究其详）。1721 年，《尼斯塔德和约》签订。除了芬兰以外，瑞典丧失了它在波罗的海地区的全部领土。彼得倾力打造的俄罗斯帝国终于成为北方世界的霸主。但是，一个强大的新对手即将登场，那就是正在形成中的普鲁士。

第四十九章　普鲁士的崛起

普鲁士在日耳曼北部荒地迅速崛起

普鲁士的历史就相当于欧洲边疆地区的变迁史。9 世纪时，地中海沿岸古老的文明中心，被伟大的查理曼大帝迁移到了荒凉的西北欧地区；欧洲的边界线被他的法兰克士兵逐步向东推移。他们征服了异教的斯拉夫人和立陶宛人（当时居住在波罗的海与喀尔巴阡山之间的平原上），夺取了许多土地。但是，法兰克人不太经营这些边远地区，就如美国对待那些尚未成为独立州的西部地区一样。

为了抵御萨克森野蛮部落的袭击，查理曼大帝亲手在东部边境建立了勃兰登堡。定居于此的一支斯拉夫人——文德人是 10 世纪时被征服的，他们原来的集市布兰纳堡就是后来勃兰登堡的中心，“勃兰登堡”的名字也由此而来。

在 11 至 14 世纪期间，有许多的贵族世家在这里充当皇家总督。最后在 15 世纪的时候，霍亨索伦家族登上了历史舞台，成为勃兰登堡的选帝侯。从此，这个原本荒凉的边疆省份，逐步成长为现代世界最高效的帝国之一。

刚被欧美力量逼迫退位的霍亨索伦家族[①]原本来自德周南部地

① 指 1918 年德国 11 月革命爆发后，霍亨索伦家族的统治被推翻一事。

区，出身卑微。12 世纪，霍亨索伦家族中一个名为腓特烈的人，凭借一桩幸运的婚姻，登上了勃兰登堡总督一职。此后，他的子孙们充分把握一切有利时机，极力扩充自己家族的势力。经过几个世纪见缝插针的发展，霍亨索伦家族终于荣登尊贵的选帝侯，这也就意味着他们有了成为德意志皇帝的机会。宗教改革期间，他们支持新政。到了 17 世纪早期，霍亨索伦家族已经成为北德意志最强势的王公之一。

三十年战争期间，不管是新教徒还是天主教徒，都疯狂地劫掠勃兰登堡与普鲁士。但经过选帝侯腓特烈·威廉的精明治理，战争的损失很快被弥补。一个高效率的国家很快就建立了，国内所有的经济力量与智慧头脑都被充分利用。

在现代普鲁士，个人意志要完全服从于社会整体利益。这样一个国家的创立者是腓特烈大帝之父——腓特烈·威廉一世。他是一位普鲁士军官，勤恳而节俭，钟爱酒吧故事和浓烈的荷兰烟草，憎恶一切繁文缛节（特别是法国的）。尽忠职守是他的唯一信念。他严于律己，绝不宽容任何手下的软弱行为。他与儿子腓特烈的关系很不融洽，甚至比我们想象的还要糟糕。父亲性情粗鲁，儿子却感情细腻，喜欢法式礼仪，热爱文学、哲学、音乐。性格的迥异使冲突不可避免。腓特烈想要逃往英国，中途被抓回，然后送到军事法庭接受审判，并被强迫亲眼看到好友被斩首。惩罚还没结束，年轻的王子被送到外省的某个城堡，在那里认真学习他未来必需的治国之道。事实证明这是因祸得福。腓特烈在 1740 年正式登基之时，对于治理国家的方方面面——从一个穷人家孩子的出生证明，到复杂的年度预算——都已了然在胸。

腓特烈曾经著过书，其中有一本《反马基雅维利》。在书中，他极力反对马基雅维利的政治信念。马基雅维利是古代佛罗伦萨的历史学家，他曾经教导他的王侯学生们：只要是为了国家利益，撒谎或欺骗的手段也是可以采用的。而在腓特烈的书中，他认为理想的君主应该首先是人民的公仆，是像路易十四那样的开明君主。而在现实中，腓特烈尽管每天工作长达二十小时，却不容许任何人给他提建议。他的大臣们没有实权，只不过是些高级书记员罢了。他把普鲁士视为自己的私有财产，完全按照他的个人意志进行管理，绝不允许出现任何干涉国家利益的行为。

1740 年，奥地利皇帝查理六世去世。为了维护独生女玛丽亚·特雷莎的合法地位，查理六世生前曾在一张羊皮纸上签署了一项庄严的条约。但是老查理的遗体刚刚被安葬进哈布斯堡的皇陵，腓特烈的大军就开向了奥地利边境，占领了西里西亚的部分地区。普鲁士依据一些古老而可疑的继承权对外声称，这片土地，甚至中欧的一切土地，本来就属于他们。数次激烈交锋之后，腓特烈最终吞并了整个西里西亚。有好几次，腓特烈眼看就要被击败了，但结果他还是站稳了脚跟，成功击退了奥地利军队的所有反击。

这个迅速崛起的强国马上吸引了欧洲其他国家的目光。在 18 世纪，德意志民族被宗教战争击垮，本来已经不再被任何人重视。腓特烈凭着与彼得大帝相似的迅捷努力，使他人的态度由轻视转为敬畏。普鲁士的国务有条不紊，臣民们根本无须抱怨；国库逐年丰厚，再也没有出现过赤字；酷刑一律被废除，司法体系得到改善；有优质的道路、学校、工厂；有一个敬业且忠诚的行政管理体系，这一切使人们觉得自己值得为国家做任何事情。

在这种情形出现之前的数个世纪，德国的土地一直是法国人、奥地利人、瑞典人、丹麦人和波兰人争权夺利的战场。如今，普鲁士崛起了，德国人激动不已，重新找回了自信。这一切都应该感谢腓特烈大帝的英明神武。腓特烈长着鹰钩鼻，旧军装上烟味不断，总是喜欢对邻居们作着有趣而尖锐的评论。他写了《反马基雅维利》一书，可实际上却一直在玩着谎话连篇的外交游戏。1786年，他的大限到来。他没有子侄，朋友们却全都离他而去，临终前身边只有一个仆人和忠实的老狗。他爱狗胜过人类，在他看来，狗永远不会忘恩负义，会永远忠诚。

第五十章　重商主义

那时的国家是如何积累财富的

现在我们已经了解，在 16、17 世纪，当今世界的国家是怎样以各自互不相同的起源方式发展而来的。也许是某个国王的苦心策划，也许完全出于偶然，也有可能是特殊地理环境的恩赐。但无论如何，这些国家一经创建，就全都精心经营内部事务，极力提高国际地位，增强对国际事务的影响力。所有这一切都离不开金钱。在中世纪，国家没有强大的中央集权，也没有可供仰仗的国库，国王的收入只能来自王室领地，大小官吏则自给自足。而在现代国家，情况则变得错综复杂。骑士消失了，国家只能雇用政府官员。无论是陆军、海军还是国内的行政管理，其花费都动辄数百万。问题是，到哪儿去弄这笔钱？

在中世纪，金银是非常罕见的。我曾经说过，那时的普通人一辈子都很难见到一枚金币，即使是大城市的居民也只是对银币习以为常。发现美洲大陆后，秘鲁的金银矿藏得以开采，金银稀缺的局面才有所改变。地中海作为贸易中心的地位下降了，取而代之的是大西洋沿岸的崛起。意大利古老的“商业城市”丧失了贸易上的重要作用，新的“商业国家”兴起。金银也不再是稀罕的物品。

通过对殖民地的掠夺，贵重金属如潮水般地涌入欧洲。16 世纪的一批政治经济学家提出一套“国富论”。依他们之见，这套理论完全正确，会给他们的国家带来最大利益。他们提出，金银是实际财富，哪个国家的国库和银行里拥有最多的金银储备，哪个国家就最富有。而金钱的富足就意味着可以拥有强大的军队，因此，最富有的国家同时也是最强大的国家，可以统治全世界。

这就是所谓的“重商主义”。人们对它丝毫没有怀疑，正如早期的基督徒深信奇迹，当今的美国人坚信关税。重商主义的实际运作过程可以简化如下：为了最大化地增加金银储备，一个国家必须争取最大额的出口贸易顺差。一旦你对邻国的出口量超过了邻国对你的出口量，你就会赢利，而邻国则只能支付给你黄金。这一理论导致的结果是，17 世纪几乎所有国家都实行了如下的经济政策：

1. 竭力获取尽可能多的贵重金属；

2. 鼓励优先发展对外贸易；

3. 鼓励发展原材料加工制造业，以便出口；

4. 鼓励人口繁殖，因为工厂需要大量劳动力，这是农业社会无法提供的；

5. 国家监督这一过程，必要时加以干涉。

在 16、17 世纪的人看来，贸易是非自然的、无规律的——自然力的产物不管人们如何干预，总有原则可循。因而，人们总是想要借助政府法规、指令和财政援助来指挥这些商业活动。

16 世纪时，查理五世采用了“重商主义”政策（当时这种理论还比较新鲜），并把它介绍给自己的各个领地。英国伊丽莎白女王随之效仿，法国的波旁王朝，尤其是路易十四也热情倡导。他的财政大臣柯尔伯——重商主义的急先锋，备受人们景仰，甚至成了全欧洲的领航明灯。

克伦威尔时期的对外政策，忠实地遵循了重商主义。实际上，它完全是针对英国的劲敌荷兰而制定的。因为在当时，荷兰船主们承运着欧洲各国的商品，并且主张自由贸易，这使得英国必须不惜代价地消灭它。

根据这种理论，我们不难想象，海外殖民地为此会遭遇怎样的灾难。重商主义政策下的殖民地，纯粹是黄金、白银和香料的贮藏库，仅仅是为了宗主国的利益而不断开采。亚、美、非的贵重金属，热带国家的原材料，全部都被宗主国所垄断。而且，任何外来者的干涉都是绝对禁止的，殖民地不允许与宗主国之外的任何国家有商业往来。

重商主义无疑促进了国家制造工业的发展壮大。为了便于贸易往来，它们还修河开路，大力发展了交通运输业。此外，工人们全面地掌握了技能。商人的社会地位得以提高，而地主与贵族的势力却被削弱。

另一方面，它带来的灾难也是无比巨大的。殖民地原住居民遭到最无情、最无耻的剥削，宗主国的公民则面临更可怕的社会竞争压力。在一定程度上，每个国家都成为军营。统一的人类世界遭到分割，每一小块领土都紧盯住自己的直接利益；同时竭力削弱他国，夺取他们的财富。财富逐步变得万能，“发财致富”是普通公民的最大美德。然而，经济理论也会经常变化，就像外科手术和女性时装一样。到了 19 世纪，重商主义终于被人抛弃了，取而代之的是一个自由开放的经济体系。至少，据我所知是如此。

第五十一章　美国革命

18世纪末，北美大陆发生事变的消息传遍欧洲。在那里，清教徒向坚持“君权神授”的查理国王施以惩戒，然后又展开了争取自治权的战斗

为了把这段历史讲清楚，我们必须从早期欧洲各国争夺殖民地的历史说起。

在三十年战争前后，许多欧洲现代国家纷纷以民族为基础而建立起来。在资本和贸易利益的驱使下，这些国家的统治者相继在亚洲、非洲展开了争夺殖民地的战争。

一百多年后，英国和荷兰也继西班牙、葡萄牙之后进入印度洋和太平洋地区。事实证明，后来者获得了更大的成功。其中的道理不难讲清，一方面早期的开拓者们已经为他们完成了最初的创业工作，另一方面由于西班牙和葡萄牙的航海家们备受当地土著居民的憎恨，所以当英国人和荷兰人到来时，他们像朋友甚至救世主一样受到欢迎。所有的欧洲国家在第一次与弱小民族打交道时，一般都比较残忍。英国人和荷兰人的不同之处不在于他们的品德有多少高尚，而在于他们十分清楚自己商人的身份，明白不能因为宗教的因素而影响了生意，因此他们知道在什么时候应当适可而止，只要能得到香料、金银和税收，他们不介意让土著居民自由地生活。

于是，他们就轻而易举地在这个世界上资源最丰富的地区有了立足之地。但与此同时，为了争夺更多的殖民地，他们之间却开始相互争斗起来了。可是，他们展开交锋的地点往往不是在殖民地上，而是在三千里以外的海上。“谁控制了海洋，谁就能控制陆地”，这是古代和现代战争最有意思的规律之一。而且，这条规律至今依然有效，只是因为飞机的出现，现代战争可能要做出一点调整。但是，在 18 世纪那个没有飞机的年代，英国的海军却为不列颠帝国赢得了全世界最广阔的殖民地。

鉴于 17 世纪英荷两国海战复杂的历史，笔者不想多作赘述。任何一种对抗，总是以强者的胜利为结果。与此相比，英国和法国的战争却更有意思。英法两国先是在美洲大陆上进行了频繁的战争，最终英国皇家海军凭借强大的实力战胜了法国舰队。英国人和法国人几乎同时宣布，凡是在美洲大陆上发现的一切，包括暂时还未被发现的更多的其他财富，均归自己所有。卡波特于 1497 年登陆北美大陆，在那里挂上了英国国旗；乔万尼也于二十七年后到达同一片地方，也在那里挂上了法国国旗。他们都理直气壮地宣称自己是那片土地的主人。

英国的殖民地通常是那些不信奉英国国教的人的避难场所。1620 年清教徒到达新英格兰，1681 年教友派去了宾夕法尼亚，于是，他们就在缅因与卡罗来纳这些紧邻海滨的区域之间建起了十个英国的殖民地。殖民地的人民由于远离王室的监督和干涉，他们自由地聚集在一起，开始建造家园，迎接新的幸福生活。

与此相反，法国殖民地却是固有的皇家禁地。为了保护耶稣会教士的传教工作顺利进行，他们禁止胡格诺派或法国新教徒进入殖民地，防止他们向印第安人传播那些不被许可的教义。所以，英国殖民地的建立基础要比对手兼邻居法国殖民地牢固得多，也要开放得多。法国殖民地的人不像英国人那样具有开发和创造精神，他们一味地保守，囿于效忠王室，总想着有一天重返巴黎。

不过英国殖民地也有不尽如人意之处，那就是政治状况。16世纪，法国人在发现圣劳伦斯河口后，他们先是由大湖地区一直往南，沿着密西西比河在墨西哥湾占领据点，并最终在一个世纪后建立了一条由六十个法国据点汇成的防线。它将位于大西洋沿岸的英国殖民地与北美大陆腹地断然隔开。

可是，在这之前英国曾给各个殖民公司颁布了土地许可证，说把"东海岸到西海岸的所有土地"都给他们。尽管想法非常美好，但现实情况是，英国的殖民地一旦延伸到法国的防线周围，它们只能停止前进。为了突破这道防线，英国人动用了大量的人力和财力，与法国人在边境交恶。这是一场可怕的战争，在当地印第安部落的帮助下，一场白人之间的残酷杀戮不可避免地发生了。

要是统治英国的还是斯图亚特王朝，英法之间也许不会发生战争。斯图亚特王室为了建立君主专制统治，削弱议会势力，不得不寻求波旁王室的帮助。自1689年送走了最后一位斯图亚特国王之后，不列颠大地迎来了新的继承者荷兰人威廉，他是路易十四的死对头。从威廉继位一直到1763年签订《巴黎条约》，为了争夺印度和北美殖民地，英法两国的战争从未停止过。

由于英国皇家海军的强大实力，法兰西军队一次次地被英国人击退。因此，法属殖民地一旦与法国切断联系，它们就自然落入英国人的怀抱。于是，当最后英法两国宣布停战的时候，整个北美大陆已几乎全部为英国人占领。二十几位法国的探险家们——卡蒂埃、尚普兰、拉萨尔、马奎特等所开创的伟大而艰巨的事业以及他们的心血和贡献全部化为乌有。

其实在当时，辽阔的北美大陆上只有从东海岸的北部向南延伸的一条狭长的地区才有人居住，那是一块狭小的地区，人口也十分稀疏。它的北部居住着1620年登陆的清教徒（这些人对信仰非常坚定，他们无法在英国的国教或者荷兰的加尔文教上找到契合点），那是马萨诸塞据点，南边则是卡罗来纳和弗吉尼亚地区（这块地方以专门种植烟草为主，是纯粹为利润而建立的）。不过与来自殖民国家的同胞们不同，生活在这片天高云清、充满诗意的新大陆的拓荒者们在孤独和艰苦中学会了自强不息和独立奋斗。懒人和怯懦的人怎么可能漂洋过海来这里呢？是啊，他们是勤劳勇敢、充满热情的建设者和先驱。当他们在自己的祖国的时候，他们的生存空间受到了种种限制甚至迫害，使他们的生活很不愉快。现今，在这片神奇的土地上，他们决意要过自由的生活，做自己的主人。英国的统治者不可能理解其中的缘由，仍然对殖民者横加干涉，导致他们很不满，由此产生了新的怨恨。

矛盾越来越多，以至于局面难以挽回。寄希望于当时在位的英国国王能比乔治三世更明智些，或者首相诺斯公爵不置之不理，都为时已晚。事实正如我们看到的那样，北美殖民者发现不能用和平谈判解决争端时，便只好拿起武器。按照当地有趣的约定：只要谁出价最高，条顿王公们就把整团的士兵卖给谁。北美那些由忠顺的平民变成的叛乱者一旦被这些士兵抓住，就会被判处死刑。

在与英国政府持续了七年的战争中，殖民者一直没有占据优势。尤其是，大批的城市殖民者依然效忠英国国王，他们希望妥协、求和。

得益于华盛顿伟大精神的鼓舞，殖民者们始终坚持着自己的独立事业。尽管军队装备简陋，但华盛顿还是领导独立者们不断地给英国政府以打击。如果不是华盛顿的出色战略，殖民者们可能好几次都要濒临失败。虽然士兵们总要忍饥挨饿，冬天还要受冻，只能蜷曲在冰冷的壕沟里，但是他们依然对独立事业充满希望，一直坚持到最后的胜利时刻。

伴随着华盛顿指挥的战役的胜利，以及本杰明·富兰克林在法国政府和阿姆斯特丹银行家那里取得的外交成就，革命初期一件伟大的事情发生了。独立战争爆发的第一年，各殖民地代表齐集费城，他们以无比的勇气和坚定不移的信念做出了1776年6、7月的那个历史性的决策。

弗吉尼亚的理查德·亨利·李于1776年6月向参加费城会议的代表们提议："联合起来的殖民地理应是独立而自由的国家，它没有效忠英国王室的义务，与英国政府的一切政治联系也应该解除。"

提案于7月2日正式通过，并且获得了马萨诸塞的约翰·亚当斯的有力支持。同月4日，大陆会议正式发表《独立宣言》。这篇宣言出自托马斯·杰斐逊，他后来成为美国历史上最著名的总统之一。

北美大陆一连串的消息引起了欧洲大陆的广泛关注，先是《独立宣言》发表，接着是独立战争的胜利，随后又是著名的1787年宪法（美国第一部成文宪法）顺利通过。17世纪，欧洲大陆在结束了宗教战争之后便建立了高度集中的王朝政权。当时现实的情况是这样的：国王的行宫到处扩建，大片贫民窟却在城市里滋生；贵族和职业人员对于现存的经济与政治制度也略感不安。正当生活在贫民窟的人民处于绝望和无助之时，北美独立战争的胜利似乎在向他们昭示，一些看起来不可能实现的事情，其实都是有可能的。

所谓的莱克星顿战役的第一声枪响"震彻全球"，这多少有点夸张。我们知道，当时的中国人、日本人和俄罗斯人是无法听到的，更别提澳大利亚人和夏威夷人了（他们刚刚被库克船长发现，不过很快他就被杀死了）。尽管如此，这声枪响还是越过了大西洋，落在了欧洲不安定社会的火药桶中。随之，引起了法国的大革命，影响了从彼得堡到马德里的整个欧洲大陆，使旧的国家和制度彻底受到了民主革命的洗礼。

第五十二章　法国大革命

法国大革命把自由、平等、博爱的信念传遍了全世界

在本章的开头，笔者想先解释一下“革命”这个词。记得俄罗斯的一位大作家曾说（俄罗斯人对革命很在行）：“革命就是‘在短时间内迅速推翻一个数世纪以来根深蒂固、难以动摇、连最激进的改革者也不敢略加挞伐的旧制度’。革命的目的就是彻底改变一个国家的社会、宗教、政治和经济基础。”

18 世纪法国古老的文明正在腐朽之际，一场革命就此爆发了。

回顾当时法国的现状，国王在路易十四时代代表着一切，甚至包括国家本身。那些为国家效忠的贵族则只是宫廷生活的点缀，他们被解除了任何职责。法国政府开支非常大，只能依靠税收来填补。但是，由于贵族和教士们不肯纳税，政府就把沉重的税务负担转嫁到农民头上。

法国农民的生活境遇每况愈下，他们只能住在阴暗潮湿的茅屋里，还要受到冷酷而且无能的当地官员的压榨。对他们来说，辛勤劳作换来的只是更多的赋税，自己一点好处也没有。

当时呈现在我们面前的是这样的图景：法国国王身穿无比华丽的衣裳，极度悠闲地走在宏伟的王宫大殿之中，周围则围着一批穿着同样奢华的阿谀奉承的贵族大臣。宫廷维持如此奢靡浮华的生

活依赖于对农民的剥削和压迫，其时农民们的悲惨生活已与牲畜无异。虽然这幅图画让我们感觉有些不快，但是现实绝对是有过之而无不及的。我们必须牢牢记住，所谓“天朝旧制”不可能总是一成不变的。

且看法国是如何将贵族的生活艺术推向巅峰的。一群与法国的贵族阶层有着密切关系的有钱的中产阶级（他们通常的做法是把一个富有的银行家女儿嫁给某个穷困的男爵的儿子），加上一批全法国最富有闲情逸致的宫廷人物，把所有的时间全部花费在无聊的闲谈和空想当中，而绝不是在为国家的政治经济问题殚精竭虑。

不幸的是，这种无聊的思想方式和行为如同时装潮流一样，立刻在虚情假意的社交界广泛蔓延，他们开始对所谓的“淳朴的农居生活”产生了兴趣。令人可笑的是，在法国及其殖民地的绝对拥有者和最权威的领导者——路易十四和他的王后的引导下，朝臣们把自己打扮成马夫和挤奶女工的模样，虚伪地模仿古希腊牧羊人，过起了一种令人啼笑皆非的“乡村生活”。路易十四完全沉浸于这种无聊而矫揉造作的生活，整日围绕他的是弄臣们荒唐可笑的舞蹈、宫廷乐师演奏的滑稽的小步舞曲，以及宫廷理发师设计的繁复发型。最后，路易十四索性将这种无趣推向极致，为远离那个更加喧嚣的城市，他在巴黎郊外建造了恢宏壮观的凡尔赛宫。宫殿里的人们整天漫无边际地谈论着各种不切实际的无聊话题，他们的短视无知就好像挨饿的人眼里只有面包一样。

伏尔泰[1]的出现就像一枚批判的炸弹投向了法兰西日益腐朽落后的旧制度里，一时间整个法国为之欢呼。当他的戏剧上演时，场

---

① 伏尔泰（169—1778），法国启蒙主义时期哲学家、史学家、文学家，毕生主要从事戏剧创作以批判专制政体。

面无比火爆，观众只能买站票观看演出。让·雅克·卢梭[①]的《社会契约论》令他的法国同胞如痴如醉，当他充满伤感地描绘着原始先民幸福生活的美妙场景时，当他郑重地呼吁“重返主权在民，而国王只是人民公仆的时代”时，所有的人都流下了感动的泪水。

在孟德斯鸠[②]出版的《波斯人信札》一书中，他通过描述两个波斯旅行者来揭示法国社会黑白颠倒的现状，并且无情地嘲笑了上至国王、下至最低级的糕点师傅的法国宫廷。这本书很快连印四版，广为流传。当他的后一部著作《论法的精神》出版时，他已经赢得了成千上万的读者。男爵孟德斯鸠在《论法的精神》中以英国优秀的政治制度作比，宣扬行政、立法、司法三权分立的政治制度，要求取消法国现行的君主专制。

受巴黎出版商莱布雷顿邀请，狄德罗[③]、达朗贝尔[④]、杜尔哥[⑤]等人将合作编写《百科全书》。当消息宣布的那一刻，法国人的反响相当强烈。等到二十二年后这本令所有人翘首以待的“囊括所有新思想、新科学、新知识”的《百科全书》最终完成时，法国民众的反应已经超出了警察所能控制的范围。

说到这里，笔者需要提醒大家的是，在阅读描述法国大革命的小说，或是观看相关的戏剧电影过程中，常人可能会以为，所谓的

---

① 让·雅克·卢梭（1712—1778），法国启蒙主义时期思想家、文学家。他的《论人类不平等的起源和基础》把原始社会当作黄金时代加以描绘，歌颂人类的自然状态，指出人类不平等起源于私有观念的产生和私有财产的出现。他的《社会契约论》提出，真正的社会契约是社会全体成员在平等条件下的自由选择，其核心是一切人把一切权利转让给一切人。

② 孟德斯鸠（1689—1755），18世纪法国伟大的启蒙思想家、法学家。其著作《论法的精神》奠定了近代西方政治与法律理论发展的基础。

③ 狄德罗（1713—1784），18世纪法国唯物主义哲学家、美学家、文学家，百科全书派代表人物。

④ 达朗贝尔（1717—1783），18世纪法国著名的物理学家、数学家和天文学家。

⑤ 杜尔哥（1721—1781），18世纪法国著名的政治家和经济学家。

大革命只是巴黎贫民窟的一群骚动的民众所为。其实，事实不是这样的。中产阶级少数几个智慧人物才是革命舞台的真正领导者和鼓动者。他们将那些埋没于贫民窟的人民视为革命的生力军和合作者。他们启发人民的革命思想，把人民送上了革命的舞台。

为了便于讲述，我们把法国大革命分成两个不同的阶段。第一阶段，1789 年至 1791 年，革命民众首度引进君主立宪制。但是由于法国国王的愚蠢和缺乏诚意，以及形势发展的难以掌控，这一最初的试验没有成功。

第二阶段，1792 年至 1799 年，法国尝试民主政府制度，出现了法兰西共和国。但是，这次努力又失败了。社会常年的动荡不安，使人们对许多改革缺乏足够的耐心，社会问题又始终悬而未决，于是不可避免地爆发了充满杀戮的法国大革命。

当时法国的国库里已经没有钱了，而且还负有四十亿法郎的庞大债务，国王路易也觉得应该做点什么了，可是政府不可能再增加新的税收了。于是国王路易，这位集聪明的锁匠、能干的猎手和愚蠢无知的政治家于一身的人任命杜尔哥为财政大臣。六十多岁的安纳·罗伯特·雅克·杜尔哥，即罗纳男爵，出身当时正走向没落的贵族阶层，做过外省总督，还是一个优秀的业余政治经济学家。不无遗憾的是，杜尔哥尽管已尽了力，可还是无法挽回败势。最致命的是，杜尔哥自知无法再在悲惨的农民身上榨取更多的税收了，便向此前从未缴纳过赋税的贵族和教士伸手。这项措施立即使杜尔哥成为凡尔赛宫最让人怨恨的人，也使他成为王后玛丽·安东奈特的敌人，因为王后讨厌别人在她面前说“节俭”一词。杜尔哥的结局可想而知，他获得了“不切实际的幻想家”和“理论教授”的绰号，并于 1776 年被迫辞职。

一位讲求实际的“生意人”接替了“理论教授”的职位。这个工作务实的人是瑞士人，名叫内克，他从事谷物投机生意，还是一家国际商行的合伙人。为了给他的女儿谋取高位，他那位雄心勃勃的妻子在他们发家之后便把他推进了政界。果然，他们的女儿后来嫁给了瑞士驻巴黎大使德·斯塔尔男爵，在19世纪早期的文坛风光无限。

就像他的前任杜尔哥那样，内克以很大的热情投入到这份工作中。但是新的财政大臣的日子也不好过。1781年，国王派遣军队去北美大陆，帮助当地殖民者反抗英国的统治，结果这次远征的费用远远超出预支。国王要求内克提供急需资金，但是认真的财政大臣非但没有给钱，反而苦口婆心地劝说国王“节俭”，并且提交了一份国王根本看不明白的法国财政报告。无奈，内克终以“工作无能”被解职。

接替“教授”和“生意人”的是一个乐天派，这个人宣称，只要人们相信他的财政政策，他一定会让所有人得到回报。他便是查理·亚历山大·德·卡龙。这个人唯利是图，一心追求功名利禄，靠着自己的不择手段获得了产业并取得成功。他本来就知道国库亏空，但是为了不得罪权贵们，他想出了一招很老套的办法：借新债还旧债。事实证明，自古以来这套办法带来的后果是灾难性的。在不到三年的时间里，法国政府又增加了八亿法郎的国债。但是，他似乎对此并不担心，总是保持着微笑，并在国王与他美丽的王后的每项要求上签字。要知道，王后从小在维也纳就已经习惯了奢靡的生活[①]。

后来情况变得更加危急，就连一向忠实于国王的巴黎议会也不得不采取措施了。那年法国粮食收成非常不好，农村饥荒和灾难流行，如果政府不采取有力措施，整个法国就要陷入混乱不可治的局面了。可就是在这样的时候，卡龙还想再借八千万法郎的外债。国

---

① 路易十六的王后原是奥地利公主。

王也对这种混乱局面无动于衷，更别提想出好的补救办法了。这时候可能采取的办法就是召开三级会议，听取人民的意见了。可是三级会议自 1614 年取消之后，已经好久没有开过了。在人民的强烈要求之下，最终三级会议还是召开了，但是路易十六显然对会议缺乏诚意，他只不过是敷衍一下罢了。

1787 年，路易十六象征性地召开了一个所谓的知名人士会议，企图以此平息众怒。但是他们并没有做多少实质性的工作，只不过是把全国的贵族老爷们集合起来，讨论在不触犯自身特权的前提下做点什么工作。试想，那些贵族集团怎么可能为了另一阶层人民的利益而甘愿放弃自己的特权？会议的结果是，参加会议的一百二十七位知名人士断然拒绝牺牲自己的利益。街头的民众愤怒了，他们要求国王重新任命内克为财政大臣，但是知名人士会议不同意。于是，街头的民众发动了可怕的暴动，他们砸玻璃，破坏公共设施，场面非常野蛮。随着知名人士被吓得逃走，卡龙也很快被解职，代替他的是能力平平的主教龙梅尼·德·布莱恩。受到人民暴动的威胁，路易十六最后不得不含糊地允诺“尽快”召开三级会议，但此时的国王已经很难平息民众的愤怒了。

法国已经有一百年没有遇到如此寒冷的冬天了。庄稼有的毁于洪灾，有的冻死在地里。在普罗旺斯省，橄榄树都快灭绝了。面对全国一千八百万饥民，私人慈善机构的援助根本于事无补，到处都有哄抢面包的暴乱事件。要是在二十年前，人们或许会相信军队可以镇压暴乱，可是如今，随着新的哲学思想的深入人心，人们发现，枪杆不可能对付饥饿。同样来自人民的士兵怎么可能百分之百效忠国王呢？因此，国王必须采取有力措施控制局势，拯救早已失去的民心，然而路易还是不能下定决心。

环顾外省，“没有代表权，拒不纳税”的呼声越来越高，这一口号二十五年前北美殖民者也曾喊出过。追随新思想的人们相继建立了许多独立的小共和国，法兰西面临着全面瘫痪。也许是为了平息众怒，挽回人民对国王的信心，政府突然取消了旧有的极其严格的出版审查制度。这好比一股墨水狂潮迅速冲毁了整个法国，有两千种各式小册子一下子出版了。人们可以相互批判，不论他们地位的高低。龙梅尼·德·布莱恩受到评论冲击被迫下台，紧急之下内克重任财政大臣，试图平息这场全国性的骚乱。当巴黎股市上涨三成的时候，人民也暂时停止了骚动。值得期待的是，1789 年 5 月将重新召开三级会议，全法兰西最杰出的人物将联合起来帮助政府解决所有难题，帮助人们重建健康幸福的家园。

历史证明，集体智慧不一定能够解决所有的难题，因为在许多关键时刻，它往往会限制个人的能力。内克从未紧紧抓住政府的权力，而是让一切顺其自然。于是，针对如何改造旧王国，又一场激烈的争论爆发了。警察的势力变得微不足道。在职业煽动家的唆使下，巴黎郊区的人民逐渐意识到自己的力量，开始扮演起在此后大动荡岁月里将要隆重扮演的角色——革命的真正领袖。当合法的途径无法达到最终目的时，他们就会动用野蛮和暴力的手段。

为了农民和中产阶级的利益，内克同意他们在三级会议中的代表席位比教士或贵族多一倍。就此，西耶斯神甫曾写了一本著名的小册子——《何为第三等级》。他得出的最终结论是：第三等级——中产阶级的另一称谓，应该代表一切。过去中产阶级什么也不是，现在则希望争取自己应有的权利。这表达了当时大多数人以国家利益为重的愿望。

选举在混乱不堪的状态下开始进行。三百零八名教士、二百八十五名贵族和六百二十一名第三等级的代表打理好自己的行李，浩浩荡荡地前往凡尔赛宫。第三等级额外需要携带的行李是被称为“陈情表”的长卷报告，里面详细记载了人民的种种不满和要求。一切准备就绪，拯救法国的最后一幕即将上演。

1789年5月5日，三级会议如期召开。国王的心情很差。教士和贵族坚决不愿放弃他们的任何一项特权。按照国王的命令，三个等级的代表在不同的房间里开会，各自讨论他们的要求。但是第三等级的代表们不愿接受这一安排。为表示抗议，6月20日，他们在一个网球场——为举行这个集会而匆忙布置整理的会场，庄严宣誓：坚决要求三个等级——教士、贵族和第三等级——在一起开会。国王最终还是同意了这一要求。

三级会议开始讨论法兰西王国的国家体制。国王起初对此很生气，他宣称绝对不改变君权。但之后，国王突然外出打猎去了，把国事的烦恼忘得一干二净。待到打猎回来，他又让步了。这位法兰西国王总是在一个错误的时间用错误的方式做一件正确的事情。当人民争吵着提出要求“A”时，国王除了斥责往往什么也不答应。马上，穷人吵嚷着包围了国王的宫殿，于是他被迫妥协，答应了人民的要求。但这时人民提出的要求已经是“A+B”了。当国王最终迫于无奈在文件上署名，同意他可爱的人民的要求时，人民的要求又变成了“A+B+C”，并威胁说如果国王不答应，他们就会血洗王室。就这样，国王顺着人民要求的字母进阶表，一路走上了断头台。

国王的不幸之处在于，他的行动总是比形势落后一个字母。但是他从未认识到这一点，就算他的头颅被搁在断头台上时，他依然无法理解。国王觉得自己万分委屈，他倾尽自己有限的能力爱护自己可爱的臣民，可他得到的回报却是如此下场。

我们常常说，历史是没有假设的。也许我们可以假设路易十六是个冷酷无情、权欲熏心的人，那么他还不至于落此下场。然而在那个混乱的年代，即便国王拥有拿破仑般强大的力量，他的一生也很可能被他美丽的妻子断送。王后玛丽·安东奈特是奥地利皇后玛丽亚·特雷莎的女儿，她从小在最专制的中世纪宫廷里长大，兼备这种环境下成长的年轻姑娘的所有美德与恶习。

在混乱的局势下，王后决定策划一个反革命方案。突然间，财政大臣内克被解职，皇家军队开往巴黎。这个消息如同一枚炸弹投入民众中间，1789 年 7 月 14 日，疯狂的人民袭击了巴士底狱——这个遭人憎恨的君主专制的象征。在此情况下，很多贵族预感到将要发生的危险，仓皇逃往国外。只有国王还和往常一样，对国事置之不理。巴士底狱被攻陷的那天，他正在打猎，据说那天他因为猎得了几头驯鹿，心情非常好。

8 月 4 日，国民大会开始行使职权。在巴黎人民的强烈要求下，国民大会废除了王室、贵族及教士的所有特权。8 月 27 日，他们颁布了著名的《人权宣言》，这就是法国第一部宪法的那个著名的前言。此时此刻，对国王来说已是大难临头，但是国王在仍有可能控制局面的情况下，未能及时采取措施。民众普遍担心，国王会再次密谋，试图扑灭这次革命暴动。于是，10 月 5 日巴黎爆发了第二次暴动。暴乱一直波及郊外的凡尔赛宫，直到人们将国王带回巴黎的宫殿，暴乱才最终平息。人们希望能随时监视国王，生怕他与维也纳、马德里及欧洲其他王室亲戚们进行秘密联系。

在第三等级领袖米拉波的领导下，国民大会开始整顿混乱局面。米拉波本是贵族，但是还没等把国王从危难中解救出来，他就于 1791 年 4 月 2 日去世了。路易终于开始担心自己的生命安全了，6 月 21 日他密谋出逃。不幸的是，国民自卫军凭着硬币上的头像认出了国王，在瓦莱纳村附近将他截住，并送回巴黎。

1791 年 9 月，法国通过了第一部宪法，国民大会的成员终于完成了自己的历史使命。1791 年 10 月 1 日，立法会议召开，继续国民大会的工作。在这群新的会议代表中，有许多激进的革命党人，其中最激进的是雅各宾派（因他们常在雅各宾修道院举行政治聚会而得名）。这些大多属于职业阶层的年轻人喜欢发表激进的演说，因为报纸的原因，这些演说被传播到柏林、维也纳，普鲁士国王和奥地利皇帝觉得有必要立即采取行动，营救他们法兰西的好兄弟、好姐妹的性命。尽管当时他们正忙于瓜分波兰（波兰由于整个国家的混乱，正成为一块任人宰割的肥肉），但他们还是派了一支军队来法国拯救路易十六。

可以说，整个法国都笼罩在一种恐怖的阴霾之中。民众多年累积的饥饿与痛苦的仇恨达到了顶峰，他们袭击了国王居住的杜伊勒宫。不过，对王室忠心耿耿的瑞士卫队还是竭力保护他们的国王，但正当疯狂的人潮要退去时，性格软弱的路易却下令“停止射击”。结果反而招来了杀身之祸，那些浸淫于鲜血、喧嚣和廉价的烈酒的暴动的民众将瑞士卫兵杀得一个不剩。随后，他们闯入王宫，在国会的议会大厅里抓住了路易，把他当作一名囚犯，关进了坦普尔老城堡。

恐慌继续歇斯底里地在法国蔓延，几乎所有的人都成了野兽一般。1792 年 9 月的第一周，疯狂的民众又冲进监狱，把关在那里的所有囚犯都杀了。可对于这样凶残的杀戮行为，政府竟无力干涉。丹东领导的雅各派意识到，这场危机决定着革命的成败，他们只能采取最野蛮的极端行为。

1792 年 9 月 21 日，新成立的国民公会召开，成员几乎全部来自激进的革命派。路易被正式指控为最高叛国罪，在国民公会前接受审判。结果他罪名成立，并以三百六十一票对三百六十票的表决结果判处他死刑，而那决定路易命运的一票据说是他的表兄奥尔良公爵投的。1793 年 1 月 21 日，路易保持着一贯的从容和傲慢，走上断头台。恐怕他至死都不知道，为什么会有这些流血与骚乱。他不可能知道原因，因为他从来都不屑请教。

革命的暴力持续进行，雅各宾派又将矛头转向国民大会中一个比较温和的派别——吉伦特派，此派因成员大部分来自南部的吉伦特地区而得名。在一个新成立的专门革命法庭上，二十一名为首的吉伦特派人被判处死刑，其余成员被迫自杀。其实，这些都是忠厚善良的人，只是他们过于理性和温和的政治观点，无法为那个恐怖的时代所容。

1793 年 10 月，雅各宾派宣布废除宪法，以丹东和罗伯斯庇尔为首的一个小型公共安全委员会接管了政府的权力。基督信仰与旧的历法也被取消，托马斯·潘恩在美国革命战争期间曾大力宣扬过的“理性时代”终于到来，伴随而来的还有“恐怖统治”。在长达一年多的时间里，“恐怖统治”以平均每天七八十人的速度屠戮着温和的、激进的、中立的人们。

尽管法国民众推翻了国王的专制统治，但是他们却迎来了一个少数人的暴政。这些暴力的人以杀死所有与他们观点相左的人来显示他们的民主狂热和崇拜。整个法兰西变成了一个屠宰场，每个人都生活在极度的恐慌之中。曾经的国民大会的一些成员意识到，如果任由事态这样发展下去，他们将终有一天走上断头台。于是，他们联合起来反抗已经将自己大部分革命同事处死的罗伯斯庇尔。这位“唯一真正的民主派”自杀未遂，被人们草草地包扎好受伤的下颚，拖上了断头台。1794 年 7 月 27 日，雅各宾派恐怖统治结束了，全巴黎的市民都忘情地欢呼起来。

不过，由于法兰西面临的危险局面，政府仍然被控制在少数几个强有力的人物手中，直到革命的诸多敌人被彻底逐出法国领土。此外，衣衫褴褛、食不果腹的革命军队继续在莱茵、意大利、比利时、埃及等地浴血奋战。他们击败了大革命的所有敌人后，五人督政府成立，并统治了法国四年之久，直到大权落到一个名为拿破仑·波拿巴的天才将军手里。1799 年，拿破仑开始担任法国“第一执政”。此后十四年，古老的欧洲大陆变成了一个“政治试验场”。

第五十三章　拿破仑

拿破仑

1769年出生的拿破仑在家中排行老三。他的父亲叫卡洛·玛利亚·波拿巴，是科西嘉岛阿贾克修市一位耿直的公证人员；母亲莱提霞·拉茉莉诺是典型的贤妻良母。其实拿破仑不是法国人，而是一个纯粹的意大利人。因为他的出生地科西嘉岛曾是古希腊、迦太基、罗马在地中海的殖民地，一直以来科西嘉人都在为独立而战。近代科西嘉人先是试图摆脱热那亚人的欺凌，进入18世纪中期，他们又开始抵抗法国人。法国曾帮助科西嘉人反抗热那亚，后来乘机占领了该岛。

拿破仑在人生的前二十年是一位坚定的科西嘉爱国者，他相当于一个科西嘉的新芬党人①，一心希望有朝一日从法国人的魔爪中将他热爱的祖国解救出来。法国大革命让科西嘉人终于如愿以偿。拿破仑在布列讷军事学院接受完训练后，便逐渐改变志向去为法国服务了。拿破仑的法语很差，经常拼错字，也始终没能去掉浓重的意大利口音，但是他却成为一名名副其实的法国人。不但如此，他

① 爱尔兰资产阶级民族主义政党，成立于1905年，主张依靠自己的力量谋求独立。作者在此是用它来比喻拿破仑。

后来还成为法兰西最杰出的典范，甚至于今天，他仍然被视为高卢人的天才象征。

拿破仑一生平步青云，他所有的政治、军事生涯加起来不满二十年。但就在这短短的时间里，他领导的战役、取得的战绩、行军的路程、征服的土地、牺牲的人数、实施的改革，超越了历史上任何一位皇帝，包括亚历山大大帝和成吉思汗。整个欧洲大陆都被他搅得面目全非。

拿破仑个子不高，年少的时候身体条件也不好。他长相一般，站在人群中也不引人注目。他举止笨拙，一直到后来不得不出席某些重要场合时仍然如此。若论教养、出身和财富，他一样也不具备。拿破仑的青年时代是在穷困潦倒中度过的，常常忍饥挨饿，不得不为赚几块额外的硬币而奔波劳苦。在文学方面他同样没有天分。为了获得奖金，他曾经参加过里昂学院举办的作文竞赛，结果在十六名参赛者中列倒数第二名。令人不可思议的是，凭着对自己命运和辉煌前途的空前的自信，他克服了以上种种障碍。他的主要动力来自自己的雄心壮志。他对大写字母“N”有着狂热的崇拜。他把这个字母签在他所有的信件上，镶嵌在他匆忙建起的宫殿里的大小饰物上。他还要让“拿破仑”成为世界上仅次于上帝的名字。他的绝对意志和强烈的欲望，将他带上了前无古人的巅峰。

当年轻的波拿巴还是个领取半额军饷的中尉时，他就非常喜欢希腊历史学家普鲁塔克的《名人传》。不过，他并没有学习那些古代英雄的崇高品德的愿望。他似乎也没有人类区别于兽类的丰富的情感。我们很难推断他一生中是否还爱过除自己以外的任何人。他对母亲非常敬重，不过莱提霞本来就是一个令人尊敬的高贵女性，而且她还像所有意大利母亲一样，懂得如何与自己的孩子相处。有几年，拿破仑真的爱上了他美丽的妻子约瑟芬。约瑟芬是马提尼克岛的一名法国官员的女儿，德·波阿奈子爵的遗孀。但由于约瑟芬不能为他生儿子，拿破仑就无情地和她离婚，另娶了奥地利的公主。

拿破仑成名于围攻土伦的战役。拿破仑认真研究过马基雅维利的作品，并且忠实地遵循了这位佛罗伦萨政治家的建议：如果遵守承诺对他没有好处，就应该毫不犹豫地食言。他从未对别人感恩，当然，他也不指望别人对他感恩。可以说，他对人类完全没有怜悯之心。在 1798 年埃及战役中，他本来答应不把俘虏们杀掉，但后来又残忍地将他们全部枪决。在叙利亚，由于无法将伤员带上船只，他就平静地把他们丢下等死。他曾命令一个颠倒黑白的军事法庭判处安让公爵死刑，并在无法可依的情况下将他处决，只因为“必须给波旁王朝一个警告”。他还下令枪决那些为保卫祖国而战的德国军官俘虏。当提洛尔英雄安德里亚斯·霍夫经过英勇抵抗，最终落入法军之手时，拿破仑将他当成一名普通的叛徒处决了。

总之，通过研究拿破仑的性格我们渐渐明白，为何英国的母亲在催孩子上床睡觉时会说：“如果你不乖，波拿巴就会把你捉去当早餐。”对于这位桀骜不驯的暴君的流言蜚语似乎从来没有停止过。比如他严格监管军队的所有部门，却唯独不管医疗服务；比如因为不能忍受士兵们的汗臭，他会不停地在身上喷洒科隆香水，甚至将制服毁掉等。类似的言论还有很多，但我们不得不怀疑它们的真实性。

我把思绪重新拉回到现实生活中，我正安逸地坐在一张堆满书籍的书桌旁。我的眼睛一边盯着打字机，聚精会神地写着拿破仑这个可敬可恨的人物，一边又看看我的猫利克里斯——它撕扯着复印纸。但假如这时我恰巧朝窗外的第七大道望去，假如大街上来来往往的卡车、汽车突然停住，随着一阵沉沉的鼓声，看到拿破仑这个小个子穿着破旧的绿军装，骑着白马走在大街上，那么天知道会发生什么！我想我很有可能会不顾一切地抛下我的书、我的猫、我的公寓以及我所有的一切，去追随他，跟他到任何地方。我的祖父曾经这样做了，天知道他生来就不是个英雄。成百万人的祖父也这样做了。他们没有得到回报，也不希望得到什么。他们只是心甘情愿地追随这个科西嘉小个子，为他冲锋陷阵，奋不顾身地献出自己的胳膊和腿，甚至生命。他将他们带到数千英里以外远离家乡的地方，让他们冲进俄国人、英国人、西班牙人、意大利人、奥地利人的枪林弹雨里。而当他们在死亡的痛苦中挣扎时，他的双眼却平静地凝视着天空。

假如你要问我原因，我确实不能给出合理的解释，只能凭着自己的直觉来推断。拿破仑是最伟大的演员，他的舞台是整个欧洲大陆。不管在何时何地，他总能精确地做出最能打动观众的动作，说出最能让人激动的话。无论是在埃及沙漠中的狮身人面像和金字塔前说话，还是在露水浸润着的意大利草原上对冻得发抖的士兵们演讲，他的姿态、言辞都一样极富感染力。无论什么时候，他都牢牢控制着局势。甚至最后当他成为大西洋中央一个岩石荒岛上的垂死的病人，任凭平庸的英国总督摆布时，他依然是舞台中心最光芒四射的明星。

滑铁卢战役之后，这位伟大的皇帝就几乎销声匿迹了。欧洲人知道他被关押在圣赫勒拿岛上，一支英国警卫队夜以继日地看守着他。他们还知道另有一支英国舰队在看守负责监视皇帝的警卫。无论是朋友还是敌人，他们都无法忘记他。虽然疾病与绝望最终夺去了他的生命，然而世人依然清晰地记得他注视世界时那平静的眼神。即便到了今天，他在法国人的心目中，依然如同一百年前那样，强大而不可一世。那时，人们只要一看到这个面色灰黄的小个子，就会昏厥倒地。就是他，在庄严的俄国克里姆林宫喂他的战马，对待教皇和世上一切杰出人物就像对待奴仆一般傲慢无礼。

如果我们只是简单叙述拿破仑的一生，至少也需要写上数卷书。如果我们想讲清楚他在法国的伟大政治改革，他颁布的后来为大多数欧洲国家所采用的新法典，以及他在公众场合的各种活动，大概也要几千页的笔墨。但是，我尽量用几句话来解释，为什么他事业的前半部分如此成功而最后几年却又那么失败。1789年到1804年，拿破仑是法国革命的伟大领袖。当时他并不仅仅是为了自己的荣誉而战。他能够摆平奥地利、意大利、英国、俄国的军队，原因在于他和他的士兵们都是"自由、平等、博爱"的新信仰的信徒，人民的朋友。

可是，当1804年拿破仑加冕为皇帝后，他的欲望开始空前膨胀。法兰克人的查理曼大帝在公元800年请列奥三世为他加冕，做了日耳曼皇帝的画面，总是不断地诱惑着拿破仑的神经。

登上王位后，原来的革命领袖就成了哈布斯堡君主的失败翻版。拿破仑忘记了他的精神之母——雅各宾政治俱乐部。他不再是被压迫者的保护神，反而成为一切压迫者的首领。他的行刑队时刻准备枪杀那些胆敢违抗皇帝意志的人。当神圣罗马帝国凄凉的遗骸于1806年被扫进历史的垃圾堆，当古罗马荣耀的最后残余被一个意大利农民的孙子彻底摧毁，没有人落一滴同情之泪。可当拿破仑的军队入侵西班牙，逼迫西班牙人民承认一个他们厌恶的国王，并屠杀仍然效忠于旧主的马德里市民时，公众舆论就开始反对这个赢得了马伦戈、奥斯忒里兹及其他上百场战役的英雄了。那时，曾经的革命英雄突然变成了旧制度所有丑陋的化身，由英国人引导的迅速高涨的仇恨情绪，让所有善良淳朴的人民一下子变成了法兰西新皇帝的敌人。

英国人看到报纸上描述的法国大革命的恐怖细节，就对革命人物深恶痛绝。一百年前，查理一世在位的时候，他们也进行了自己的革命。可与充斥着无数的血腥和暴力的法国革命相比，英国的革命可谓是一件非常轻松简单的事情。普通的英国百姓认为，雅各宾派分子就是魔鬼，人们就应该消灭他们，而拿破仑则是群魔之首。从1798年开始，英国舰队就封锁了法国港口，从而破坏了拿破仑取道埃及征战印度的计划。他在尼罗河畔获胜后，被迫进行了大撤退。而1805年，精明的英国人终于迎来了战胜拿破仑的良机。

拿破仑的舰队在西班牙西南海岸的特拉法尔加角附近受到了尼尔森将军的重创，从此他的舰队失去了海战能力，他的军队只能被困在陆地。在此情况下，倘若这位高傲的皇帝能正确分析形势，接受列强提出的和平方案，他仍然可以体面地坐稳欧洲大陆霸主的位子。可这位爱面子的霸主眼里根本没有对手，不屑和其他人相提并论。他更愿意用武力来为自己赢得尊严。于是，他把战火瞄向了俄罗斯。他觊觎那片神秘国度里广阔的平原和数不尽的可以做炮灰的士兵。

或许只要叶卡捷琳娜女皇半疯癫的儿子保罗一世还在统治着俄罗斯，拿破仑就有办法对付俄国。可是偏偏保罗的疯癫越来越不像样，以至于愤怒的臣民不得不将他处死，免得他把正常人都流放到西伯利亚去挖铅矿。亚历山大继任了王位，他并不像他的傻子父亲那样对拿破仑充满善意，而是将他视为全人类的敌人与破坏和平的魔鬼。亚历山大非常虔诚地相信他是上帝派来解放人类的使者，他要把世界从这个科西嘉人的魔爪中拯救出来。于是，他加入了普鲁士、英格兰、奥地利的同盟，结果却惨遭溃败。他连续挑战了五次，五次都以惨败告终。1812年，他再次挑战拿破仑，这次却把这位法国皇帝气得发狂，发誓要扫平莫斯科。于是，伤了自尊的拿破仑从西班牙、德国、荷兰、意大利、葡萄牙等地招来了一支支军队，发誓要为自己曾经受到的羞辱复仇。

接下来的故事就广为人知了。拿破仑的军队于两个月后终于抵达俄国首都，他们在神圣的克里姆林宫设立了自己的司令部。

1812年9月15日深夜，莫斯科突然起火，大火烧了整整四天。[①]第五天傍晚，拿破仑只得下令撤军。不料，两星期后俄国开始降雪，路面泥泞不堪，拿破仑的军队只好艰难跋涉。11月26日，他们抵达别列津纳河，不过等待法国军队的是俄军的突然攻击。哥萨克[②]士兵蜂拥而上，包围了队列尚未整齐的“皇帝军队”。曾经不可战胜的拿破仑军队大败，直到12月中旬，才有第一个法国士兵逃亡到德国东部城市。

到处都是即将发生叛乱的谣言。“是时候了，”欧洲人说，“我们可以摆脱这个难以忍受的枷锁了！”他们开始找出精心收藏的滑膛枪——它们有幸避过了几乎无所不在的法国间谍的眼睛。不过没等人们搞清楚怎么回事，拿破仑已经带着一支生力军回来了。原来皇帝丢下溃败的军队，乘坐轻便的小雪橇，秘密逃回了巴黎。为了保卫法兰西的神圣领土不受外国人的侵略，这位伟大的法兰西皇帝最后一次征召军队。

一批十六七岁的青年军跟随他东征，企图击退反法联军。1813年10月16日，莱比锡战役打响了。战争持续了整整三天，身穿绿军服和蓝军服的西方军团殊死搏斗，鲜血染红了埃斯特河。大批的俄国援军突破了法军防线，拿破仑丢下部队逃跑了。

他逃回巴黎，宣布让位于自己的幼子。但反法联军坚持由已故的路易十六之弟路易十八继任法国王位。目瞪口呆的波旁王子在哥萨克士兵和普鲁士荷枪骑兵的簇拥下，胜利地占领了巴黎。

至于昔日英雄拿破仑，他成了地中海厄尔巴岛上的“统治

---

① 俄军总司令库图佐夫先弃城而走，后实行“焦土”政策火烧莫斯科。

② 哥萨克是俄国历史上形成的一个特殊社会阶层。他们原先是从封建压迫下的俄国内地逃亡到边远地区定居的农奴和市民。这些人在顿河草原上独立谋生，逐步建立起具有自治性质的哥萨克组织。哥萨克人素以酷爱自由和粗犷勇武著称。作为一支军事力量，哥萨克在沙俄时期参加了几乎所有军事行动，立下了汗马功劳。

者”[①]。在那里，他将自己的马童组织成一支微型军队，并在棋盘上演练战术。

但拿破仑的离开，让法国人立刻就意识到他们失去了什么。过去的二十年，尽管法国付出了惨痛的代价，可那毕竟是法兰西历史上最辉煌的时期。那时候，巴黎是最繁荣的世界之都。肥胖的波旁国王路易十八在流放期间毫无长进，他的懒散很快就使巴黎人讨厌。

1815 年 3 月 1 日，正当反法联盟的代表们准备整理被大革命搞乱的欧洲版图时，拿破仑突然在戛纳附近登陆了[②]。不到一个星期的时间，法国军队就抛弃了波旁王室，争先恐后地前往南方去向这位“小个子皇帝”表示效忠。拿破仑军队长驱直入，在 3 月 20 日那天抵达巴黎。这次，他谨慎地提出了求和的呼吁，可盟军却坚持要开战。整个欧洲都起来反对这个“背信弃义的科西嘉人”。法国皇帝不得不迅速北上，试图在敌人整合好队伍之前把他们打败。但拿破仑已经不像当年那般精力充沛，他常常生病，容易疲劳。在本应指挥先头部队发动袭击时，他却躺下睡觉了。此外，由于许多忠诚的老将军都去世了，这也在很大程度上削弱了军队的战斗力。

6 月初，拿破仑的军队开进比利时。16 日，他又击败了布吕歇率领的普鲁士军队。不过他的一名将军没有遵照命令将撤退的普鲁士部队全部消灭，此举为后来的溃败埋下了隐患。

两天后的 6 月 18 日，星期天，拿破仑在滑铁卢与英国的惠灵顿将军相遇。下午两点，法军似乎胜利在望。三点，东方的地平线上飘浮起一阵扬尘。拿破仑以为那是自己的骑兵队，此时他们几乎已经打败了英国军队。到了四点，他才弄清了真正的形势，原来是那支没有被法军歼灭的普鲁士军队又杀回来了。拿破仑对此始料

---

① 指拿破仑被反法联军放逐到厄尔巴岛一事。

② 1815 年 2 月 26 日，拿破仑乘英国看守不在，偷偷乘船离开了厄尔巴岛，随后率领军队重返巴黎。路易十八仓皇逃跑，他又登上了帝位。

不及，但是他们已经没有增援部队了。为了尽可能保住自己的性命，他撇下部队逃跑了。

他宣布再次让位于自己的幼子。从厄尔巴岛逃离之后一百天，他又一次面临逃亡，但这次他准备去美国。1803 年拿破仑将法属殖民地路易斯安那卖给了年轻的美利坚合众国。他说："美国人会感激我，他们会给我一小块土地、一座房子，让我在那里平静地了却余生。"可是英国舰队将所有的法国港口牢牢地看管起来，拿破仑进退两难。普鲁士人想要枪毙他，英国人则相对仁慈。拿破仑在罗什福尔焦急地等待着命运的审判。滑铁卢战役结束后一个月，法国新政府命令，限拿破仑二十四小时内离开法国。这位迟暮的英雄只好给英国摄政王（国王乔治三世当时被关进了疯人院）写信，告诉摄政王，他准备"像德米斯托克勒斯一样，投靠自己的敌人，希望在对手的壁炉旁找到一块受欢迎的温暖之地……"

7 月 15 日，拿破仑登上英国战舰"贝勒洛丰"号，将自己的佩剑交给了霍特汉姆将军。在普利茅斯港，他被转送到"诺森伯兰"号上，开往他最后的流放地——圣赫勒拿岛。在那里，拿破仑安静地度过了生命的最后六个年头。

他试图写自己的回忆录，整日沉浸在过去的光荣岁月中。在他的回想中，他似乎又回到了人生的起点。他重温了自己为革命而战的岁月。他竭力证明自己一直是"自由、平等、博爱"这些伟大原则的真正拥护者。他乐于讲述自己做总司令、做第一执政时的生活，但很少提及帝国。有时他会思念自己的儿子赖西施塔特公爵，那只小雏鹰正住在维也纳，被他哈布斯堡的表兄们当成"穷亲戚"一样来看待。想当年这些没用的表兄的父亲，一听到拿破仑的名字，就会吓得浑身发抖。拿破仑临终之际，好像正率领军队在征战。他在下令让内伊[①]率领卫队出击后就停止了呼吸。

亲爱的朋友，如果你想为拿破仑的传奇人生解释谜团，如果你希望了解拿破仑是如何单凭个人意志如此深刻地统治人民的，那么我告诉你，读那些关于他的传记是没用的。那些书的作者往往带有个人偏见，他们不是对他充满敌意，就是对他无比热爱。也许这些书会让你了解到很多史实，但比起那些，你更需要体会“历史感”。我郑重地提醒各位，在聆听那首著名的《两个掷弹兵》的歌曲前，千万别去读那些书籍。这首歌的歌词是由伟大的德国诗人海涅写的，曲子是由德国大作曲家舒曼创作的，他们两人共同经历了拿破仑时代。每当拿破仑去维也纳拜访他的岳父奥地利皇帝时，舒曼都能目睹这位伟大皇帝的风采。因此，这首歌是反映两位艺术家对这位暴君所创造的时代的深刻理解的历史之作。

要想体会到也许读一千本历史书也无法获得的历史感，读者不妨去听听这首歌吧。

---

① 拿破仑手下最著名的将领。

第五十四章　神圣同盟

拿破仑的后半辈子一直被囚禁在圣赫勒拿岛，欧洲各国的统治者为防止这个可怕的科西嘉人再次扰乱他们的美梦，全体聚集到维也纳，共同商议如何把法国大革命的不良影响降到最低

来自欧洲各国的皇帝、国王、公爵、首相，以及诸大使、总督、主教和他们的一大帮秘书、仆从，风尘仆仆地奔赴维也纳会议。那个可怕的科西嘉人曾经突然杀回来扰乱了他们的工作，现在大家已经齐心协力把他赶到圣赫勒拿岛上去了，一切又恢复了正常。他们开始举行各种宴会、酒会和舞会来表示庆祝。有些人在舞会上忘情地跳起了华尔兹，这让那些怀念小步舞时代的女士、先生颇感不满。

在将近二十年中，他们不得不隐居起来。如今，灾难已成为往事。回首过去的艰难岁月，他们思绪万千。这群人把可恶的雅各宾派恨得咬牙切齿，他们非常野蛮地毁坏了原有的一切旧制度。不但胆大包天地处死"神授"的国王，还废除了假发，用巴黎贫民窟破烂不堪的长裤取代凡尔赛宫精致的短筒裤。

读到这里，也许读者会觉得可笑，我竟然把这些琐碎的小事拿出来讲。但是事实上，维也纳会议就是由这样一串串荒谬的故事构

成的。代表们就“短裤与长裤”这种无关紧要的问题争论几个月，却对像萨克森的未来命运和西班牙问题的解决方案这种关键问题毫无兴趣。更可笑的是，为向代表们显示对一切革命事物的极度蔑视，普鲁士国王陛下甚至专门订制了一条短筒裤。

另一位德国君主对革命的仇恨似乎更加强烈。他提议，凡是向拿破仑缴纳过税款的人，必须重新向他们合法的国王再缴纳一次。理由是，当科西嘉的恶魔残酷地统治着人们的时候，他们的国王正从遥远的地方爱着他们。

像这样荒谬的论调在维也纳会议上屡见不鲜，后来人们实在是受不了了，大声疾呼：“上帝啊，为什么人民不再反抗？”是啊，为什么呢？因为人民已经没有反抗的力气了，连年的战争早已让他们对统治者深感绝望了。只要能过安定的日子，他们才不在乎发生了什么，或者由谁来统治他们呢。

18 世纪 80 年代，当自由、平等、博爱的精神开始传播的时候，天真的人们都以为一个光荣而文明的时代即将降临，欧洲的王公们真诚地拥抱他们的厨师，公爵夫人和奴仆们跳起了卡马曼纽拉舞。贵族家的客厅里住着革命军官，以及那些脏兮兮的革命士兵。等到革命委员返回巴黎时，这些革命者便顺手牵羊拿走了主人们家传的餐具，并虚伪地向政府报告，邻国“被解放土地”的人民非常热情地欢迎法国自由宪法。

后来，他们听说一个名叫“波拿巴”或“邦拿巴”的军官镇压了暴乱的人民，平定了巴黎的最后一次革命动荡。他们不禁如释重负，也许牺牲一点“自由、平等、博爱”的原则也有好处。不过没多久，那位军官成了法兰西共和国三位执政之一，之后又成了唯一的执政，直至最后变成了法兰西皇帝。

这位皇帝比以前的任何统治者都要残暴，他无情地压迫着他那久经灾难的人民。他把青年男子强征入伍，把年轻的女孩嫁给他们的将领。他还夺走了人们的油画、雕塑作为自己的私人收藏。他把整个欧洲搅得天翻地覆，把整整一代青年人都送上了战场。

如今，这个恶魔终于永远消失在欧洲大陆上。除了少数职业军人，人们只希望永远不要再打仗。渐渐地，他们开始尝试自治，选举市长、市议员、法官，可这些努力最终都以惨痛的失败而告终。绝望中，人们重新转向了旧有的统治者。人们哀怨地说："请你们来统治我们吧。告诉我们你们想要多少税款，我们全部答应你们。但是只有一个条件，不要再打仗。我们旧有的伤疤已经经不起新的创伤了。"

维也纳会议的代表们不负众望，他们也像普通民众一样强烈地渴望和平、安宁的环境。会议取得了重要成果，缔结了神圣同盟。警察成为保护国家利益的重要角色。谁要敢对国家政策提出批评，谁就会遭受最严厉的惩罚。

欧洲迎来了和平，却一片死气沉沉。

参加维也纳会议的人中有三位巨头。他们是俄国的亚历山大沙皇、代表奥地利哈布斯堡家族的梅特涅[①]首相、原法国奥顿主教塔列朗[②]。聪明机灵的塔列朗虽然历经了法国社会的各种动荡，但依然幸运地存活了下来。他来到维也纳的目的是，尽一切可能挽救拿破仑离开之后瘫痪的法国。塔列朗毫不在乎别人对他的羞辱，自告奋勇地来参加会议，就像一个受邀请的贵宾在陪客人们轻松说笑。没过多久，塔列朗成为会议的首席人物之一。他凭着为宾客助兴的妙趣横生的故事、迷人的举止和魅力，赢得了众人的好感。

到达奥地利首都不到一天，塔列朗就非常透彻地看清了形势，

---

① 梅特涅（1773—1859），奥地利首相、外交家。他奉行"大国均势"的外交策略，积极维护欧洲旧有的封建专制统治秩序，并积极扩大奥地利的影响。

② 塔列朗（1754—1838），法国资产阶级革命时期著名的外交家，曾多次担任法国的外交部长等职。

盟国已分裂成两个敌对阵营。一方是想吞并波兰的俄国和妄图占领萨克森的普鲁士；另一方则是想阻止吞并行为的奥地利与英国，因为无论是普鲁士还是俄国，一旦谁成为主宰欧洲的霸主，都会不利于英奥两国。塔列朗凭借高超的外交技巧，让双方彼此明争暗斗。正因为他的不懈努力，才让曾使整个欧洲遭受整整十年动荡的法兰西帝国免遭报复。他争辩道，一切责任都在那个科西嘉魔鬼身上，法国人民其实只是奉命行事而已。如今，非法的篡位者被赶走了，合法的国王重新登上了王位，塔列朗请求道："给他一个机会吧！"同盟国很欣慰地看到法兰西改过自新的面目，于是非常大度地原谅了它曾经犯过的过错。而波旁王子虽然暂时登上了王位，但实际上却是被愚蠢地利用了，十五年后他再次被赶出法国。

奥地利首相梅特涅是维也纳三巨头中的第二人，他的身份是哈布斯堡外交政策的领袖。梅特涅名叫文泽尔·洛特哈尔，是奥地利的梅特涅－温尼堡亲王。他血统高贵，是个风度翩翩的绅士，不但家族实力雄厚，而且才华横溢。由于他的贵族出身，他与那些挥汗劳作的平民百姓相距十分遥远。梅特涅年轻的时候法国大革命爆发，那时他正在斯特拉斯堡大学就读，斯特拉斯堡是《马赛曲》的诞生地，曾是雅各宾派的活动中心。梅特涅清楚地记得，革命粗暴地打断了他青年时代愉快的社交生活。暴乱的人们到处疯狂地破坏和毁灭人类的财产甚至夺去无辜的生命，他们以这种极端残忍的方式来迎接新自由的诞生。但是梅特涅只看到了事物的表面现象，他没有看到真正重要的东西——大众的真挚热情，以及人们充满期待的眼神。他没看到人们将面包和水塞给衣衫褴褛的国民自卫军，目送他们穿越城市，奔赴前线，去为祖国法兰西光荣献身。

大革命的野蛮行为让这位年轻的外交家深感厌恶。他认为，真正的战斗应该是身着漂亮的制服，骑着装配精良的战马，冲过碧绿的原野去勇敢地拼杀。而那所谓的革命只是把整个国家变成肮脏的军营，把没用的流浪汉一夜之间提拔为将军的邪恶行为。在奥地利众多公爵轮流举行的小型宴会上，每当遇到法国外交官时他就会说："你们想要自由、平等、博爱，结果却得到了拿破仑。如果你们能维持现行的制度，那就不会发生那样的事。"他大肆宣扬革命前安定美好的旧时代，那时的人们生活幸福，没有所谓的"人人生而平等"的烦恼。他对他的"维持稳定"理论非常虔诚，况且他善于说服别人，因而他是革命精神最顽固的敌人。梅特涅一直活到1859年，他目睹了自己的政策在1848年的欧洲革命中被彻底否定。然后，他发现自己像当年的拿破仑一样成了全欧洲最令人厌恶的人，好几次他都险些被愤怒的公众以私刑处死。可这个顽固的老头，至死都坚信自己是正确的。

他深信，人民喜欢和平要甚于自由。于是，他竭尽所能赐予人民和平。公正地说，他的和平政策在实施的前四十年里，还是相当成功的，列强们几乎没有发生战争。直到1854年，俄国与英国、法国、意大利、土耳其争夺克里米亚的战争爆发，和平局面才被打破。延续四十年的和平时期在欧洲大陆历史上是创纪录的。

那位跳着华尔兹的人，就是会议的第三位英雄亚历山大皇帝。他在他的祖母——著名的叶卡捷琳娜女皇的宫中长大。他曾被那位精明的老太太教导，要将俄罗斯的荣耀视为一生中最重要的事情。而他的瑞士籍私人教师，却是一位伏尔泰、卢梭的崇拜者。因此，亚历山大长大后身上奇怪地混杂着两种特质：以自我为中心的暴君和容易冲动的革命者。在疯癫的父亲保罗一世活着的时候，亚历山大忍辱负重生活了多年。他目睹了大批的俄罗斯人惨死在拿破仑的战场上。后来形势发生了倒转，他的军队打败了像神话般不可战胜的法国皇家军队。俄罗斯由此成为欧洲的救世主，这个强悍的民族的沙皇被欧洲人奉为神明，他被寄予很大希望。

但亚历山大不是一个精明的人，不像塔列朗、梅特涅那样老谋深算，也不擅长奇特的外交游戏。他虚荣心极强，喜欢大肆张扬。其实，在那样的情形下，谁能不变得轻飘飘呢？于是，他很快成了维也纳会议的主要“装饰品”，而梅特涅、塔列朗以及精明能干的英国代表卡斯尔雷[①]则静静地围在桌边，一边喝着托考伊白葡萄酒，一边商量实际的事务。也许他们需要拉拢俄国，因此表面上对亚历山大表现得很尊敬。不过他们可不高兴亚历山大参与会议的实质工作，为了满足亚历山大的虚荣心，他们甚至对他的“神圣同盟”计划大加赞赏，以便他全心投入，而他们则可以好好处理手头的工作。

亚历山大性格豪爽，喜欢社交，经常参加各种聚会，接受各色人物的赞美。不过在他看似轻松愉快的背后，其实有着不为人知的隐痛。一件可怕的往事一直折磨着他敏感的神经：1801 年 3 月 23 日晚上，他焦急不安地坐在圣彼得堡圣麦克尔宫的一间屋子里，等着父亲退位的消息。他的父亲保罗拒绝在退位的文件上签字。那些醉醺醺的官员盛怒之下，用围巾缠住他的脖子，勒死了沙皇。然后他们下楼告知亚历山大，他已经是俄罗斯所有领土的皇帝了。

这个恐怖夜晚的记忆一直纠缠在亚历山大的脑海里，让他难以自拔。他曾经接受过法国哲学思想的熏陶。但是这些思想不相信上帝，只相信人类的理性。当理性不能解救沙皇的困境时，他开始感觉到他的周围出现了一些奇怪的景象和声音。为了使自己的内心平静下来，他变得异常虔诚，并对神秘主义发生了兴趣。神秘主义就是对神奇而未知世界的奇特热爱，它就像底比斯、巴比伦的神庙一样古老。

经历了大革命的强烈震撼，人们以一种奇怪的方式改变自己的

---

① 卡斯尔雷（1769—1822），曾任英国的外交大臣，在维也纳会议中支持梅特涅的政策。

行为和观念。二十年的恐怖和焦虑吓得人们都变得有些不太正常了。门铃一响，他们就会心惊胆战。他们害怕被告知他们唯一的儿子"光荣战死"了。而过去革命者所宣扬的"兄弟之爱""自由、平等"等观念在现在看来竟是如此可笑、空洞。如今他们最大的愿望是从一切不切实际的幻想中解脱出来，重拾生活的勇气。于是，在人们的极度痛苦与悲伤中，一帮骗子乘虚而入。他们伪装成先知，四处传播他们从《启示录》里挖掘出来的奇怪教义。

亚历山大已多次求救于巫师。1814 年，他又听说新出现了一位女先知。据说她预言世界末日即将来临，劝人们趁早悔悟。这个女巫师就是冯·克鲁德娜男爵夫人。这个俄国女人曾是保罗时代一名俄国外交官的妻子，不知道确切的年龄，而且她的名声也不大好。据说她把丈夫的钱都花光了，还在外面搞出种种奇特的风流韵事让她丈夫丢尽了颜面。因为她的生活异常放浪，曾导致精神崩溃。在目睹了一位朋友的猝死之后，她突然醒悟，从此对世俗生活不再留恋，并向一位鞋匠忏悔了从前的罪恶。这位鞋匠是个虔诚的摩拉维亚修士，是 1415 年被康斯坦斯宗教会议判处火刑的老宗教改革家约翰·胡斯的信徒。

变身巫师后的克鲁德娜十年来一直待在德国，全心全意劝说王公贵族们"皈依"宗教。而她一生最大的目标，却是感化欧洲的救世主亚历山大皇帝，让他改变自己过去错误的生活方式。饱受心灵创伤的亚历山大此时正是内心最脆弱的时候，他很乐意聆听女巫师的神秘预言。1815 年 6 月 4 日黄昏，男爵夫人被带进宫觐见沙皇，此时他正在阅读《圣经》。谁也不知道女巫师对亚历山大说了什么话，可当三小时后巫师离开皇宫时，亚历山大泪流满面地说他的灵魂终于得到了安慰。从此以后，男爵夫人就一直忠诚地陪伴沙皇，给他的灵魂带去慰藉。她跟随沙皇去巴黎，又到维也纳。沙皇没有社交活动的时候，就去男爵夫人那里祷告。

也许读者要问，为什么我要费尽心机讲述这个故事？为什么不去讲发生在19世纪的历史事件却要讲一个疯疯癫癫的女人？这个女人有那么重要吗？但事实是我不得不讲她，尽管这个世界上记载历史事件的史书有很多，但我所要讲的并不只是一连串历史事实，我更希望读者朋友们能发掘历史背后所不为人知的东西，而不仅仅是掌握"何时何地发生了什么"这样简单的陈述。只有努力寻找隐藏在每个行为后面的动机，你才能更好地了解世界，也将有更多的机会帮助别人。

请不要把神圣同盟简单地看成是1815年签署的一张纸。它如今虽然早已远去，被人遗忘在国家博物馆中，但它绝没有消除自己的影响力，神圣同盟直接导致了门罗主义[①]的产生，而美国的门罗主义与普通美国人的生活有着极其重要的联系。所以，我希望你能确切了解这一文件产生的过程，以及在这看似献身于基督教责任的虔诚宣言背后的真实动机。

神圣同盟其实是两个有着不幸遭遇的男女的共同作品。男的有着难以回首的往事，希望得到灵魂的安宁；女的在放荡与堕落中度过了半生，在丧失了美丽和尊严之后，只能靠神秘主义的先知来满足对虚名的追求。我说这些不是想揭露什么秘密。卡斯尔雷、梅特涅、塔列朗这些清醒的人，自然知道这位神秘兮兮的男爵夫人的真实动机。如果梅特涅愿意，他可以轻而易举地把巫师请回德国。只要他一张便条，帝国的警察局长就能为他解决麻烦。

法国、英国和奥地利人十分清楚，他们需要俄罗斯的配合，他们不想和亚历山大过不去，于是便对这个虚伪的老女人睁一只眼闭

---

① 1823年12月2日美国第五任总统J. 门罗在国情咨文中提出的美国对外政策的原则，是美国对外扩张政策的重要标志。当时欧洲神圣同盟企图干涉拉丁美洲的独立运动，于是门罗总统提出：美国将不干涉欧洲列强的内部事务，而欧洲列强不得再在南、北美洲开拓殖民地，不然将被看作是与美国为敌。详见本书第五十六章。

一只眼。其实在他们看来，神圣同盟只是沙皇的自欺欺人罢了，它的价值如同一张废纸。为了敷衍愚蠢的亚历山大，当他虔诚地向他们宣读以《圣经》为基础而创作的《人类皆兄弟》的初稿时，他们假装认真地倾听。神圣同盟的创建宗旨是实现全人类的平等和博爱。签字国庄严宣誓，他们“在管理各自国家的事务时，在处理与其他政府的外交关系时，应该以神圣宗教的训诫，即基督的公正、仁爱、和平为唯一指引。这些训诫不仅适用于私人事务，还应对各国的议会产生直接影响，应该体现在政府行为的各个环节之中，这是巩固人类制度、改进人类缺陷的唯一途径”。然后，他们彼此承诺，要以“一种真正牢不可破的兄弟关系”永远团结，“彼此以同胞之情相待，在任何情况、任何地点相互帮助”，等等。

第一个在神圣同盟上签字的是奥地利皇帝，虽然他一个字也没看懂。接着，法国的新国王也签字了，时局迫使他必须拉拢这个拿破仑的旧敌。普鲁士国王也签了，因为他希望以此获得亚历山大对他的“大普鲁士”的支持。那些害怕俄国沙皇的欧洲小国也都签了字。英国没有签字，因为卡斯尔雷认为神圣同盟空话连篇。教皇也不买账，他觉得这对男女，一个希腊东正教徒和一个新教徒揽走了他的工作。苏丹没签，因为他们压根儿不知道这回事。

欧洲老百姓随后终于领教神圣同盟的威力了。因为神圣同盟虽然只是一大堆废话，但是梅特涅组建的五国联军可不是闹着玩的。他们的存在无疑是在坚定地宣布，欧洲和平绝不容许所谓的自由派前来破坏。人们痛恨自由派，因为他们被看成是伪装的革命派。人们对 1812 年至 1815 年的伟大解放战争的热情逐渐减退，对和平和安宁的时代的企盼却在增强。那些曾在战争中冲锋陷阵的士兵也开始祈求和平，和平成为那个时代的主题。

但是，人民很快发现自己被出卖了，因为他们期望的和平并不是神圣同盟和列强会议所给予的那种和平。可他们不得不保持沉默，秘密警察随时随地都能监听到人们说话。反革命取得的伟大成功让欧洲的统治者们真诚地相信，只有这样才真正对人民有好处。可是，不良的动机总能导致不良的结局，无论结果如何，人民同样觉得不愉快。事实上，神圣同盟也使欧洲社会付出了许多代价，包括严重阻碍了正常的政治发展。

第五十五章　大反动

他们的和平是通过约束人们的新思想来实现的，他们提高秘密警察的政治地位来进行恐怖统治。过不多久，各国监狱里坐满了争取民主权利的人

拿破仑的革命洪流所造成的损失已经无以挽回。古老的城墙和宫殿都遭到了毁灭性的破坏。革命洗礼之后，许多千奇百怪的革命教条残留了下来。这些教条已经深深扎入社会的根基，而要消除它们的影响似乎不是那么容易。但维也纳会议的政治工程师却有着高超的技术，仍然取得了可观的成就。

几个世纪以来对世界和平的破坏，让人们对法国几乎本能地保持警惕。尽管波旁王朝借塔列朗之口，保证从此好好治理国家，但“百日政变”为欧洲敲响了警钟，要是拿破仑再次逃脱会出现怎样可怕的后果？因此，荷兰共和国改为王国，比利时成了尼德兰新王国的一部分。尽管信奉新教的北方和信奉天主教的南方，都不愿意看到这种联合，但他们似乎也没有反对的理由。因为这有利于欧洲和平，而和平才是最重要的。

波兰曾天真地以为自己有了巨大的靠山，因为他们的亚当·查托里斯基王子是沙皇亚历山大的密友，他在战争期间和维也纳会议上一直是沙皇的顾问。但不幸的是，波兰最终成为俄国的附属地，

亚历山大变成了他们的国王。波兰人对这样的结局感到强烈不满，于是爆发了三次革命。

丹麦由于和拿破仑结盟，战后受到了严厉的制裁。七年前，英国舰队闯进卡特加特海域，在没有任何征兆的情况下袭击哥本哈根，夺取了丹麦所有军舰以免为拿破仑所用。维也纳会议更是狠下毒手。它将挪威（自从 1397 年卡尔马条约签署以来，它就一直与丹麦合为一体）从丹麦分离出来，交给瑞典的查理十四，以奖励他背叛拿破仑的义举。这位瑞典国王本是一名法国将军，名叫本纳多特，起初是作为拿破仑的副官来到瑞典的。当时，荷尔斯坦因 - 歌特普王朝的末代统治者去世，身后又没有留下子嗣，瑞典人就邀请本纳多特登上了王位。从 1815 年至 1844 年，他竭尽全力治理着这个收养他的国家（尽管他一直没学会瑞典语）。他很聪明，并赢得了他的瑞典、挪威子民的尊重。可他没能将在历史与天性上都格格不入的两个国家调和起来，这个"二合一"的斯堪的那维亚国家一直没有成功过。1905 年，挪威以一种最和平有序的方式，变为一个独立王国。而瑞典则祝愿挪威"前途顺利"，明智地让它走自己的道路。

意大利人自文艺复兴起，就一直饱受侵略者的干扰。他们曾对波拿巴将军抱有很大希望，可拿破仑却让他们非常失望。意大利非但没有实现统一，反而被划分为许多小公国、侯国、共和国、教皇国等。教皇国（除那不勒斯外）是整个意大利半岛治理得最差的地区，人们生活得极为悲惨。维也纳会议废除了拿破仑建立的几个共和国，却重新扶植了一些老的公国，奖赏给哈布斯堡家族的成员。

为效忠国王，可怜的西班牙人曾为反抗拿破仑的民族大起义英勇献身过。可当国王回去统治他的国土时，西班牙人民等来的却是一位邪恶的暴君。此前四年，斐迪南七世一直被拿破仑囚禁着。据说他在监狱里给自己喜欢的守护圣像编织外套。他回到西班牙后，恢复了宗教法庭和酷刑室，而这是在大革命期间已经被废除的。西班牙人民和他的四个妻子都很讨厌这个国王。可神圣同盟却维护着他的合法王位。

1807 年葡萄牙王室全部逃亡巴西，此后葡萄牙就一直没有国王。在 1808 年至 1814 年的半岛战争[①]期间，该国成为惠灵顿军队的后勤基地。1815 年后，葡萄牙仍旧被英国管理着，直到布拉干扎家族重返祖国。这个家族还留了一位成员，在里约热内卢做巴西皇帝。这是美洲大陆唯一的帝国，维持了几十年，直到 1889 年巴西成立共和国时才灭亡。

在东欧，神圣同盟对斯拉夫人和希腊人的艰难处境置之不理，他们依然在苏丹的管辖之下。1804 年，塞尔维亚猪倌布莱克·乔治（卡拉乔维奇王朝的缔造者）发动了反抗土耳其人的起义。结果起义失败，他被自以为是朋友的另一个塞尔维亚领袖杀害，那个人名为米洛什·沃布伦诺维奇（沃布伦诺维奇王朝的创始人）。这样，土耳其人继续做着巴尔干半岛当然的主人。

希腊人的悲惨历史最长。两千多年来，他们先后臣服于马其顿人、罗马人、威尼斯人和土耳其人。现在，他们希望自己的同胞、希腊科孚岛人卡波·迪斯特里亚来拯救祖国。他和查托里斯基一样，是亚历山大沙皇最亲密的私人朋友，也许能为希腊人争取点什么。可是维也纳代表们对希腊人民的愿望置若罔闻，他们一心只想着如何让所有“合法”的君主——不管是基督教的、伊斯兰教的或其他教派的——保住各自的王位。因此，希腊也看不到国家的前途。

对德国问题的处理也许是维也纳会议最大的错误。德国的经济在宗教改革和三十年战争中被完全摧毁了，而且在政治上德国也是一盘绝望的散沙。德国分裂成两个王国、几十个大公国、数百个

---

① 指拿破仑侵略伊比利亚半岛国家西班牙和葡萄牙的战争。

公爵领地、侯爵领地、男爵领地、选帝侯领地、自由城市和自由村庄，这些地方通常由一群只能在喜剧里才见得到的奇怪人物统治着。腓特烈大帝曾改变了这种状态，建立了强大的普鲁士帝国，但他死后没多久，国家又四分五裂了。

拿破仑让大多数小国都独立了，但三百多个独立的国家中，只有五十二个存活到 1806 年。在争取独立的斗争岁月里，许多年轻士兵都梦想着建立一个统一、强大的新祖国。可没有强有力的领导，是不可能统一的。谁能领导这个国家呢？

共有五个王国讲德语。其中两个是奥地利与普鲁士，它们是上帝恩许的。而其他三个国家，巴伐利亚、萨克森和符腾堡则是拿破仑恩许的。因为这几个国家的人民都曾屈服于拿破仑，所以其他德国人对他们的爱国热情都嗤之以鼻。

维也纳会议主导了一个新德意志联邦，它是由三十八个主权国家构成的，由原奥地利国王领导。没有人满意这样的安排。最终，在古老的加冕之城法兰克福召开了德意志大会，会议主要讨论“共同政策及重大事务”。可三十八名与会者代表了三十八种不同利益，而任何决定的作出都需要全票通过（一项曾毁掉强大波兰王国的国会规则）。著名的德意志联邦最终沦为欧洲人的笑柄。这个古老帝国在政治方面变得越来越像 19 世纪四五十年代的中美洲国家了。

那些真正怀有民族理想的德国人感到国家受到了巨大的羞辱，可维也纳会议才不关心普通老百姓的民族感情呢。结果，有关德国问题的争论被迫中止。

有人反对吗？当然。当人们最初对拿破仑的仇恨平息下来，当人们对战争的疯狂已经成为过去，当人们发现“和平与稳定”带给他们的痛苦绝不亚于曾经的革命年代时，可怜的人们开始愤怒了。再次革命的烈火在胸中熊熊燃烧，他们甚至威胁要起来反抗了。可他们能怎么样呢？面对迄今为止世界上最残酷、最富效率的警察系统的严密监控，善良而弱小的人们怎么能撼得动？

维也纳会议的成员不断地告诫人们，“正是革命思想导致前皇帝拿破仑犯下了篡位的罪行”。为了把再次篡位的隐患消除干净，他们发誓要将法兰西思想的追随者们一网打尽。就像菲利普二世在无情地烧死新教徒、绞杀摩尔人时，觉得这只不过是遵从了自己良心的召唤一样，法兰西思想因为成为社会的“异端”也被忠诚的人们无情地诛杀着。16 世纪初期，教皇拥有随心所欲统治人民的神圣权力，任何不相信这种权力的人都会被视为“异端”，诛杀他是所有忠诚市民应尽的责任。在 19 世纪初的欧洲大陆，谁要是不相信国王或首相拥有神圣权力，可以随心所欲地统治人民，谁就是“异端”，所有忠实的市民都有责任去最近的警察局告发他，让他受到应有的惩罚。

但是，1815 年的欧洲统治者比 1517 年的教皇要厉害得多，因为他们已经从拿破仑那里学会了高明有效的行事技巧。1815 年以后的四十几年是一个以政治密探为主题的时代，间谍无处不在。他们上至出入帝王的王宫，下至深入到最低俗的酒馆；他们能透过钥匙孔窥探内阁会议，偷听在市政公园长椅上休息的人们的闲聊；他们把守着海关和边境，任何没有护照的人不得离境；他们检查所有包裹，确保没有任何关于法兰西思想的书籍流入皇帝陛下的领土；他们和学生一起坐在演讲大厅，只要听到有人对现存制度说半句反动话语，那人马上就会遭遇不测；他们甚至悄悄跟着上教堂的儿童，以免他们逃学。

教士是密探们的有力帮手。教会在大革命期间几乎被消灭殆尽。教会的财产被革命分子没收，许多教士被杀害。1793 年 10 月，公安委员会还取缔了对上帝的信仰，这使得以伏尔泰、卢梭为代表的法国哲学家的思想在那代年轻人当中风靡一时，他们都开始对

“理性的神坛”顶礼膜拜。教会被取消了，教士们就追随着王室贵族们开始了漫长的逃亡生涯。如今，他们随着盟军回到家乡，发誓要为曾经受到的不公正待遇讨回公道。

甚至耶稣会也在1814年回来重操旧业，他们负责年青一代的教育工作。在与教会敌人的战斗中，这个教派做得异常成功。耶稣会在世界各地都建立了“教区”，向当地居民传播天主教的福音。但它很快就发展成为正式的贸易公司，不断地干涉当局事务。在葡萄牙的改革家、首相马奎斯·德·庞巴尔执政期间，耶稣会曾被赶出葡萄牙领土。1773年，在欧洲大多数天主教国家的强烈要求下，教皇克莱芒十四取消了对耶稣会的禁令。如今耶稣会也胜利归来了，他们耐心地向孩子们讲解“顺从”和“热爱合法君主”的道理。

在德国这样的新教国家，反革命情形并不比其他国家好。1812年的伟大爱国领袖、号召对篡位者发起反抗的诗人、作家，统统都被贴上了“煽动家”的标签。警察搜查了他们的住房，翻阅了他们的信件，还定期把他们叫到警察局汇报自己的言行。普鲁士教官对青年学生进行了近乎疯狂的监视。只要有学生在古老的瓦特堡自发地组织集会，庆祝宗教改革三百周年，那么敏感的普鲁士当局就会把这看成是革命分子起来反抗的征兆。如果一个正在德国进行工作的俄国间谍不幸被一名忠厚老实的神学院学生杀死了，警察就会把普鲁士各大学严密地控制起来，并且在未进行任何审讯的情况下，随意地监禁或解雇那些教授。

俄国的反革命行动也如火如荼地进行着。愚蠢的亚历山大沙皇已经摆脱了心灵的创伤，他不再是一个狂热的宗教崇拜者，但不幸的是，他慢慢地被忧郁症侵袭了。他终于意识到自己在维也纳会议上成了梅特涅和克鲁德娜的“玩偶”、政治游戏的牺牲品。他越这样想就越痛恨那些西方的统治者，于是他变得更加固守自己的国家。俄罗斯的真正兴趣其实在君士坦丁堡，那是曾为斯拉夫人启蒙的圣城。亚历山大年纪越来越老，可他却比以前更加努力地工作，但是取得的成就却越来越少。当沙皇在自己的书房里工作的时候，他的大臣们正在为他制造更多的军队和间谍。

读者们看到这样一幅画面一定感到有些不快了。是啊，我该赶紧停止“大反动”的叙述了。不过，无论如何，你们已经了解了这段历史。人类已经不是第一次试图让历史倒退了，但结果都是一样的。

第五十六章　民族独立运动

已经点燃的民族独立热情，是不可能被轻易扑灭的。南美洲人率先同维也纳会议的反动统治作抗争，紧接着，希腊、比利时、西班牙等许多国家也纷纷加入了抗争的洪流。19 世纪，到处沸腾着人们向往独立的呼喊

“如果在维也纳会议上，人们选择了如此这般的政策，而放弃了那样的政策，那么欧洲 19 世纪期间的历史可能会和现在迥异吧。”话虽如此，但根本没有意义。维也纳会议的与会者们，是些亲身经历过法国大革命的人，长达二十年的恐慌与战乱的体验让他们永生难忘。他们是为了确保欧洲的“和平与稳定”才聚集起来的，并坚信这正是人心所向。这就是我们所谓的“反动派”。他们发自内心地相信，人民不具备自我管理的能力。于是，为了最大限度地保证欧洲的持久和平，他们以自认为最合理的方式重排了欧洲版图。他们失败了，但这不能因此而归咎于他们用心险恶。总之，他们大多比较保守，年轻时候的美满生活让他们颇为怀念，因而总是盼望着能重温逝去的美好时光。然而，他们没能意识到，许多革命思想已经深入人心。这是他们的不幸，但远远够不上罪恶。法国革命告诉世界一个真理，即人民应当享有“民族”自主权。

拿破仑一生无畏无惧，也不懂得给予别人尊重。他对待一切事物都态度冷漠，对民族与国家也毫无热情。而革命爆发之初，有些将领曾四处宣称："民族的划分，与政治边界、外貌体型的关系不大，它只和人的心灵密切相连。"他们要求法国孩子从小就树立伟大的法兰西民族意识，当然这同样也鼓励西班牙人、荷兰人、意大利人回顾自己民族的伟大性。不久，这些卢梭的信徒们开始深信古人具有更为优越的德行，于是他们开始翻旧账，在古老封建城堡的废墟之下开始挖掘，找到了自己伟大种族的尸骸，然后他们就自称是这些伟大祖先的后裔。

19世纪上半叶，历史考古发现取得了非常突出的成就。各种有关中世纪历史的零散资料，以及早期中古编年史，陆陆续续地被整理出版。无论在哪个国家，历史发现的成果，往往都能让人们的民族自豪感油然而生。可是，这些感情产生的基础，却是一些被误解了的史实。然而出于政治的考虑，事物本身的真假已经无足轻重，关键在于人们是否真的相信。可是，谁又愿意不去深信呢？祖先的伟大而辉煌，是多么让人引以为豪啊。

然而，不幸的维也纳会议却忽视了人们的民族情感。会议首脑们的眼睛紧盯着几个重要王朝的利益，并以此为根据重划了欧洲版图。至于"民族感情"，却被无情地列入了禁书，与所有危险的"法国教义"待在一起。

不过历史发展的趋势却不会尊重任何会议。或许是某种原因（可能是历史规律，但至今还没有学者给出定论）使然，"民族独立"似乎是人类社会正常发展的必然趋势。谁要是想反其道而行之，其结局就会像梅特涅试图阻止人们思考一样，徒劳无获。

奇怪的是，第一场麻烦的诞生地竟然是在南美，一个远离欧洲的角落。当年，西班牙疲于应付拿破仑，这使得它的南美殖民地相对而言比较独立。后来，西班牙国王被拿破仑俘虏，忠诚的南美殖民地人民依然支持他。甚至在1808年，约瑟夫·波拿巴被任命为西班牙国王的时候，他们还拒绝服从。

事实上，美洲地区只有一块地方受到了法国大革命的冲击，那就是海地岛——哥伦布首航的抵达地。1791年，法国国民公会的博爱心突发，竟然宣布将白人的特权同样赋予海地的黑人。可他们出尔反尔，没过多久就试图收回承诺。这成为战争的导火线。此后，杜桑·卢维杜尔[①]带领着海地黑人，与拿破仑的姐夫勒克拉克将军展开了多年的战争。1801年，勒克拉克邀请杜桑前去讨论议和，并信誓旦旦地说，和谈期间确保杜桑安全。杜桑没有料到他的白人对手会不遵守诺言，他应邀前往，结果却被送上了法国军舰，不久便惨死狱中。但海地黑人的独立已经势不可当，他们成功地创建了共和国。顺便提一下，在南美的第一个伟大爱国者[②]试图挣脱西班牙的统治时，海地黑人给予了他极大的帮助。

西蒙·玻利瓦尔[③]1783年出生在委内瑞拉的加拉加斯。他曾在西班牙接受教育，到访过巴黎，并目睹过革命时代的政府行为。此后，他还去了美国，然后返回故乡。当时，对宗主国西班牙的不满情绪正笼罩着委内瑞拉。1811年，委内瑞拉正式宣布独立，玻利瓦尔成为一名革命将领。可是，起义在两个月内就被镇压了，玻利瓦尔被迫出逃。

此后五年间，玻利瓦尔没有放弃，始终坚持领导着这个希望渺茫的革命事业。为了革命，他捐献了个人的所有财产。后来，幸亏

---

① 杜桑·卢维杜尔（约1743—1803），海地革命领袖，曾率领起义军抗击法国、西班牙、英国殖民军，建立了革命政权。后在抗击法国远征军时失利，被迫议和，在与法军会谈时遭到背信弃义的法军逮捕，后死于狱中。

② 指下文所说的玻利瓦尔。

③ 西蒙·玻利瓦尔（1783—1830），拉美独立运动领导人，1811年至1822年率领军队与殖民军展开不屈不挠的斗争，最终建立了委内瑞拉共和国，1824年又率军击溃殖民军，最终解放了秘鲁。

得到了海地总统的鼎力相助，他才在最后一次远征中大获全胜。之后，争取独立的抗争此起彼伏，迅速波及整个南美。于是，无能为力的西班牙殖民者只好向神圣同盟求助。

形势的发展引起了英国人的忧虑。如今的英国船队已经占据了当年荷兰人的位置，是全世界最主要的海上运输队。在他们看来，南美人的独立战争意味着丰厚的利润，是个不容错过的良机。因此，他们希望美国能够阻止神圣同盟插手。可是在美国，无论是参议院还是众议院，都没有干预西班牙事务的打算。

关键时刻，英国更换了内阁，乔治·卡宁由新上台的托利党任命为国务大臣。他暗示美国政府，如果他们愿意反对神圣同盟，阻止神圣同盟参加南美叛乱的镇压行动，那么英国将倾其海上力量加以支援。于是，1823年12月2日，门罗总统发表了著名的宣言："神圣同盟试图在西半球扩张势力的任何举动，都将被美国视为对其和平与安全的威胁。"他甚至还强调道："神圣同盟的此类举动，将被视为对美国不友好的公然表示。"四周后，英国报纸刊载"门罗主义"全文，迫使神圣同盟不得不慎重考虑。

梅特涅犹豫了。仅从个人角度，他倒很想冒险试试美国的实力（自1812年美英战争后，美国的海陆军就一直被忽略了）。但是，卡宁的挑衅态度以及欧洲大陆自身的麻烦，使得他被迫搁置了神圣同盟的远征计划。南美及墨西哥赢得了独立。

下面，我们说说欧洲大陆来势迅猛的麻烦。1820年之后，神圣同盟一直忙于维护欧洲和平，不是将法国军队派往西班牙，就是将奥地利军队派往意大利。当时，意大利正在为统一而努力。"烧炭党"（烧炭工人的秘密组织）的大肆宣传，最终引发了起义，反抗那不勒斯统治者斐迪南。

坏消息也频频从俄国传来。亚历山大刚一去世，圣彼得堡的革命就爆发了。这场短暂而血腥的“十二月党人起义”[1]，导致了大量杰出的爱国者被绞杀——他们对亚历山大晚年的反动统治不满，希望实行立宪政府制。

更糟糕的还在后面。起义接二连三，让梅特涅颇为不安，为了确保欧洲各宫廷的继续支持，他在亚琛、特罗堡、卢布尔雅那，最后在维罗纳召开了一系列的会议。各国代表欣然前往这些惬意舒适的海滨胜地（它们是奥地利首相的避暑之地）。他们的承诺始终未变，竭力镇压起义，但没有成功的把握。骚动的情绪开始变得难以控制，尤其是在法国，国王的处境岌岌可危。

在巴尔干地区，真正的大麻烦被最早引发。从古至今，这里就是蛮族入侵的必经之地，是西欧的一个门户。最先爆发起义的是摩尔达维亚。这里在很久以前，本来是古罗马的达西亚省，大约在3世纪的时候，它从罗马帝国中脱离出来。此后，摩尔达维亚就成了“失落之地”，就像消失的亚特兰第斯[2]一样。当地居民仍旧用古罗马语言交流，自称为罗马人，连国家也被称为罗马尼亚。1821年，一位希腊人——年轻的亚历山大·伊普西兰蒂王子，领导了反抗土耳其人的起义。他本以为可以争取到俄国的支持。但是，梅特涅的特使很快就到了圣彼得堡，用“和平与稳定”的理论说服了沙皇，使他放弃了对罗马尼亚的援助计划。起义很快就失败了，伊普西兰蒂被迫逃往奥地利，过了长达七年的监狱生活。

同样是1821年，希腊也发生了暴乱。希腊的地下爱国组织早在1815年就开始了起义的准备工作。事发在摩里亚半岛（古代的伯罗奔尼撒半岛），他们计划周详，趁土耳其人不备，赶走了他们在当地的驻军，然后宣布独立。土耳其人的回击方式一如既往，他们

---

① 指1825年12月（俄历）俄国反沙皇专政制度的起义。

② 传说中已经沉没的大西洋城。

逮捕了君士坦丁堡的希腊主教——希腊人和许多俄罗斯人心目中的教皇，并将他绞死在1821年的复活节。为了报复，愤怒的希腊人屠杀了摩里亚首府特里波里莎的所有穆斯林。土耳其人立即回敬，以牙还牙地袭击了俄斯岛，两万五千名基督徒被屠杀，四万五千人被卖为奴。

接着，希腊人向欧洲法庭请求援助，却遭到梅特涅的阻止，并且毫不客气地声称，这是“咎由自取”(在此我并不想隐喻什么，而是直接引用了首相写给沙皇的信：“暴乱之火应该任其在野蛮地区自生自灭。”)。欧洲封锁了所有通往希腊的道路，阻止志愿者们援救希腊。希腊的独立梦想眼看就要破灭了。而另一方面，埃及军队在土耳其人的请求下登陆摩里亚。不久，雅典卫城之上又重新飘扬起土耳其的国旗。埃及军队驻扎下来，并采用“土耳其方式”维持秩序。梅特涅默默地注视着一切，静静等待着“破坏欧洲和平的举动”偃旗息鼓的一天。

又是英国人，再一次破坏了梅特涅的计划。英国有着广袤的殖民地、巨大的财富，以及所向披靡的海军，但这些都不是英国人最骄傲的地方，他们引以为豪的是自己心中坚毅的英雄主义和独立精神。英国人循规蹈矩，因为他们知道尊重他人是文明之不同于野蛮的所在，但他们也决不允许别人来干涉自己的思想自由。他们如果认为政府的做法是错误的，就会挺身而出，直言不讳。而政府也懂得尊重他们，尽全力地保护他们免遭迫害。因此任何正义的事业，无论相距多么遥远，无论是否寡不敌众，总会有英国人坚定地追随其后。总之，作为普通人，英国人也没什么特别之处，他们专注于手头事务，很少有闲暇去关注不切实际的“冒险游戏”。但对于那些不顾一切奔赴亚非、为弱小民族而战的邻居，他们会抱以十二分的钦佩。若这个邻居不幸战死，他们会为他举行隆重的葬礼，并以他为榜样教育孩子。

这种民族特性扎根在人们的心灵深处，任何人都无法动摇。1824年，拜伦[1]勋爵扬帆出海，向南而行，直奔希腊去援助那里的人民。这个年轻而富有的英国人，曾以自己的诗歌让全欧洲为之潸然泪下。三个月后，一个消息震惊了全欧洲：他们的英雄死了，死在希腊的最后一块营地米索龙吉。诗人英雄式的死亡，点燃了欧洲人民的想象之火。援助希腊的组织在各国纷纷成立。在法国，美国革命的老英雄拉法夷特四处宣传希腊人的处境；巴伐利亚国王派遣了数百名军官前往希腊。米索龙吉的饥民在送走了英雄之后，迎来了源源不断的补给。

在成功摧毁了神圣同盟的南美干涉计划之后，乔治·卡宁顺利地当选为英国首相。这时他发现，打击梅特涅的良机又来了。英国与俄国的舰队早已等候在地中海，因为人民对希腊事业的热情已经无法再压制。法国的舰队也不甘示弱，因为自十字军东征之后，法国就一直夸口要捍卫基督教信仰。1827年10月20日，在纳瓦里诺湾，三国联军彻底击垮了土耳其海军。很少有战役的捷报能得到如此热烈的欢呼——在西欧和俄国，人民没有丝毫自由，只有通过对希腊人为自由而战的想象，安慰自己被压抑的情感。他们的努力没有白费，1829年，希腊正式独立。这也等于宣告了"稳定"政策的再次流产。

本书的篇幅有限，想要尽述各国的民族独立斗争，肯定是不现实的。关于这个题目，单单是优秀的书籍就已出版了无数。在这里，对希腊人民的起义之所以不吝纸墨，是因为它意义特殊，是对"维护欧洲稳定"反动阵营的首次成功突破。尽管反动堡垒依然矗立，梅特涅也依然在竭力经营，但他们的末日就快来临了。

---

① 即英国浪漫主义诗人乔治·高登·拜伦（1788—1824）。他参与了希腊人民的民族独立战争，最后死在行军床上。死前他要求把自己的尸体运回英国，而把心脏埋在希腊，和希腊人民永远在一起。

接下来是法国。波旁王朝掌权后，为了彻底摧毁革命成果，竭力实行着控制森严的警察制度，完全无视文明与战争的法则。1824年，路易十八逝世。可怜的法国人民在“和平生活”的压迫下忍受了九年，饱尝的痛苦要远甚于帝国的十年。如今路易终于走了，迎来的是他的兄弟查理十世。

路易十八是波旁家族的一分子。这个家族的成员大多无才无德，但记忆力却非常好。不幸的路易十六被送上了断头台，住在哈姆镇的路易十八是在一个清晨得知这个消息的，当时经历的所有情景就永远停留在他的记忆里。这些记忆时刻警示他，君主如果不能认清时势，下场将会非常悲惨。但查理却不同，他挥霍无度，毫无节制。他在不满二十岁的时候，就背上了五千万法郎的巨额私人债务。他同样一无所长，却连教训也记不住，而且固执地不想有任何长进。他刚继任王位，就迅速建立了一个“教士所建、教士所有、教士所享”的新政府。提出这一评论的是英国的惠灵顿公爵，而他还不是什么激进自由派。由此可见，查理的统治方式让人厌恶至极，甚至那些笃信法制的人也无法忍受。查理任性妄为，封锁敢于批评政府的报刊，甚至解散支持舆论的议会。这时，他已经来日无多了。

1830年7月27日晚，巴黎革命爆发。同月30日，国王一直逃到海边，然后乘船流亡英国。“十五年的闹剧”终于滑稽地谢幕了，波旁家族彻底退出了历史舞台。他们实在是愚不可及。此时的法国本可重建共和制，但梅特涅没有点头。

局势已经相当危险。法国境内四溅的反叛火星，点燃了另一场民族冲突的战火。新尼德兰王国从建立之日起就注定了失败的命运。比利时人与荷兰人的性情相去甚远，国王奥兰治的威廉（“沉默者威廉”的叔叔的后裔）尽管非常刻苦，全身心地处理国家事务，但是他不够灵活，又缺乏谋略，无法使两个水火不容的民族尽弃前嫌、和睦相处。法国革命之际，大批逃亡的天主教士涌入比利时。信奉新教的威廉无论怎么做，都会招致群情激愤，甚至被指责为对"天主教信仰自由"的一次新的进攻。8月25日，布鲁塞尔爆发了反抗荷兰当局的群众起义。两个月后，比利时宣布独立，维多利亚女王的舅舅、科堡的利奥波德被推上了王位。两个硬被撮合在一起的民族终于分开了，从此各奔前程。不过此后，它们一直和睦相处，就像彬彬有礼的邻居一样。

那时，欧洲的铁路为数不多，里程也不长，消息的传播速度还比较慢。但法国和比利时革命者成功的消息刚刚抵达波兰，就立刻引发了波兰人反抗俄国统治者的激烈战争。俄国人获得了绝对胜利，他们以众所周知的俄国方式，"确立了维斯瓦河[①]沿岸的统治秩序"。1825年，尼古拉一世继任了沙皇的宝座。对于从家族继承而来的、神授的波兰统治权，他深信不疑，也决不放弃。在俄国，神圣同盟的原则仅仅是一张废纸，被迫流亡西欧的千万波兰人民就是铁证。

意大利也在劫难逃。帕尔马女公爵玛丽·路易斯曾经是拿破仑的妻子，但她在滑铁卢战役之后离开了拿破仑。这一次，突然涌起的革命浪潮，把她驱逐出了国境。激愤的教皇国民们本来打算建立共和制国家，可是奥地利军队迅速让一切恢复了旧貌。梅特涅依旧端坐在普拉茨宫——哈布斯堡王朝外交大臣的住所，秘密警察复归原位，"和平秩序"再次得以维护。直到十八年后，一次更为成功的努力，才使欧洲人民彻底摆脱了维也纳会议的可恶枷锁。

法国，这座欧洲革命的总风向标，再次率先发出了革命的信号。查理十世之后，路易·菲利普接任法国国王。他的父亲就是著名的奥尔良公爵——他曾经支持雅各宾派，并以决定性的一票判

① 波兰境内最主要的河流。

处了路易十六的死刑。在大革命初期，他起过重要作用，享有“平等·菲利普”之称。后来，在罗伯斯庇尔清洗革命队伍、肃清“叛徒”（与他意见不合者）期间，奥尔良公爵被杀害。路易·菲利普被迫逃亡，从此四处流浪。他当过瑞士中学教师，也曾探索过美国的“遥远西部”，拿破仑失败之后才重返巴黎。他比愚蠢的波旁表兄们要聪明很多，而且生活俭朴，常常夹着把红伞在巴黎的公园散步，并像所有的慈父那样带着一群孩子。可惜法国已经不再需要国王了，路易直到 1848 年 2 月 24 日才明白这一点。那天清晨，一大帮群众拥进了杜伊勒宫，赶走了国王，宣布成立共和国。

维也纳得知了巴黎事件的消息。对此，梅特涅不屑一顾地说，这仅仅只是 1793 年的重演。其结局就是盟军再次进军巴黎，结束这场闹剧。可是两周之后，奥地利的首都也爆发了起义。梅特涅从后门开溜，躲开了怒不可遏的民众。斐迪南皇帝被迫颁布了新宪法，过去三十三年间竭力压制的那些革命原则，占据了新宪法的绝大部分篇幅。

这次的革命影响了整个欧洲。匈牙利举起了独立的大旗。路易·考苏特带领着匈牙利人民，打响了与哈布斯堡王朝的斗争。在这次较量中，双方的实力不可同日而语，但是勇敢的匈牙利人民还是坚持了一年多。最后，保守势力得到了沙皇尼古拉的援助，他们派了军队越过了喀尔巴阡山，镇压了起义，保全了匈牙利的君主制。随后，哈布斯堡王室就成立了专门军事法庭，开始着手铲除许多曾经让他败北的匈牙利革命者。

在意大利的西西里岛，民众发动了独立起义。他们撵走了国王，并宣布脱离那不勒斯。教皇国的首相罗西被杀。惊慌失措的教皇被迫流亡在外，一直到第二年，才在一支法国军队的保护下重返故乡。此后，这支军队就一直驻扎罗马，保护教皇免遭民众的袭击。直到 1870 年，军队才撤离教皇国，奔赴法国抵抗普鲁士。罗马最终成为意大利的首都。在意大利半岛的北部，米兰和威尼斯相继掀起了反抗奥地利统治者之战，并取得了撒丁国王阿尔伯特的援助。但是，强大的奥地利军队在老拉德茨基的率领下，迅速插入波河谷地，并在卡斯托扎和诺瓦拉附近的战役中，成功击溃撒丁军队。阿尔伯特被迫将王位传给儿子维克多·伊曼纽尔，不久，伊曼纽尔就成为统一的意大利王国的首任国王。

1848 年的大动荡，在德国演变成了全国性的示威活动。人们纷纷要求政治统一，政府推行代议制。在巴伐利亚，国王正全身心地沉迷于一位爱尔兰女子——她自称是西班牙舞蹈家（即罗拉·蒙特兹，死后葬在纽约的波特公墓），最终被愤怒的大学生推下了王位。普鲁士国王则被迫在巷战死难者的灵柩前脱帽致哀，并答应组建立宪政府。1849 年 3 月，全国各地的五百五十名代表齐集法兰克福，召开德国议会。普鲁士国王腓特烈·威廉被推举为统一德国的皇帝。

不久后革命势头开始向反方向发展。无能的斐迪南退位，由侄子弗兰西斯·约瑟夫继位。奥地利军队受过严格训练，对战争头子忠贞不渝。革命者屡遭残害。哈布斯堡家族凭着“百足之虫，死而不僵”的奇特本性，重新振作起来，并迅速巩固了东西欧的霸主地位。他们凭借灵活的外交将国际事务玩弄于股掌，充分利用德意志国家的相互戒备之心，阻止了普鲁士国王登上皇帝宝座。经历过磨难的哈布斯堡家族，知道该如何忍耐，如何静候良机。那些自由派在政治上毫无经验，整日只会夸夸其谈，或者四处演说。他们全然不知，奥地利的军队正在暗中策划，等待着突袭的良机。法兰克福议会被驱散，已经丧失生命力的德意志联盟——维也纳的产儿——又颤颤巍巍地站了起来。

法兰克福议会中，遍布着充满幻想的爱国者。但是，一个叫俾斯麦[1]的普鲁士人却与众不同，喜欢闭口静观倾听。他深知（每个做实事的人都知道）实际行动胜于一切，而空谈将一事无成，并且坚持以自己的方式投身祖国事业。他接受过传统的外交训练，处事精明而世故，能随心所欲地蒙蔽对手，对于散步、喝酒、骑马等外交手腕也驾轻就熟。

俾斯麦坚信，成为欧洲霸主的唯一之路，就是将四散的德意志联盟变成一个统一的强国。俾斯麦成长于封建时代，具有根深蒂固的忠君思想。他是霍亨索伦家族的忠诚服务者，希望他能取代无能的哈布斯堡家族统治这个国家。为实现这一理想，第一步就是要削弱奥地利势力。这是一个艰难的过程，他必须为此精心准备。

那时，意大利已经取得了独立事业的成功，彻底脱离了奥地利人的魔掌。这主要归功于三位杰出人物：加富尔[2]、马志尼[3]、加里波第[4]。其中，加富尔原来是个工程师，戴着近视眼镜，思路清晰而严密，起着政治导向的作用。由于奥地利警察四处捕杀革命者，马志尼则整日躲在欧洲各地的阁楼里。他的演讲极富感染力和鼓动性，当仁不让地承担着政治宣传的任务。加里波第最富有传奇色彩，他率领着一群火红的勇士，点燃了意大利人民的革命热情。

马志尼与加里波第本来比较倾向于共和制，而加富尔则拥护君主立宪。当时大家都非常相信加富尔，他政治才能突出，又一直控制着革命方向。于是，大家采纳了加富尔的建议，放弃了为祖国争

---

① 俾斯麦（1815—1898），普鲁士宰相兼外交大臣，是德国近代史上杰出的政治家和外交家，被称为“铁血宰相”。

② 加富尔（1810—1861），曾任撒丁王国首相、意大利王国第一任首相，意大利统一时期自由贵族和资产阶级君主立宪派领袖。

③ 马志尼（1805—1872），统一的意大利的缔造者，他的思想对意大利的统一有很大的影响。

④ 加里波第（1807—1882），意大利爱国志士和军人，领导了许多重要的军事战役，是意大利开国三杰之一。

取更大自由的雄心壮志。

加富尔拥护意大利的撒丁王族，就如俾斯麦对霍亨索伦家族忠心耿耿一样。为了迫使撒丁国王担当重任，领导伟大的意大利统一事业，加富尔制订了严密的步骤，手段巧妙而慎重。对加富尔的计划大大有利的是欧洲其他地区的混乱状态。其中对意大利独立最有利的一位就是它的老邻居法国。

法国似乎注定命途多舛，1852 年 11 月，刚刚成立的共和政府又倒台了。当然，这也并没有让人觉得意外。帝国重新建立，前荷兰国王路易·波拿巴之子、伟大的拿破仑之侄——拿破仑三世登上王位，并自称已经得到了“上帝的恩许和人民的拥戴”。

拿破仑三世年轻时曾在德国接受教育，因而他说法语时总夹杂着难听的条顿口音（正如拿破仑一世始终没有摆脱意大利口音一样）。他竭力宣扬拿破仑的传统，试图以此来稳固自身的地位。但是他处事不够圆滑，得罪了很多人，因而对是否能顺利登上王位不免有些担心。当然，英国维多利亚女王及其大臣已经对他有了好感，这是不容忽视的。至于欧洲的其他君主，则总是摆着一张傲慢的面孔；他们还常常聚集在一起，构想一些鄙视这位暴发“兄弟”的新花样。

为了摆脱这种充满敌意的处境，拿破仑三世只好积极地寻求出路，选择恩惠，或者选择武力。在法国百姓眼中，“战争荣誉”依然具有极大的诱惑力。深知这一点的他，决定试试运气，为王位赌上一把。既然无论多少都要下赌注，不如干脆押上整个帝国的命运。他以俄国攻击土耳其为借口，挑起了克里米亚战争。战争的双方分别是支持土耳其的法英联军和支持苏丹的俄国。可是，这次冒险并不成功，付出了昂贵的代价，却收获寥寥，几乎没有得到多少荣誉。

尽管如此，克里米亚战争毕竟还是做了一件好事。撒丁国王利用这个机会，加入了胜利的一方。战争结束后，加富尔就理所当然地要求回报。

这位聪明的意大利人充分把握了局势的有利时机，提高了撒丁王国的国际地位。接着，在1859年6月，他挑起了撒丁的对奥战争。胜利的关键在于是否能够得到法国的支持，于是，加富尔用萨伏伊和尼斯城贿赂了拿破仑三世。在马干塔、索尔非里诺战役中，法意联军取得了决定性的胜利。此次战役中，意大利收获颇丰，统一的意大利版图上又新加了一些奥地利行省和公国。一开始，意大利定都佛罗伦萨。1870年，驻守教皇国的法军刚一离开，意大利人就踏入了古老的罗马城。随后，撒丁王族入住古老的昆里纳宫——某位古代教皇在君士坦丁大帝浴室的废墟上修建而成的。

失去了罗马的教皇只好渡过台伯河，躲进了梵蒂冈的高墙。自从1377年那位古代教皇从流放地亚威农[①]归来后，梵蒂冈就一直是教皇的住所。对于意大利人抢占罗马的行为，教皇先是大声加以斥责，赢得了许多天主教徒的同情，接着他广发求助信，但是附和者寥寥。此后，教皇开始逐步脱离世俗事务，将全副身心用以关注精神问题。超越了政客纷繁的世俗之争，教皇的地位反而更加高贵，教会也得到了充分发展。如今，教会已经是一股有利于社会与信仰进步的国际力量，而教皇也能更为深刻地认清当今社会的种种经济现状。

意大利脱离了奥地利而独立，维也纳会议的“稳定”梦想被打破了。

德国问题依然存在，而且是所有问题中最难解决的。1848年革命失败后的大迁移，使得一大批年轻力壮、头脑灵活的德国人移民去了美国、巴西及亚非地区。未竟的事业流传下来，如今来接管

① 1309年，教皇宝座从罗马被迁到靠近法国的亚威农，直到1377年又重新迁回罗马的城中之城梵蒂冈。

的是另一批截然不同的德国人。

德国议会倒闭，自由派创建统一国家的梦想破灭。后来，法兰克福新议会召开，与会的奥托·冯·俾斯麦——我们前面提到过——代表了普鲁士。现在，他已如愿地得到了普鲁士国王的完全信任，这就足够了。至于普鲁士议会或人民对他的意见，根本不在他关心的范围内。自由派失败的教训，使他明白只有战争才能真正解决摆脱奥地利的问题。为此，他开始了筹备计划，第一步就是要加强普鲁士军队的实力。他一旦打定了主意，就再也没有任何商量的余地。这种独断独行的态度使得他与议会不和，议会拒绝提供资金。对此，他根本不屑于去争论。他抛开议会勇往直前，凭借普鲁士皮尔斯家族及国王提供的资金，积极扩军备战。然后，他开始寻找机会，用以点燃德国人民的爱国激情。

德国北部有两个公国：石勒苏益格与荷尔斯泰因。从中世纪开始，它们就一直深陷在麻烦的泥淖之中。两国不在丹麦的版图之内，却一直由丹麦国王统治，而且杂居着丹麦人和德国人。可想而知，这将会引发多少麻烦。我并非有意要在这里旧事重提，最近的《凡尔赛和约》[①]似乎也已经解决了这个问题。然而在当时，这两国的民族矛盾尖锐，不是德国人大声责骂丹麦人，就是丹麦人极力维护自己的传统。一时间，这个问题引起了全欧洲的关注。在德国，男声合唱团、体操协会倾听着“被遗弃兄弟”的煽情演说，内阁大臣开始调查问题的根源所在。而这时，普鲁士已经采取行动了，开始动员军队去“收复失去的国土”。对于如此重大的事件，奥地利身为德意志联盟的传统首领，自然不会袖手旁观。于是，哈布斯堡的军队与普鲁士军队联合起来，一起开进了丹麦，占领了这两个公国。丹麦国小势微，又得不到他国的援助，丹麦人只好独自承

① 指第一次世界大战后，战胜国（协约国）同战败国（同盟国）的和约。

受命运了。

紧接着，俾斯麦开始帝国计划的第二步行动了。他以分赃不均为由，挑起对奥矛盾，愚蠢的哈布斯堡王室一头扎进了陷阱。俾斯麦及其忠实将领们组建的新普鲁士军队挺进波西米亚，在短短六周的时间里，就将奥地利军队摧毁在萨多瓦、科尼西格拉茨，打开了通向维也纳的道路。然而，俾斯麦不想做得太过分，不想在欧洲的政治舞台上树敌太多。于是，他向战败的哈布斯堡家族提议，只要他们放弃德意志联盟的领导地位，议和将是非常体面的。但对于那些支持奥地利的德意志小国，俾斯麦毫不手软，将它们全部归入普鲁士版图。这样，德意志的大部分北部国家形成了一个新的组织，即北德意志联盟。普鲁士自然成了德意志民族的非正式的领袖。

俾斯麦一系列的德国统一行动，震惊了整个欧洲。英国表现出无所谓的态度，而法国则大为不满。人民对拿破仑三世的信任已经开始动摇，代价惨重的克里米亚战争，没有让他们看到希望中的荣誉。

1863 年，拿破仑三世再度冒险。他以强大的军队作为后盾，迫使马克西米连的奥地利大公登上了墨西哥的王位。可是美国内战以北方胜利而告终，拿破仑三世的这次努力再次面临失败的结局。法军在华盛顿政府施加的压力下，只得无奈地撤离墨西哥。墨西哥人民摆脱了压迫，抓住机会彻底清扫敌人。那位不受欢迎的、不幸的外来国王被枪杀了。

局势已经非常糟糕，为了巩固自己的地位，拿破仑三世不得不再找机会。北德意志联盟迅速发展，很快就会对法国构成威胁。于是，拿破仑三世想，对德战争也许可以试一试。于是他开始寻找借口，而饱受革命之苦的西班牙正好为他提供了机会。

当时，西班牙恰逢王位后继无人。本来，西班牙想让霍亨索伦家族中信奉天主教的成员接任国王。但由于法国政府的极力反对，霍亨索伦家族便礼貌地回绝了。这时，拿破仑三世的心理已经显得有些不正常，这可能是受他的漂亮妻子欧也妮·德·蒙蒂纳的影响。欧也妮是一位西班牙绅士的女儿，一位驻盛产葡萄的马拉加的美国领事威廉·吉尔克帕特里克的孙女。欧也妮尽管天资聪颖，却和当时大多数西班牙妇女一样缺少教育。她受到宗教顾问的任意摆布，对普鲁士信奉新教的国王丝毫没有好感。“要勇敢。”王后对她的丈夫说，可她却省略了普鲁士这句著名格言的后半句。格言告诫英雄，“要勇敢，但绝不鲁莽”。对自己军队信心十足的拿破仑三世写信给普鲁士国王，要求国王保证，“绝不允许有霍亨索伦王室的成员登上西班牙王位”。由于霍亨索伦家族已经放弃了这一荣耀，提出这样的要求就显得多此一举。俾斯麦将国王的允诺如实告知了法国政府，可拿破仑三世仍不罢休。

1870 年在艾姆斯胜地，普鲁士的威廉国王正在游泳。法国外交官在那里觐见了国王，又想再次讨论西班牙问题。国王愉快地回答道，今天天气真好，西班牙问题已经解决了，没必要再多费唇舌。这次会面的情况被例行公事地电汇给了负责外交事务的俾斯麦。为了便利普鲁士和法国的媒体报道，俾斯麦对这则电报进行了“编辑”——他为此而遭到指责，但他辩解道，自古以来，修改官方消息一直是所有文明政府的特权。当这则经过“编辑”的电报发表后，柏林善良的民众觉得，那位矮小而傲慢的法国外交官戏弄了他们满头鹤发的可敬国王；而巴黎的善良百姓同样火冒三丈，因为他们儒雅有礼的外交大使竟然受到普鲁士皇家的当面侮辱。

战争在所难免。经过两个月时间的激战，拿破仑三世和他的大部分士兵都沦为了德国人的阶下囚。法兰西第二帝国垮台，第三共和国随之建立。新建的政府带领法国人民保卫巴黎，抵御德国的入侵。虽然经过了五个多月的顽强抵抗，巴黎还是没能逃脱沦陷的命运。就在占领巴黎的十天前，普鲁士国王在巴黎近郊的凡尔赛宫——德国的强敌路易十四所建——正式加冕为德意志皇帝。礼炮轰天齐鸣，仿佛在告诉饥饿的巴黎市民，一个新兴的德意志帝国成立了，古老、弱小的条顿公国联盟已经成为过去。

德国问题就这样收场了。1871年底，距离著名的维也纳会议召开已经过去了整整五十六个春秋，会议的所有成果被彻底消灭。梅特涅、亚历山大、塔列朗本想给欧洲人民带来持久而稳定的和平，可结果战争却始终没有停止。18世纪的“神圣兄弟之情”过去了，随之而来的是一个激进的民族主义时代，它的影响波及至今。

第五十七章　发动机的时代

民族独立战争爆发时，欧洲人的生活因为科学发明而大为改观。蒸汽机这件18世纪的笨重发明物开始勤勤恳恳地为人们服务

大约五十多万年前，出现了人类历史上最重要的人。这个人全身长满了毛，眉毛很低，眼睛凹陷，下巴宽大，牙齿非常尖利。没有人会喜欢他的长相，但是现代科学家仍然会敬称他为祖先。因为他曾利用石头敲开那些坚硬的果子，曾利用木棒撑起千斤巨石。他凭着自己的实践，发明了锤子和杠杆这两样早期工具。他为人类做出了巨大的贡献，任何后来的人类和其他生活在地球上的动物都不能超出他的成就。

从此，工具寄托了人们改善生活的美丽梦想。人类最早的时候把一棵大树改造成了车轮。这项发明诞生在公元前十万年，当时它就像几年前发明了飞行器一样带给人类极大的震撼。

19世纪30年代，华盛顿发生了这么一则趣闻。有官员认为，“人类已经发明了一切可发明的东西”，因此要求取消发明专利机构。在早期历史中，当人们最初用风帆来取代木桨、竹篙和纤绳来推动船只行驶时，他们也许对这些发明产生过怀疑。

但是，人类历史的奇特之处在于，人可以自己不劳动，悠闲地

晒晒太阳，或者在石头上画画，而利用豢养的小狼、小虎之类的动物为自己工作。

在人类早期，人们可以轻而易举地得到身份低贱的人，使他们为自己工作。为什么睿智的希腊人、罗马人没能发明有效的机器？奴隶制是其中一个重要原因。当市场提供的价格低廉的奴隶能为他们做所有工作的时候，聪明的数学家又何必去研究线绳、滑轮、齿轮等东西？

略微改进的农奴制在中世纪取代了奴隶制。可就在这种情况下，机器的使用仍然得不到许可，他们觉得机器会使大批农民失业。此外，中世纪的人们觉得没有必要生产太多商品。裁缝、屠夫、木匠们只求获得最直接简单的生活用品，而不想与他人展开竞争。

教会在文艺复兴时已不再强迫人们接受他们对科学的偏见。数学、天文学、物理学及化学成为许多人的研究对象。三十年战争爆发的前两年，苏格兰人约翰·纳皮尔出书推出了新发现的“对数”。莱比锡的哥特弗里德·莱布尼茨在战争中完善了微积分体系。就在人们签署《威斯特伐利亚条约》的八年之前，英国自然科学家牛顿诞生，而意大利天文学家伽利略离世了。中欧的繁荣在三十年战争中被彻底破坏，人们突然对“炼金术”产生了极大兴趣。中世纪人希望借助这种伪科学把普通金属变成黄金。这当然是不可能的，但炼金术士们的辛苦工作也带来了许多新的发现。这使继任的化学家们大受裨益。

所有前人的工作打下了扎实的科学基础，于是复杂机器应运而生。在中世纪，人们制造机械的主要材料是木材。但木头容易腐烂，用铁取代木头可以弥补这个缺点。可是除了英格兰以外，欧洲很少有铁矿。因此，冶炼业在英格兰大行其道。炼铁是需要高温的。开始的时候主要燃料是木材，可毕竟森林是有限的。于是人们开始用森林化石“石煤”来取代木材。这就有些困难了，因为要到很深的地下去挖煤，然后运到冶炼炉中，此外矿坑还要防水。

运煤和防水是两大难题。开始的时候人们用马来拉煤，可抽净矿坑的水得使用专门机器。于是，好多发明家都开始研究这一难题。他们知道使用蒸汽作为新机器的动力是着实有效的。蒸汽机的想法很早就诞生了。公元前L世纪的亚历山大曾记载过几种由蒸汽驱动的机器。文艺复兴的人们也曾设想过蒸汽战车。与牛顿同时代的沃塞斯特侯爵也在发明专著中具体刻画过一种蒸汽机。1698年，伦敦的托马斯·萨弗里发明了抽水机并为之申请专利。与此同时，荷兰人克里斯蒂安·惠更斯正在完善用火药引发规律爆炸的发动机，就好像汽油推动引擎一般。

在欧洲，几乎每个人都在致力于建造蒸汽机。惠更斯的密友兼助手法国人丹尼·帕潘在好几个国家都进行过蒸汽机实验。他的发明是用蒸汽驱动的小车、小蹼轮。可当他的新船准备试航时，船员们开始担心这种新船的出现会使他们赖以谋生的工作突然失去，于是公开提出抗议。政府因此没收了帕潘的小船。他为了发明小船把自己的家产全部投入进去了，最后却落得个穷死伦敦的下场。他死的时候托马斯·纽克门也在全力研究新的蒸汽泵。五十年后，格拉斯哥机器制造者詹姆斯·瓦特对纽克门的发明做了一番改进。1777年他向全世界宣布，真正具有实用价值的蒸汽机诞生了。

世界政治格局在蒸汽机产生的那几百年里变化重大。英国海军打败荷兰舰队，成为世界海上贸易的霸主。他们到处争夺殖民地，把殖民地出产的原材料运到英国加工为成品，再出口到全世界。17世纪，北美佐治亚州和卡罗来纳州的人开始种植能长出奇特毛状物质的新灌木“棉毛”。人们摘下棉花运到英国，兰卡郡人把它纺成布。最初这种活是手工操作的。很快纺织技术得到极大改进。1730年，约翰·凯发明了“飞梭”。1770年，詹姆斯·哈格里夫斯为他的“珍妮纺纱机”申请了专利。美国人艾利·惠特尼发明的轧棉机能够自动分开棉花与棉籽。以前手丁脱粒的工人平均每天只能分一磅。后来牧师理查·阿克莱特和艾德蒙·卡特莱特发明了水力驱动的大纺纱机。18世纪80年代法兰西三级会议召开的时候，引进了瓦特发明的蒸汽机并装到阿克莱特的纺织机上面。这使欧洲经济社会产生了重大变革，世界各地的人际关系因之而改变。

发明家在取得固定式蒸汽机的成功后转而专注于借助机械装置推动车辆、轮船的问题。瓦特曾经设计过一套“蒸汽机车”的研究计划，但在他最终完善以前，理查·特里维茨克就已经发明出机车开始满载货物奔走于威尔士的潘尼达兰矿区。

这时，美国珠宝商兼肖像画家罗伯特·富尔顿正在巴黎游说拿破仑采用他的潜水船“鹦鹉螺”号以及他的汽船，并宣称法兰西海军可以凭借这一发明夺取英格兰的海上霸权。

富尔顿的“汽船”想法其实是借鉴了康涅狄格州机械天才约翰·菲奇的创造性设想。菲奇设计的小巧汽船早在1787年就在特拉华河上首次试航。然而遗憾的是，拿破仑和他的科学顾问不相信世上会有自动汽船。虽然装有苏格兰发动机的小船已经往来于塞纳河，可惜拿破仑却没有看到。如果他能够利用这一世界领先的机械，也许他能为特拉法尔加海战[①]雪耻呢！

富尔顿失望地回到美国。这个精干的商人马上跟罗伯特·利文思顿合伙，成功地创建起一家汽船公司。利文思顿是《独立宣言》的签字人之一，富尔顿在巴黎推销发明时，他是当时美国的驻法大使。两人的新公司建造了配备蒸汽引擎的第一艘汽船“克莱蒙特”号。很快，纽约州水系的航运都被它垄断了。从1807年开始，“克莱蒙特”号在纽约与阿伯尼之间定期航行。

约翰·菲奇在失意中悲惨地死去。他是最早把“汽船”服务于

① 19世纪规模最大的一次海战，结果英国取得巨大胜利，法国海军精锐尽丧。

商业的人。但是当他建造的第五艘螺旋桨汽船被人毁弃时，他已经没有任何钱了，而且身体也越来越差。邻居们对他大肆嘲笑，就像一百年后人们大肆嘲笑滑稽的飞行器的发明者兰利教授一样。菲奇最大的愿望是使自己国家的西部大河都得以沟通，但问题是他的国人更愿意选择乘坐平底船或步行。1798 年，菲奇在孤独绝望中服药自尽。

二十年后，载重一千八百五十吨的"萨瓦纳"号汽船以每小时六海里的速度从萨瓦纳飞抵利物浦，它二十五天横渡大西洋的壮举可是一项新纪录。这时候人们不再嘲笑。但他们却错误地把伟大发明的荣誉安在了富尔顿头上。

苏格兰人乔治·史蒂芬逊在六年后制造出了著名的"火车"。多年来为方便将煤从矿区运往冶炼炉和纺纱厂，他始终埋头于研制机车。他的发明一经采用，煤价就下降了将近百分之七十。第一条客运线路开始定期在曼彻斯特与利物浦之间来回奔忙。人们能够以每小时十五英里的惊人速度从一座城市飞驰到另一座城市。十二年后火车提速至每小时二十英里。今天随便找一辆最便宜的福特车（19 世纪 80 年代的戴姆勒、勒瓦索小车的改进型）都会比这些喷气的怪物快很多。

在这些踏实的工程师们全身心致力于"热力机"开发的同时，研究纯粹科学的理论科学家正以新思路进行着对自然界最隐秘的核心问题的探索。

两千年前，已有一些希腊与罗马的哲学家（典型代表是米利都的泰勒斯[①]和普林尼[②]。公元79年维苏威火山的爆发把罗马的庞培城和赫丘利诺姆城一举摧毁，当时普林尼正在那里作实地考察，不

① 泰勒斯（约公元前 624—前 546），古希腊时期的思想家、自然哲学家，是古希腊及西方第一个有记载有名字留下来的自然科学家和哲学家，"水本原"说的提出者。

② 普林尼（23—79），古代罗马最有名的博物学家，《博物志》的著者。

幸遇难）欣然发现：如果先用羊毛摩擦琥珀，那么这个琥珀将能吸附起一些细小的稻草和羽毛。中世纪的经院学者对神奇的电力不怎么感兴趣。但是就在文艺复兴开始后不久，伊丽莎白女王的私人医生威廉·吉尔伯特在他的论文中讨论了磁的特性。三十年战争期间，马德堡市长、气泵的发明者奥托·冯·格里克创造出历史上第一台电动机。之后的百余年里，无数科学家全力投身于对电的研究。1795年，至少有三名教授发明了著名的“莱顿瓶”。在本杰明·汤姆森（人称拉姆福德伯爵，曾经因为亲英而被迫逃离新罕布什尔）之后最有名的美国天才本杰明·富兰克林也投身电力研究。当他发现闪电与电火花同属于放电现象后，就尽其一生都在从事电力研究。再后来就是直流电源发明者伏特，以及加尔瓦尼、戴伊、丹麦教授汉斯·克里斯蒂安·奥斯特、安培、阿拉哥、法拉第等，他们长年累月坚持不断地探索着电的真正奥秘。

这些科学家无偿地将自己的发明回报给社会。塞缪尔·莫尔斯（像富尔顿一样本来是艺术家）认为，应该可以利用新发现的电流把信息在城市间传递。达到这一目的工具是铜线和他发明的一台小机器。没有人相信他的试验能成功。莫尔斯只好自己掏钱继续试验，很快他一贫如洗，并招致了更多的嘲笑。莫尔斯无奈中向国会发出求助信号。这时一个好心的特别商务委员会承诺给他一笔研究资金。然而国会议员对此毫无所动，莫尔斯足足等了十二年才拿到一点点资金。终于他在华盛顿和巴尔的摩之间搭建起一条电报线路。1837年，莫尔斯在纽约大学的演讲厅里公开展示了他的电报。1844年5月24日，人类历史上第一条长途信息成功地从华盛顿发到了巴尔的摩。今天电报线已经布满全球，我们只要花上几秒钟就能把消息从欧洲发到亚洲。二十三年后，亚历山大·格拉姆·贝尔利用电流原理发明了电话。五十年后，意大利人马可尼改进前人的做法后发明了无须线路的无线通信系统。

约克郡人迈克尔·法拉第在新英格兰人莫尔斯为电报忙活的时候，就已经成功制造出了第一台“发电机”。1831年，这个微不足道的小机器正式面世，当时欧洲正处于伟大的七月革命的影响中。后人在此基础上，将第一台发电机不断改进，到今天，它已不但能为我们提供热与光（爱迪生在19世纪四五十年代英国人和法国人的研究基础上，于1878年发明了小白炽灯泡），还可以提供驱动各种机器的动力。如果我的判断正确的话，电动机即将完全取代热力机的地位，其情形就好比史前时期高等动物取代了那些缺乏生命力的其他动物一样。

对我来说（我对机械并不了解）我很高兴看到这种情形。水力驱动的电机将成为人类健康可信的忠实帮手。18世纪的工业奇迹“热力机”又吵又脏，使地球上到处布满可怕的烟尘，而且无数劳苦人民必须不惧艰险在地底深处开挖煤矿，以满足那些永不知足的贪婪。

假如我现在成了任由想象力飞驰的小说家，而不再是必须尊重事实的历史学家，我将以生动的笔触叙写那令人振奋的时刻。届时世界上最后一部蒸汽机车将被送进自然历史博物馆，与恐龙、翼手龙及其他灭绝了的动物的尸骨一起默默接受世人的参观。

第五十八章 社会革命

可是，新的机器价格不菲，普通的百姓根本无力承担。于是，昔日独立作业的手工匠们，如今只好放弃曾经的小作坊，到那些拥有机器的工厂里工作。尽管他们赚了更多的钱，但是却付出了自由的代价。这种情形让他们闷闷不乐

过去，独立的手工业者是非常了不起的，他们几乎可以制作当时世界上的所有东西。他们生活在自己的小作坊里，自由自在，可以任意呵斥学徒，可以在行会规定的范围内随意经营业务。他们生活俭朴而勤恳，每天都要长时间地劳动，但所幸的是他们享有自由，可以任意地支配自己的时间。如果某天当他们醒来时，发现那天天气不错，非常适合钓鱼，那么他们就会选择去钓鱼，而不会遭到任何人的反对。

机器的出现，让他们的生活发生了天翻地覆的变化。我们看得深入一点就会发现，机器虽然神奇，其实质还是工具，无非功用得到了极大的扩展。每分钟奔驰一英里的火车，其实就是快速奔跑的腿；能够砸扁铁板的蒸汽锤，无非是力气大得出奇的拳头。

问题的关键是，一双好腿、一对有力的拳头，这些我们每个人都可以拥有，而火车、蒸汽锤或纺织机却没有这么容易了。它们价格不菲，通常只属于一些有钱人，普通人则被远远地排斥在外。甚至那些有钱人，他们有时也是合资才能购买机器，然后按照投资的

比例分享利润。

机器逐步改进，当它投入到生产领域，可以用来谋取利润之时，机器的制造商便开始为它寻找买主，希望他们能用现金支付。

在中世纪初期，土地就象征着财富。所以，拥有土地的贵族被认为是有钱人。但我们在前面已经提到过，由于当时的社会流行物物交换，牛可以换马，鸡蛋可以换蜂蜜，所以贵族的手上并没有积累起大量的金银。十字军东征期间，城市自由民利用东西方贸易获取了大量财富，他们日益强大起来，逐渐成为与贵族和骑士相抗衡的强大力量。

贵族的财富在法国大革命期间被彻底清空，与此同时，中产阶级（即资产阶级）的财富却大大增加。大革命之后的社会依旧动荡不安，处处爆发起义，许多中产阶级人士趁火打劫，积累了大量的不义之财。国民公会没收了教会的地产，然后公开拍卖，由此而导致贪污贿赂的风气盛行一时。利用这个机会，土地投机商盗取了大量的珍贵土地。拿破仑战争期间，他们又将资本投入到粮食和军火上，做起了投机贸易。现在，他们已经拥有了相当数目的财富，远远超出了日常生活的需要。于是，他们用手头闲置的金银购置了机器，开办起工厂，雇用工人来为自己干活。

机器工厂的出现改变了数十万人的生活。在短短数年里，城市的人口迅猛增长。城市市民曾经生活的幸福家园，如今充斥着各种各样肮脏、丑陋的工人宿舍。工人们每天工作长达十一二个甚至十三个小时，然后回到宿舍稍微休息一会儿。汽笛一旦响起，他们就急忙奔回工厂。

城市的郊外和乡村地区的人们听说在城里能赚大钱，于是纷纷拥入城市。那些不幸的人们，早已习惯了乡村的田园生活。他们在那些通风不畅、布满烟尘的肮脏车间里，迅速地拖垮了自己原本健康的身体，结果在医院或贫民院里死去。

当然，从农村到工厂的转变也是一个剧痛的过程。既然一台机器能抵得上一百个工人，那肯定有九十九个工人被迫失业。失业工人对工厂充满仇恨，因此袭击工厂、烧毁机器的事情就经常会发生。可早在17世纪，保险公司就已经出现了，工厂主们的损失通常能得到赔偿。

旧机器被砸坏后，马上被代之以更新、更先进的机器，工厂四周也竖起了防暴的高墙，骚乱终于停止了。随着古老的行会的消失，工人们试图组织新式的正规工会为自己争取权利。但工厂主们凭借自己的财富，对各国的政要施加影响。他们借助立法机关，通过了禁止组织工会的法律，因为工会会妨碍工人们的“行动自由”。

这些通过禁止组织工会法律的国会议员绝对不是贪婪无知的昏官，他们都是大革命时代的子民。在那个人人谈论“自由”的时代里，人们甚至会因邻居不够“热爱自由”而将他杀死。既然“自由”是人类的最高美德，那就不应该由工会来决定工人该工作多少小时，该要求多少工资。工人们随时都应该“在市场上自由地出售自己的劳动力”，而雇主们也必须同样“自由地”经营他们的生意。由国家规范整个社会工业生产的“重商主义”时代正在结束。“自由”的新观念认为，国家应该完全站到一旁，让商业按自己的规律发展。

在18世纪的后五十年，欧洲人对知识与政治不再信任，并以与时俱进的新思想代替了古老的经济观念。法国革命的前几年，杜尔哥，即路易十六几个不成功的财政大臣之一，曾宣扬过“自由经济”的新理论。他生活的国家有太多繁文缛节，太多规章制度，以及太多官僚试图实行的太多法律。他深知其中的弊端。“取消政府监管，”他写道，“让人民按自己的意愿行事，一切才会好转。”不久，他著名的“自由经济”理论就成为口号，吸引了当时的经济学家。

与此同时，英国人亚当·斯密正埋头创作的《国富论》，再次为“自由”和“贸易的天然权利”摇旗呐喊。三十年后，即拿破仑倒台之际，欧洲的反动势力齐集维也纳。于是，人们在政治关系上没能获得的自由，被强加到经济生活中。

在这一章开头我就讲过，机器的普遍使用对国家大有益处，它使得社会财富迅速增长。机器可以使像英国这样一个国家，承担起拿破仑战争的全部费用。资本家（出钱购买机器的人）赚取了超出想象的利润。他们的野心逐渐增长，开始对政治产生兴趣。他们试图与那些迄今仍能对大多数欧洲政府施加影响的土地贵族展开争夺。

英国议会议员的产生依然依据1265年的皇家法令，大批新出现的工业中心在议会中没有代表。1832年，资本家们促成了《修正法案》的通过。它变革了选举制度，使工厂主阶级对立法机构产生了更大的影响。不过，这却引发了数百万工人的极大不满，因为在政府中他们根本没有发言权。工人们开始发动争取选举权的运动。他们将自己的要求写在一份文件上，它后来被人们称为《大宪章》。关于这份宪章的争论日益激烈，可是争论尚未结束，1848年革命就爆发了。由于害怕爆发新的激进革命，英国政府任命年逾八旬的惠灵顿公爵为军队指挥官，并开始招募志愿军。伦敦被层层包围，准备镇压即将到来的工人革命。

由于领导者的无能，英国宪章运动最终不了了之，没有发生暴力革命。新兴的富裕工厂主阶级（我不喜欢用“资产阶级”一词，鼓吹社会新秩序的信徒已经把它用滥了）逐渐加强了对政府的控制力。而那些大城市的工业区，则继续吞噬着大片牧场和麦地，将它们逐一变为肮脏的贫民窟。在每个欧洲城市走向现代化的路途中，都伴随着这些贫民窟的产生。

第五十九章 解放

亲历了铁路运输取代马车的那一辈人曾经预言，机械化将使人类进入幸福、繁荣的新时代。然而事实并非如此。人们想方设法施以改进，但成效不大

1831年，在第一个《修正法案》通过之前，英国大法学家、改革家杰罗米·边沁给朋友写过这么一段话："想要自己舒服先得让别人舒服，想要让别人舒服先得表现出爱的姿态，想要表现出爱的姿态先得真正爱别人。"诚实的杰罗米向来实话实说。他的同胞十分赞赏他的观点，开始为了他们邻居的幸福生活而负责，并在需要帮助的时候慨然施以援手。确实该行动起来了。

杜尔哥所谓的自由经济理想对那个时代而言其实非常必要，因为中世纪社会对工业的束缚实在太多了。可是一旦把国家经济置于自由原则之下，后果就不堪设想了。工厂的工时被延长到工人身体所能承受的最高限度。虚弱的纺织女工必须要坚持漫长持久的工作，除非她在极度疲惫之下昏厥过去。许多只有五六岁的孩子被招进棉纺厂做工，反正他们也无所事事。政府通过了穷人家孩子必须到工厂做工的法律，违反这条法律的人将被判绑在机器上示众。辛勤与劳累只能换来尚不致饿死的粗劣食物和比猪圈好不到哪里去的宿处。过度的疲劳使他们经常在工作中打瞌睡，于是工厂主就

安排监工用专抽手指关节的鞭子来逼迫他们保持清醒。不幸的孩子们当然受不住这样的折磨，纷纷死于这种恶劣环境。这是一幅极其悲惨的图景。雇主其实并不是没有人性，他们对童工制度也非常不满。然而现在的观念是人都是自由的，孩子们也同样拥有劳动的自由。假设琼斯先生拒绝五六岁的童工进入他的工厂，那他可能会因为竞争对手斯通先生多雇了几个童工而破产。因此，在议会通过禁止使用童工的法律之前，琼斯先生是不得不一直使用童工的。

现如今，封建贵族（他们对钱包鼓鼓的工业暴发户表示了公开的蔑视）已经在议会中说不上话了，工厂主代表们逐渐占了上风。在法律允许工人组织起维护工人权益的工会之前，事情仍不会有好转的趋势。许多道德良心尚未泯灭的人对这种糟糕情景提出了抗议，但要真正解决问题时却束手无策。机器让全世界臣服在它脚下，要想改变这种状态，使机器真正为人们服务，那还真是任重道远。

出乎人们意料，来自非洲和美洲的黑奴对其时已被推广到全世界的野蛮劳工制度进行了第一次抗击。西班牙人最早把奴隶制带进了美洲大陆。最初印第安人是他们理想中的农庄苦役和矿山劳工。但是印第安人在离开了自由自在的野外生活之后就陆陆续续病死了。一位善良的传教士不想看到印第安人由此而灭绝，就建议说可以从非洲运些黑人来代替印第安人。据说体格强壮的黑人是最能耐得住恶劣的工作环境的。除此之外还可以使黑人在与白人的交往中认识耶稣基督，以获得灵魂的拯救。放眼看去，这样的办法对仁慈的白人和未开化的黑人兄弟而言似乎是双赢的。但是机械化生产下对棉花的需求不断激增，黑人的劳动强度被要求大大提高。于是他们也如可怜的印第安人一般，被严酷的监工一批接一批地虐待致死。

欧洲许多国家听说了发生在远方的残忍事件，纷纷兴起了废除奴隶制的运动。英国人威廉·威尔伯佛斯和扎查理·麦考利（著名历史学家麦考利的父亲，麦考利写的英国历史让你知道什么叫充满谐趣的历史写作）为了禁止奴隶制，着手组织起一个政治团体。他们迫使议会颁布了废止奴隶贸易的法令。于是所有的英属殖民地在 1840 年之后都废除了奴隶制。法国人通过 1848 年革命，也把他们领地上的奴隶制给取缔了。葡萄牙人在 1858 年通过的法律中宣布，把彻底还奴隶以自由的最后期限定在二十年之内。荷兰人在 1863 年公开取缔了奴隶制。沙皇亚历山大二世也在同一年使农奴们获得了在过去两个世纪里未曾享有过的自由。

然而美国却在奴隶问题上陷入了危机，并最终引发内战。尽管《独立宣言》一再强调"人人生而平等"，但是这一原则并没有被沿用到南方各州种植园里的黑人奴隶身上。北方人对奴隶制度的厌恶溢于言表，但是南方人却一再强调奴隶劳动对他们维持棉花种植的极端重要性。为了这件事情，参众两院争论不休长达半个世纪。

北方人与南方人互不相让。后来形势发展到针尖对麦芒的状态，南方各州威胁说要脱离联邦政府的管理。在这美国历史上最危险的时刻，任何事情都有可能发生。但事实上并没有发生太过离谱的事情，因为一位卓越而仁慈的领袖在美国土地上出现了。

亚伯拉罕·林肯[①]最初是伊利诺伊州的一位律师，完全依靠自学取得了他的社会地位。林肯是在 1860 年 11 月 6 日当选为美国总统的。他是一名共和党人，对人类奴隶制的罪行深恶痛绝。他非常理性地认为，在北美大陆同时拥有两个相互敌对的国家是绝无可能的。因此当南方的一些州在"美国南部联盟"的旗下宣布脱离联邦的时候，林肯率先向他们发起了挑战。他在北方各州招募了几

① 亚伯拉罕·林肯（1809—1865），美国第 16 任总统。1862 年颁布了《宅地法》和《解放黑奴宣言》，维护了美联邦的统一。

十万热血沸腾的青年志愿军。然后四年内战轰然爆发。南方人对战争早有准备，他们的李将军和杰克逊将军率部大败北方军。关键时候新英格兰与西部地区的强大工业实力开始发挥出至关重要的作用。声名不昭的北方将领格兰特异军突起，担任了南北战争中查理·马特工[①]的伟大角色。他勇猛的攻击波把南方军队打得节节败退。1863年初，林肯颁布了《解放黑奴宣言》，声称所有奴隶都应获得自由的权利。1865年4月，负隅顽抗多年的李将军在阿波马托克斯宣布投降。几天之后，一个疯子在华盛顿剧院里出人意外地刺杀了林肯总统。所幸林肯的伟大事业已告完成。除了古巴仍然处在西班牙人的魔爪之下，奴隶制已经从文明世界中彻底消失了。

尽管黑人兄弟们已经获得了相当的自由权利，欧洲的那些所谓的自由工人却仍然深陷在水深火热之中。无产劳工阶级的境遇极其悲惨，诸多作家对于他们尚没有集体灭绝的事实感到不可思议。他们住的是脏乱不堪的贫民窟，吃的是粗糙腐坏的劣质食品，接受的是勉强能应付工作的纯粹技术教育。如果他们不幸发生了意外死亡，其家人从此将一无所有。然而酒厂厂主（立法机构都会受到他的影响）却把数量惊人的廉价威士忌和杜松子酒推销给他们，怂恿他们在酒精的麻醉中忘记痛苦。

19世纪三四十年代开始取得的巨大进步乃是集体力量所致。足足两代人以他们的卓越智慧把世界从机器广泛运用之后所出现的深重灾难中拯救出来。资本主义体系仍然被保留下来，想要毁弃它无疑是一种愚蠢的念头。少数人的财富如果能被适当利用，将有可能造福于整个人类。他们对工厂主（他们的工厂虽然也面临倒闭的危险，但至少不会挨饿）与劳工（他们在薪水与工作面前没有选择，不然全家老小都跟着挨饿）之间真有可能获得平等的想法始终

① 即著名的军事统帅“铁锤查理”。

持反对意见。

他们通过法律来改善劳工与工厂主之间的尴尬关系。各个国家的改革人士都用这种方法取得了不小的成就。到今天为止，绝大部分劳工的生产生活条件都已获得足够的保障：每天工作八小时，子女被送进学校（而不是矿坑或棉纺车间）。

尽管这些方面已经取得不小进步，但还是会有人对烟囱的滚滚烟尘、火车的尖锐轰鸣以及仓库的囤积产品心存芥蒂。他们所担心的是，人类的这种规模庞大的生产活动将会产生怎样的终极后果？他们还记得人类的生活在此前几十万年中都一直没有商业贸易和工业生产相伴。有没有可能扭转乾坤，把那种出卖人类幸福的利益竞逐体制彻底摧灭？

许多国家都诞生了这种对人类未来世界的美好幻想。罗伯特·欧文这位纺织工厂主在英国创设了所谓的“社会主义社区”新拉纳克。但是短命的新拉纳克社区在他死后没多久就随之消失了。名记者路易·布朗打算在法兰西上下打造“社会主义实验室”，但并未取得实际效果。现实使社会主义知识分子越来越倾向于认为，建立一个个脱离社会的独立社团终究不是办法。只有从工业体系和资本主义社会的基本规律入手，才有可能找到最彻底有效的解决途径。

实用社会主义者罗伯特·欧文、路易·布朗、弗朗西斯·傅立叶等人淡出舞台之后，又涌现出两位理论社会主义思想家卡尔·马克思和弗里德里希·恩格斯。马克思要比恩格斯更有名一些。这位智慧博学的犹太人举家长期居住在德国。当他得知了欧文、布朗的社会实验之后，开始全身心投入到对劳动、工资以及失业等问题的研究当中。由于他的思想极富自由主义色彩，引起了德国警方的密切关注。他不得已流亡到布鲁塞尔，之后又转赴伦敦，依靠在《纽约论坛报》当记者勉强度日。

他的经济学著作在刚出版时并未引起社会的太多关注。1864年的时候他创立了第一个国际劳工组织。三年之后著名的《资本论》第一卷获得出版。马克思指出，“有产者”与“无产者”之间的长期斗争组成了人类的全部历史。资产阶级作为一个新阶级诞生于机器的出现及其大规模应用。资产阶级用剩余财产购买生产工具之后，就雇用劳工为他创造出了远为丰富的财产。然后为了进一步扩大生产，他又把这笔财产用于建造更多更大的工厂，这种循环往复将永远持续下去。在马克思看来，第三等级（即资产阶级）在整个过程中将越变越有钱，第四等级（即无产阶级）则会在此过程中越变越穷。他还在理论说明之后给出预言，认为这种生产循环发展到最后将出现全世界所有财产都集中到一个人手中，剩下所有人都为他打工这样一种情况。

为了防止这样一种情形在人类社会上演，马克思号召全世界无产者联合起来，为了他们的政治经济权利而斗争。1848 年，也就是欧洲大革命的最后一年，马克思发表了《共产党宣言》，具体阐释了无产阶级的权利和任务。

各国政府对此大为光火。以普鲁士为首的许多国家专门颁布了法律来严厉控制社会主义者的言行，并派出警察抓捕社会主义者集会的参加者和主讲人。然而这样的压迫并未使事情得到改观。牺牲对一件尚处襁褓的事业而言有时候恰是最为有效的宣传广告。信奉社会主义的人士在欧洲日益增多。很快大家就发现，社会主义者其实并不热衷于暴力革命，他们只希望能在议会中获得一席之地，以此为无产阶级争取合理的利益。甚或可以请社会主义者来当内阁大臣，带领诸多天主教徒和新教徒去挽救工业革命之后日趋危难的社会状态，使机器出现和财富激增所致的利益得以优化。

第六十章　科学时代

我们生活的世界总是经历着各种各样的变革，有些甚至比政治革命和工业革命更为影响深远。一直以来，科学家备受打击、残害，如今终于盼来了自由的一天，开始积极投入对宇宙运行规律的探索中

古代埃及人、巴比伦人、迦勒底人、希腊人、罗马人都在早期科学研究领域有过重大发现。可是古典文明随着公元 4 世纪的大迁移而走向消亡，随后登上历史舞台的基督教对肉体极端蔑视，把科学研究当作人类傲慢本性的流露。科学研究是对上帝权能的无礼刺探，与七宗罪[①]有着某种亲缘关系。

文艺复兴对中世纪的偏执有所纠正。可是 16 世纪初期，宗教改革却毁弃了文艺复兴的新文化理想。一旦有哪位科学家敢于质疑《圣经》的狭隘世界观，将又像中世纪时一样被施以酷刑。

今天我们身边随处可见身跨骏马、指挥若定的伟大军官的雕像，而只有在很偶然的情况下才会发现守护着某位科学家的遗骸的大理石墓碑。或许千年之后，我们对待这两者的态度将会发生逆转，科学家将以超乎常人想象的勇气和责任感获得那一辈人的推

① 饕餮、贪婪、懒惰、淫欲、傲慢、嫉妒和暴怒被天主教认为是七种大罪。

重。科学家在理论知识方面走在了世人前面，而现代世界的真正实现正是依靠了理论知识的发明与运用。

许多伟大的科学先驱都曾遭受过贫穷、轻视和侮辱的困扰。他们有的生前住在狭小的阁楼里，有的悲惨地死在地牢里。他们在出版著作时不敢署上自己的名字，甚至在取得研究成果后不敢在自己的国家公开。他们经常要偷偷跑到阿姆斯特丹或哈勒姆的秘密印刷厂去印刷出版自己的研究报告。无论是天主教会还是新教教会都把他们视为眼中钉、肉中刺。牧师们在布道过程中怒斥这些异端分子，呼吁诸教众对他们施以挞伐。

有时候他们也能成功找到安全栖身的场所。荷兰是一个在意识形态上极为宽容的民族，尽管他们的政府并不支持科学研究，但对个人的思想倾向还是放任自由的。荷兰就这样为无数追求自由思想的杰出个人提供了避难场所，来自法国、英国、德国的哲学家、数学家和物理学家终于可以在这里喘口气，尽情享受自由的天空了。

我曾在前面提到，13 世纪的时候，教会曾经禁止卓越的天才罗杰·培根进行科学写作。五百多年后，《百科全书》[①] 的编者也被法兰西警察严密监视。又过了五十多年，达尔文对《圣经》所载上帝创造人类的故事作了强烈质疑和有力反驳，结果基督教会把他判为人类公敌。即便是科学昌明的今天，也依然会有人对那些冒险求知的科学家施以迫害。就在我现在写书的时候，布莱恩先生 [②] 正大肆宣扬他的达尔文主义威胁论，并鼓动群众对这个英国佬的奇谈怪论加以反驳和攻击。

然而这一切都无法阻挡历史车轮的前进。应该实现的事业最

---

① 指法国启蒙运动时期以狄德罗为首的百科全书派所编写的《百科全书》。详见本书第五十二章。

② 美国政治家，他在 1921 年发起了一场全美性的反对进化论运动。

后终究能实现。科学发现与技术发明最终还是在为人民大众谋福利，虽然这些高瞻远瞩的科学家在人们眼中曾一度扮演着空想家和理想主义者的角色。

17 世纪的科学家对遥远的星空甚感兴趣，着手研究起地球与太阳系的关系。这种好奇的心理在教会看来是极其危险的。哥白尼最早提出了太阳中心论，但对于自己的研究成果却到临死才敢发表。伽利略终其一生都被教会严密监控着，但他仍然通过长年累月的天文观察给伊萨克·牛顿留下了充足的数据。牛顿是著名的英国数学家，他在发现一切下落物的有趣的"万有引力定律"时大量利用了伽利略的观察手记。

当时人们认为这一发现已经揭示了天空中所有的秘密，于是地球转而成为他们新的研究对象。17 世纪下半叶，安东尼·范·利文霍克对显微镜（一部外形独特笨重的小仪器）的发明使经常致病的微生物进入人们的研究视域，这就为细菌学的兴起打下了基础。细菌学在这之后的四十年里发现了多种致病微生物，为人们消灭了大量疾病。除此之外，显微镜还使地质学家对各种岩石以及深埋地底的化石（史前生物的石化产品）有了新的认识。这一系列科学研究向世人证明了地球比《创世记》所述要古老很多。查理·李尔爵士在 1830 年出版的《地质学原理》中对《圣经》的创世说予以彻底否定，并详尽描述了地球发展演化的曲折历程。

同时德·拉普拉斯爵士正致力于研究宇宙最初是怎样形成的，他的观点是，浩瀚无际的星云衍生出了行星系，而地球是这个庞大行星系中的一小点。邦森与基希霍夫借用分光镜考察了太阳的化学成分与性质，不过那些奇怪的太阳光斑却是伽利略发现的。

与此同时，解剖学家、生理学家在与天主教、新教教会的长期斗争中取得了胜利，得以合法地解剖尸体。他们对人体器官性质的直观认识终止了中世纪人在这方面的盲目猜测。

从很久以前人们仰望星空，对天上的星星产生疑问的时候起，已经过了整整几十万年的时间。然而现代科学却在一代人的时间里（1810 年到 1840 年）获得了超越此前几十万年的长足进步。被古老文明教育出来的人一定对此深感不适。我们不难想见他们会对拉马克、达尔文等人心怀嫉妒。这些科学家虽没有直接宣称人类其实是猴子的后代（我们祖先闻言一定深感羞辱），但他们已经指出人类很可能是由地球上最早的一批生物如水母之类慢慢演变进化而形成的。

主导 19 世纪社会的中产阶级乐于使用煤气、电灯和科学发现的其他一切实用成品，但对那些研究理论的科学家却抱以轻视的态度。事实上正是他们的工作才使人类文明得以持续向前发展。最近人们终于开始承认他们的伟大功勋。有钱人开始把以前用于修建教堂的钱财拿来投资建造实验室。一批默默无闻的科学家就在这些安静的实验室里和野蛮落后做斗争，甚至经常为了后人的幸福生活而牺牲自我。

很久以前很多疾病无法治愈的时候，人类祖先把这视为上帝的安排，科学家告诉我们这种看法是无知的。我们今天的小孩都知道喝水不注意卫生就有可能引发伤寒，但是这一事实是在医学人士长期努力之后才使人们相信的。现在人们不再对牙科医生的躺椅心存畏惧。口腔细菌的研究成果帮助我们有效地预防蛀牙。一旦有牙齿蛀到需要拔掉的程度，那么也只需忍受一下麻醉就可以圆满回家。而在 1846 年，用乙醚来解除手术疼痛的新闻刚见诸美国报端时，引发了虔诚的欧洲人的深深疑虑。他们把人类企图躲避一切生命都必须承受的病痛的念想看作是对上帝意志的违逆。一直到很多年以后，人们才开始在手术中放开使用乙醚和氯仿。

进步终于战胜了落后，使人们从对科学的偏见当中抽身出来。

时光飞逝，包围着古代世界的无知崩塌了，追求幸福新生活的人们勇往直前。忽然他们看到又有新的羁绊出现在前行路上。一种反动势力从落后的旧世界残余中生长出来。成千上万的人们又开始不畏牺牲地投入消灭这一反动势力的战斗中。

第六十一章　艺术

关于艺术

一个健康的小宝宝在吃饱睡足之后总喜欢哼两句来表现他的快乐。大人们当然觉得这些“咕噜咕噜”的怪声音没什么实际意义。但对小宝宝而言这却是美丽的音乐，是他艺术灵感的最早体现。

等他长大一点能够坐起来时，他开始捏起了泥团。小小的泥团并不起眼，世界上有许多这样的孩子，都能捏出这样的泥团。但泥团捏制却是小宝宝步入艺术殿堂的又一个早期阶段，他正在向雕塑家发展。

三四岁时已经能够自如运用的双手又把他变成了画家。他用妈妈买来的彩笔在小纸片上圈圈画画，这些歪歪扭扭的线条和大小不等的色块就代表了房子、大马还有海战。

几年后这种纯粹的表现生涯被中止了，孩子们要到学校里去学习没完没了的功课。在学校里，每个小男孩小女孩的头等大事就是掌握生存的技能。这些可怜的孩子被一堆乘法口诀、不规则动词的分词形式重重包围，再不会有时间来享受“艺术”。除非他毫不功利，纯粹出于一种与生俱来的喜爱之情而自发地要求有所创造，如若不然，孩子长大以后就会完全忘记自己早年对艺术的倾心与努力。

民族艺术的最初发展就经历了类似的情形。原始人类从漫长而寒冷的冰川期中幸存下来以后就开始全力整顿家园。他创作出许多不能为他的狩猎活动带来实际帮助的美的东西。他在他所居住的岩洞的墙壁上刻画了狩猎时见到的大象和麋鹿，有时候还会把一块石头简单地雕琢成他所向往的女子形象。

埃及人、巴比伦人、波斯人等东方民族在尼罗河、幼发拉底河等河流的岸边建起了自己的小国家。他们的国王想要一座华丽的宫殿，女人想要许多精巧的首饰，于是人们开始致力于创造这一切。除此之外，他们还会在居所的后院里栽花种草，装点家园。

欧洲人的祖先是从遥远的亚洲草原迁徙而来的游牧民族，他们大多是些过着自由生活的猎人。为了向他们的部落领袖表达赞颂，他们发明了一种宏大的流传至今的诗歌形式。一千年以后他们在希腊半岛安身下来并建起了许多城邦。所有神庙、雕塑、悲剧、喜剧及其他想得到的艺术形式都被他们用来表现自己内心的悲与乐。

罗马人和对头迦太基人一样只对治国和赚钱有兴趣，不屑于无功利的纯粹精神活动。他们在征服世界的过程中建造了许多道路和桥梁，但他们的艺术品却都是照抄希腊人的。他们也曾因为实际需要而创造了几种建筑形式，但他们所有的雕塑、历史、镶嵌画和诗歌都是从希腊原作改编而来的拉丁版本。我们知道，艺术品身上具有一种难以言传的神秘“个性”，它是使艺术成为艺术的必要条件。而古代罗马世界对“个性”恰巧深恶痛绝。帝国对高度实用的战士和商人求贤若渴，而对诗人和画家颇无好感。

这之后“黑暗时代”降临了。蛮族像公牛闯进瓷器店一样粗暴地闯入文明世界，把他们不能理解的东西全部毁掉。换一句现代话语，这些只喜欢杂志封面女郎的粗俗家伙一看到伦勃朗的蚀刻画就会随手扔掉。一段时间之后他们的趣味突然提高了，想要挽回多年前造成的损失，但此时伦勃朗的蚀刻画已经找不回来了。

而与此同时，东方艺术又传了进来，发展成为美丽的“中世纪艺术”。欧洲北部的“中世纪艺术”带有深深的日耳曼民族精神的印记，而与古代希腊、拉丁的艺术无关，当然也与更古老的埃及、亚述艺术甚至印度、中国艺术毫无亲缘。那时候的人们根本不知道世界上还存在着什么印度和中国。南方人的艺术风格很难影响到北方民族，因此意大利人对北方建筑也感到不可理解，甚至极其蔑视。

“哥特式”这个词语你一定已经耳熟能详。一听到它就会在你脑海中浮现出一座美丽的古代教堂，它那纤细而华丽的尖顶高耸入云。但你知道这个词的确切含义吗？

其实这个词的原意是“粗鲁野蛮的哥特人的制品”。落后的哥特人长期居住在文明边缘，对典雅的古典艺术缺乏敬意。他们造的尽是些品位低俗的恐怖建筑，从不去参考罗马广场、雅典卫城这些崇高的建筑经典。

但是事实上，哥特式建筑在好几个世纪里都是北欧人艺术情感和精神生活的完美体现。前面的一些章节已经向你介绍过中世纪晚期时人们的生活状态。他们如果不是住在村庄里，就会住在所谓的“城市”（由古拉丁语“部落”衍生而来）里。确实，这些所谓的城里人虽然住在城墙和护城河后面，但在生活方式上仍然保持着部落中人的特点，他们还是生活在一种互助合作的团体组织当中。

以神庙为中心建立的市场是古代希腊、罗马市民的生活中心。中世纪的时候，教堂取代神庙成为欧洲人新的生活中心。对于我们这些每个礼拜天才去教堂待几个小时的现代新教徒而言，恐怕已经无法理解中世纪教堂对市民生活的意义。在那个宗教笼罩一切的年代里，你一出生就要被抱到教堂里去接受洗礼。稍大一点后你要到教堂学习《圣经》故事。再大一点你就成为正式的教众。如果碰巧你口袋里有几个钱，你就得为自己建一座供奉家庭守护神的小供堂。当时教堂在所有的白天和大部分夜晚都是对外开放的。换言之，它有点类似于二十四小时营业且来者不拒的现代俱乐部。你可能会在教堂里遇见日后成了你新娘的那个好姑娘，并与她一起在这座教堂的神坛前起誓要相伴终生。最后你死了，你被埋在这座你最熟悉的建筑之下，好让你的子孙在末日审判来临前都一直能够看到你的坟墓。

中世纪教堂不仅仅是一个信仰场所，它是所有公共生活的绝对中心，因此它的建筑风格必须和之前人间所有的建筑物都截然不同。古代埃及人、希腊人、罗马人的神庙只供奉各地的小神，也没有在奥西里斯、宙斯或朱庇特像前布道的习惯，因此这些神庙都没有太大的容量。古代地中海地区的民族向来都在露天场所举行宗教仪式。可是欧洲北部气候恶劣，必须把主要宗教活动放在教堂里举行。

于是教堂的建筑师花了好多个世纪来探索怎样扩大建筑物的空间容量。罗马人的建筑经验教导他们，要保证厚重石墙的坚固，就只能开凿几扇很小的窗。可是 12 世纪开始的十字军东征使欧洲建筑师发现了穆斯林的穹顶，他们在此基础上探索出一种新的建筑样式，使欧洲人终于能够满足当时丰富而频繁的宗教生活的需要。这种奇异的建筑风格在以后的年代里获得了不断的发展和完善。意大利人对此十分不屑，称之为野蛮人的“哥特式”建筑。这种建筑用巨大的“拱券”来支撑圆拱形屋顶。但这种沉重的拱顶很可能会把墙壁压塌，就如一把小小的儿童椅顶不住三百磅重的胖墩一样。在这个问题上法国建筑师想出了采用“扶垛”加固墙壁的办法。“扶垛”就是砌在墙边起支撑作用的石块。继而他们又发展出“飞垛”来支撑顶梁。其实道理很简单，你看看图画就全明白了。

巨大的窗户在这种新的建筑样式中得到了用武之地。玻璃在 12 世纪是很稀罕、奢侈的东西，一般人家很少会有玻璃窗，就连贵族的城堡也只是在墙上开几个洞。因此，当时的房屋里满是过堂风，而且房屋内外温度相差不大，都得穿毛衣。

古代地中海人的彩色玻璃制造工艺仍然幸存着，现在又重新兴盛起来。于是哥特式教堂的窗户变得光彩夺目，上面用许多小玻璃块拼出了《圣经》故事中的人物形象，然后用铅丝固定。

上帝的居住地现在焕然一新，被热情洋溢的信徒挤得满满当当。这种技术的神奇之处在于它使信仰被生动而感性地呈现出来了。为了把上帝的这个居住地建得尽量完美，任何材料方面的花销都是值得的。罗马帝国覆灭以来一直无所事事的雕塑家又开始重操旧业，在教堂的正门、廊柱、扶垛和飞檐上凿出了上帝和诸圣徒的形象。刺绣工被请来绣一些美丽的挂毯以装饰墙壁。珠宝匠施展身手把祭坛点缀得华贵壮观，以接受信徒的顶礼膜拜。画家也赶来奉献自己的绵薄之力，但是很可惜，他们暂时还没选好材料，这影响了他们的发挥。

这里我们插一个小故事。

在早期基督教时代，罗马人的神庙和房屋里挂满了光怪陆离的玻璃饰品，这些饰品其实是用彩色碎玻璃镶嵌成的美丽图案。玻璃镶嵌工艺很不好掌握，艺术家无法凭借它畅所欲言。如果你小时候玩过积木游戏，你就能够感同身受。因而镶嵌画工艺在中世纪晚期就已经没落，只在俄罗斯还有所发展。君士坦丁堡失陷后，拜占庭的镶嵌画师傅都逃到了俄罗斯，他们在那里又干起了自己的老本行，用彩色玻璃把东正教教堂装饰得面貌一新。后来布尔什维克革命中断了教堂的修建工作，这种工艺也就随之销声匿迹。

回到中世纪画师的材料问题上，他们当时在教堂墙壁上作画时用的颜料是用湿泥调成的，这种湿泥作画的方法在欧洲流行了好几个世纪。今天它们已经十分稀有，几百个现代画家当中最多只有一两个会操作。可是中世纪的画家没有更好的材料，条件限制他只能做一个湿泥画画师。湿泥画法有一个重大缺陷，就是湿泥灰很容易剥落，而且因为它吸潮而使画面容易被侵蚀，弄得像我们今天墙纸上的污渍一样。画师们想方设法改善这种技术，他们试着换用酒、醋、蜂蜜、鸡蛋清来调，但都没有理想的结果。这一试验前后持续了足有一千多年。中世纪画家的这种画法只适合画在羊皮纸上，要想画在教堂坚硬的介质上面总是效果不佳。

15 世纪上半叶，尼德兰南部地区的詹·凡·艾克与胡伯特·凡·艾克联手解决了这个困扰欧洲画家千余年的棘手问题。这对闻名遐迩的佛兰德兄弟调试出一种特殊的油，只要把它掺入颜料里，就能使颜料获得新的特性，适用于木板、帆布、石块及其他任何介质。

但是到了这个时候，中世纪初期那般狂热的宗教热情已经不复存在。城市里的有钱人取代主教成为新的艺术投资者。艺术是需要经济支持的，于是艺术家们转而为国王、大公、银行家画起了肖像画。用油彩作画的新式画法很快在欧洲大陆上风行。许多国家和地区都发展出了独具风格的绘画流派，各自展示着订购这些肖像画和风景画的当地人群的独特艺术品位。

在西班牙，委拉斯开兹正在那里画宫廷弄臣、王室挂毯作坊的织工，以及与国王、宫廷有关的各种人与物。在荷兰，伦勃朗、弗兰茨·哈尔斯、弗美尔正在画商人家里的粮仓、他蓬头垢面的妻子、他健康骄傲的孩子，以及他用来赚钱的商船。在意大利，米开朗琪罗和柯勒乔仍然在画圣母圣子与圣徒，因为那里教皇势力较大，艺术家还是需要他的保护与支持。而在英国和法国，由于贵族和国王势力更为强大，因此艺术家要么在画已经步入政坛的大富豪，要么在画国王的那些风姿绰约的情人。

绘画产生了如此剧烈的转变，除了因为教会势力日渐衰落以外，还和新的社会阶级的兴起有关。这种情况同样发生在其他艺术品类中。作家因为印刷术的广泛使用而成为一个可以通过为广大读者写作来获得声誉的职业。因此社会上出现了职业小说家和插图画家。然而很多人虽然买得起书，却并不愿意时时刻刻都待在房间里苦读，他们更需要到外面的世界去进行娱乐和消遣。中世纪的行吟诗人或是流浪歌手显然已经不再能提供尽兴的娱乐。那些源自两千多年前古希腊城邦的职业剧作家重新受到大众的热烈欢迎。戏剧在中世纪的时候只是教堂的一种宗教仪式。13、14 世纪的悲剧都是关于耶稣受难的叙述。在 16 世纪的时候，上演世俗戏剧的剧场在欧洲出现了。最初，剧作家和演员都还没有获得如现代戏剧工作者那样的地位。威廉·莎士比亚仅仅被视为为王公和民众逗乐的戏团中的一分子。不过等到 1616 年这位戏剧大师溘然谢世时，他已经获得了极大的尊重和崇敬，而戏团演员也不会再像盗贼一般被警察监视了。

著名的西班牙戏剧家洛普·德·维加与莎士比亚差不多处于同一时代，他拥有惊人的创作力，一共写过四百部宗教剧和一千八百部以上的世俗戏剧。教皇非常欣赏他，曾经赐给他爵位。而在大约一个世纪以后，法国大戏剧家莫里哀获得了堪与路易十四比高的社会声誉。

戏剧在之后的日子里越来越为人们所喜闻乐见。在我们的现代社会中，任何一座功能完整的城市都会拥有一家以上的剧院，而“默片”电影也已经在偏僻的村庄里流行起来。

音乐是上帝钦定的最受欢迎的艺术品类。那些古老的视觉艺术大多需要经过刻苦而持久的技巧训练，才能随心所欲地指挥双手把内心形象在画布或大理石上再现出来。而戏剧表演和小说创作的学习有时也要花去你大半生的精力。同时，作为欣赏者的大众也需要受过一定的训练才能领略绘画、小说或雕塑的精美之处。可是一般情况下，除了那些连音调都无法分辨的家伙，几乎人人都会哼几首歌谣，或者在音乐里获得某种程度的快感。中世纪的人能听到的音乐非常有限，且尽是些宗教音乐。圣歌对节奏与和声都有非常严格的规定，会让人感到非常单调甚至沉闷。并且圣歌是绝对不能在街市上随便哼唱的。

文艺复兴使音乐的存在状况发生了巨变。音乐再次深入人们的内心世界，带着他们一起享受哀与乐的无限美丽。

古代埃及人、巴比伦人、犹太人都是忠诚的音乐爱好者。他们已经开始把不同的乐器组队以进行合奏。但是古代希腊人对这些粗俗不堪的域外之音颇为不屑，他们爱听的是荷马或品达的诗歌朗诵，朗诵时可以有竖琴（这恐怕是最简陋的弦乐器了）伴奏。罗马人在这方面要进步一点，喜欢在举行宴会的时候听到器乐的演奏，并且还发明了今天大部分乐器的先祖。早期教会对罗马人的音乐深恶痛绝，因为它带有深深的异教徒的味道。公元 3、4 世纪时的主教们最多容许教众唱几首刻板的圣歌。唱圣歌是需要用乐器伴奏的，不然就会走调，管风琴是经过教会特许的唯一的伴奏乐器。管风琴发明于公元 2 世纪，它是由一排牧神潘的笛管和一对风箱所组成的能发出巨大声响的乐器。

然后大迁徙时代开始了，最后一批罗马音乐家如果在战乱中幸运地逃离了死亡，就做起了流浪歌手，他们在市镇的街角巷尾演唱以赚钱度日，其情形颇像现代渡船上卖唱的竖琴歌手。

中世纪晚期，城市文明进一步世俗化，致使社会对音乐家的需求激增。铜管乐器最初就是在战争或狩猎时发信号用的号角，几经改进之后已经能够在舞会上嘹亮地吹奏了。吉他最初就是把马的鬃毛作为弦绑在弓上做出来的。到了中世纪晚期的时候，这种六弦琴（最古老的弦乐器，古代埃及和亚述就已经有了）已经发展成现代的四弦小提琴。18 世纪的斯特拉底瓦留斯等著名的意大利小提琴制作家进一步完善了它的制作工艺，使它的音色几近完美。

最后轮到钢琴出场了。钢琴是最普及的一种乐器，甚至被人们带入荒原的深处或是格陵兰岛的冰山之上。最早的键盘乐器是管风琴，但是它在演奏时需要在演奏者之外再找一个人来拉动风箱（今天这种活已经被电力一手包揽）。有鉴于此，当时的音乐家希望能用一种易于操作的乐器来训练唱诗班的众多学生。到了伟大的11世纪，在诗人彼得拉克的故乡阿莱佐城，一位名叫圭多的本笃会修士发明了记谱法。还是在这个世纪，第一件同时拥有键盘和弦的乐器随着人们对音乐的热爱日渐高涨而诞生。这种乐器的叮当响声和现代的玩具钢琴颇有些相似。1288年，维也纳音乐家（那时候他们被人看成是杂耍演员、赌徒或者骗子）创建了史上第一个独立的音乐家协会。维也纳人把单弦琴加以改造，制成了现代斯坦威钢琴①的前身。这种"翼琴"②（"翼"就是键盘）很快从奥地利流传到意大利，并被威尼斯制琴家乔万尼·斯皮内特改造成小型立式钢琴，后人就把这种琴称为"斯皮内特"。最后在1709年至1720年之间，巴托罗缪·克里斯托弗里制造出一种演奏时可以任意变换响度的钢琴，用意大利语讲就是既能奏"弱音"（piano）又能奏"强音"（forte）③的乐器。这种钢琴已经与现代钢琴非常接近了。

世界上的人们第一次拥有了只要花几年工夫就能自如演奏的乐器。与其他乐器相比，它无须像竖琴、提琴般经常调音，其音色又比大号、长号、单簧管和双簧管远为清丽动听。现代留声机的推广曾使数以百万计的人为了音乐而疯狂，与之相似，钢琴的发明也使音乐普及到更为广泛的领域。几乎每一个出身良好的年轻人都

---

① 德国顶级钢琴品牌，由钢琴制造家斯坦威开创。斯坦威原名海因里希·斯坦威格，出生于德国，后迁居美国，更名为亨利·斯坦威。现在斯坦威钢琴公司在德国汉堡与美国纽约各有一家。

② 亦称大键琴或击弦古钢琴。

③ "钢琴"的原名即为pianoforte，表示一种既可奏强音又可奏弱音的乐器。但是西班牙语却采用了不正确的缩写字，以后就成了piano。

要接受音乐教育。许多王公贵族和富商纷纷组建起属于自己的私人乐团。音乐家不再需要像行吟诗人那样四处流浪，他已经成为受到社会尊敬的艺术家。后来人们把音乐带进剧院，和戏剧表演结合在一起，这就是现代歌剧。开始的时候，欣赏歌剧几乎是王公贵族的专利，可后来这种娱乐形式越来越流行，歌剧院如雨后春笋一般出现在欧洲各大城市里。意大利歌剧和德国歌剧先后为欧洲社会带来了全新的高级视听享受。当然也有少数特别严肃的基督徒对这种现象深感忧虑，在他们看来，音乐对人具有这么大的魔力，这恐怕会影响到灵魂的健康。

18 世纪中期，欧洲音乐的发展正蒸蒸日上。这时人类历史上最伟大的音乐家诞生了。他就是约翰·塞巴斯蒂安·巴赫，莱比锡托马斯教堂里的淳朴的管风琴师。他的音乐创作涉及所有已知的体裁和乐器，无论是流行的喜剧和舞曲，还是庄严的圣歌与赞美诗，他都能写得动人心弦，通过这种方式，他为现代音乐奠定了全部基础。他于 1750 年溘然长逝，然后伟大的莫扎特延续了他的光荣。莫扎特的音乐作品具有清新可爱的特点，其轻盈的节奏与温婉的和弦让人联想起绵延不断的美丽花边。在他之后，悲剧英雄路德维希·凡·贝多芬向我们走来。他把雄浑高亢的现代交响音乐奉献给了全人类，自己却无缘倾听那人世间最伟大的音响。在最贫困的岁月里，一次伤风导致他听力衰退直至完全失聪。

贝多芬的时代爆发了法国大革命。在革命精神的感召下，他对新时代充满热情，为此他专门写了一部交响曲①献给拿破仑。后来拿破仑的变节使他对自己早年的行为非常后悔。1827 年贝多芬与世长辞，那时曾纵横欧洲的拿破仑已经默默死去，法国大革命也

① 指贝多芬的《第三交响曲》。贝多芬原来准备把这部作品题献给拿破仑，后来得知拿破仑称帝，一怒之下撕去了手稿上题字的扉页。

已偃旗息鼓。此时蒸汽机诞生了，它使全世界响起了在《第三交响曲》的英雄梦中无法听到的声音。

在蒸汽、钢铁、煤矿和工厂组成的工业社会里，难有绘画、雕塑、诗歌、音乐等艺术的立足之地。像中世纪的教会与王公，或者17、18世纪的富商那样的艺术保护人已经在世界上销声匿迹了。工业社会的新宠只顾赚钱，毫无教养，对蚀刻画、奏鸣曲或象牙工艺品之类的东西提不起一点精神，更不用说去关心保护这些东西的创造者了——这些人对新社会百无一用。习惯了机器的隆隆轰鸣声的技工已经完全丧失了鉴赏力，无从辨别他们的农民祖先所发明的长笛或提琴的优美旋律了。工业时代艺术的地位就好像是社会的领养儿子，被人们的日常生活所彻底抛弃。从历史中保留下来的绘画作品如今只能寂寞地待在清冷的博物馆里。而音乐则变成了少数大师的个人表演，它离开了普通人的家庭生活，被这些号称大师的人带进了门槛森严的音乐厅。

现在，艺术正在缓慢地恢复它在人类生活中应有的地位。人们逐渐认识到，只有伦勃朗、贝多芬和罗丹[①]才是人类精神的真正先知与领袖，世界如果失去了艺术就会像幼儿园失去了欢笑一样可怕。

---

① 罗丹（1840—1917），伟大的法国雕塑家，主要代表作有《地狱之门》《思想者》等。

第六十二章　殖民扩张与战争

我本来想在这一章里面向你介绍一下我写这本书的五十年前世界政治的大致面貌，但写到后来却发现成了我自己的解释和道歉

如果在写以前就知道描述世界历史会有这么多困难的话，我就肯定不会展开这一工作了。当然如果一个作风踏实的人能够坚持在图书馆的发霉书堆里努力工作五六年，那么要编出一本厚厚的历史书并不成问题，他只需把每个世纪的每块土地上曾发生过的重大事件都一一罗列出来即可。然而我写作这本书并没有采用这样的方法。如果依照出版商的愿望，我就应该把这本历史书写得极富节奏感，换言之，我的书不应该冗长拖沓，而应该是一个节奏轻快的历史故事串接。现在眼看这本书就要写完，我却在这时发现有些章节被我写得龙腾虎跃，而另有一些章节却像是在过去年月的荒漠里缓慢前行，我有时会驻足停留，有时还会沉迷于其中那些充满传奇色彩的爵士音乐。我并不想如此，因此非常希望能够推倒重写，但是被出版商阻止了。

那么只好另外想办法了。我为了消除这些问题而把打印稿送到几位好朋友那里，请求他们在阅读之后提点建议。但这么做还是没有带给我什么希望。毕竟每一个人都有自己的偏好和特别倾向。

他们都反复问我为什么没有提及某个他们所热爱的国家、所崇拜的政治家甚或是所怜悯的罪犯。他们当中有几个对拿破仑和成吉思汗无比崇敬，认为我应该对他们多加赞誉之词。我的解释是我要努力给拿破仑一个比较客观公正的评价。拿破仑在我心目中的地位其实远远低于乔治·华盛顿、古斯塔夫·瓦萨、奥古斯都、汉谟拉比、林肯等二十多个人物，但出于对篇幅的考虑我只能对这些人略作提及。

"我认为你现在写得还是不错的，"另一位朋友批评我说，"但是你把清教徒搁哪儿去了？美国在不久前刚举行了清教徒登陆美洲三百周年的庆典，你不认为应该再给他们多点笔墨吗？"我回答他说，如果我在写美国历史，那么前十二章里有一半都会写到清教徒。但问题是这是一部人类史。而普利茅斯岩石上发生的这件事情[①]恐怕要到几个世纪之后才能显示出它的世界意义来。不仅如此，我们都知道美国最初是由十三个州共同组建起来的，并不是只有这么一个州。美国历史前二十年里出现的伟大领袖大多来自弗吉尼亚、宾夕法尼亚、涅维斯岛，却没有一个来自马萨诸塞。所以我只用了短短的篇幅来讲清教徒的故事。

然后史前史专家站出来了。他们对我为什么没有写到克罗马努人[②]表示了疑惑，要知道，这些人早在一万年之前的霸王龙时代就已经发展出相当的文明成果了。

其中的原因其实很简单。我做的并不是人类学家的工作，不会对原始初民的文明成果作过高的评价。18 世纪时卢梭和一批哲学家为世人造设了一个"高贵的野蛮人"的完美形象，以为这群鸿蒙

① 指 1620 年 11 月 11 日英国清教徒乘坐"五月花"号，在马萨诸塞州的普利茅斯登陆一事。

② 也就是所谓"智人"，是现代人最早的真正祖先。因最早是在法国的克罗马努岩洞发现他们的遗迹的，故称之为"克罗马努人"。

初开时期的人类生活在无忧无虑的人间乐土之中。后来一批现代科学家把他们的祖辈所仰慕的“高贵的野蛮人”搁置一旁，又对法兰西山谷里的“辉煌的野蛮人”顶礼膜拜起来。他们声称，这些“辉煌的野蛮人”在三万五千年前就已经脱颖而出，不再像那些眉骨凹陷的尼安德特人[①]以及其他日耳曼邻族那样还处在野蛮状态中。这些科学家对克罗马努人画的大象和制作的雕塑极尽溢美之词。

我的意思不是说科学家的研究有错误，我只觉得我们对那段时期的了解还非常不够，无法比较精确地为大家描绘欧洲早期社会的完整面貌。因此，为了避免对不熟悉的材料添油加醋随口编造，我还是决定略过它不谈。

另外还有一些朋友批评我在叙述中不够公正。他们问我为什么对爱尔兰、保加利亚、泰国闭口不谈，却对荷兰、冰岛、瑞士这些国家多费笔墨。我的回答是，我并不是出于主观偏好才对某些国家多费笔墨。它们在我的叙述语境中自然而然涌现出来而无法被去除。为了进一步阐明我的写作立场，我将在以工作几点自我说明。

我在写作中始终秉承一条原则：“这个国家或人物有没有创造出一种足以推动文明发展的新的思想观念，或者作出了足以影响历史进程的举动。”这种选择要求如数学计算一般客观冷静，而不掺杂任何个人的主观倾向。

举些例子。亚述的提格拉·帕拉萨[②]的人生有如戏剧一般曲折，但我们在叙述中完全可以忽略他的存在。与之同理，荷兰共和国的历史因为它在北海边的防海大坝而显得意义重大，而跟德·勒伊特[③]的水兵在泰晤士河中钓鱼的逸事扯不上什么关系。那个地方

---

① 古人类的一支，并非人类的直系祖先。

② 提格拉·帕拉萨（公元前745—前727年在位），亚述国王，军功显赫，是世界军事史上划时代的人物。

③ 德·勒伊特（1607—1676），17世纪的荷兰将领，英荷战争中的灵魂人物。

的国家曾经友好地为许多奇怪人士提供过避难场所，那是些持不同政见或者不同信仰观念的人。

虽然雅典和佛罗伦萨在它们的全盛时期也只拥有堪萨斯城十分之一的人口，但是这两个同处地中海盆地的小城邦都极大地改变了文明的进程，而位于密苏里河畔的大都市堪萨斯城却显然没有这样的历史地位（我这么说对怀恩多特县[①]的善良人们感到很抱歉）。

既然主动的选择已经无可避免，那我索性再作一些更进一步的说明。

我们在看病之前通常先要对主治医生作一番了解，弄清楚他是外科大夫、门诊专家、顺势疗法者还是信仰疗法者，以确保他的诊疗方法确实适合于我们的病况。对历史学家的选择也必须得像选医生一样慎之又慎。经常有人对此不屑一顾。但是请试想，一个在苏格兰农村里出生、在教条严明的长老会教派家庭里长大的作者，和一个小时候听惯了罗伯特·英格索尔[②]关于世界上不存在鬼怪的著名演说的邻居，两者在人生观、世界观上面肯定具有巨大的差异。长大以后他们很少再去教堂或者演说大厅，也会把小时候的所见所闻逐渐淡忘。但是童年时期所接受的模糊观念会以一种潜在的方式长期存留在他们的意识中，当他们写东西、交谈或者办事情的时候，就会不知不觉地显露出来。

我已经在前言中向你说明，作为一个历史向导我也是会出现差错的。如今这本书快要写完，我还是要向你强调这一点。我的生长环境可以名之为老派自由主义，这种环境是由达尔文和19世纪的其他科学家共同造就的。我在我叔叔的身边长大，而他是16世纪法国散文家蒙田的忠实读者和作品收藏者。我在鹿特丹出生，稍大

① 美国堪萨斯州的一个县。

② 罗伯特·英格索尔（1838—1899），19世纪后期美国政治家、演说家，著名的不可知论者和无神论者。

一点后在古达市读书，这使我对伊托斯漠有着比较多的了解。由于某种不可知的原因，这位伟人对宽容的积极提倡逐渐改变和征服了原本不甚宽容的我。有段时间我对阿纳托利·法朗士[①]着了迷。在一次偶然的机遇中我读到了萨克雷[②]的《亨利·艾斯蒙》，并对英语文学有了最初的体验。这本小说在我的思想中打下了显著的印记，是其他英语作品所无可比拟的。

如果我的出生地是在美国，也许我会特别钟情于小时候常听到的赞美诗。但其实我对音乐的初次体验发生在童年时期的某个下午。那一次我跟母亲去听人演奏巴赫的一些赋格曲。我被这位新教音乐家的精确与完美所深深折服，以至于以后每次在祈祷会上听到赞美诗时都会感到难以忍受。

而我如果生在意大利，从幼年起就开始享受亚诺河谷地的和煦阳光，我也许会对那些色彩鲜艳明丽的画作颇多喜爱。但事实上我对这样的绘画毫无感觉，因为我的童年印象完全被故国的阴霾气候所占据。在那块土地上，遇到雨后初晴的日子，泥泞不堪的地面会被一种不寻常的刺人阳光有些近于残酷地照耀，一切都被置于极端强烈的明暗对比中。

我特地把我的一些现实情况讲给你听，好让你对我的意识取向有所了解。这么做也许可以帮助你更好地理解这本书。

以上我说了一小段我认为非常必要的题外话，现在我们再来看我写这本书五十年以前的那段历史。这段时间里当然有很多事情发生，但具有特别重大意义的好像并不多。多数强国已经从单纯的政治机构转变为大型商业集团。它们积极投身于修筑铁路、开辟航线、拉电报线等活动，使所属各地都能被联通成为一体。它们大肆

---

① 阿纳托利·法朗士（1844—1924），法国评论家和作家，1921 年诺贝尔文学奖得主。

② 萨克雷（1811—1863），英国作家，代表作品为《名利场》。

扩张殖民地，每一块大陆都不放过。无论是亚洲、非洲还是其他什么地方，都有大量的土地已经归属于某个强国。法国是阿尔及尔、马达加斯加、安南[①]及东京[②]的宗主国。德国人瓜分了非洲的西南部和东部地区，进驻了非洲西海岸的喀麦隆、新几内亚以及太平洋诸岛，还利用传教士被杀的借口霸占了中国黄海岸边的胶州湾。意大利人侵犯了阿比尼西亚[③]，但尼格斯[④]的战士们予以迎头痛击，只好转而抢占了土耳其人在北非的领地黎波里。俄罗斯的势力扩张到整个西伯利亚，并强占中国旅顺。日本通过1895年的甲午战争占领了中国的台湾岛，1905年又侵入朝鲜。1883年，全世界最具野心的殖民大帝国英国成为埃及的“保护国”。埃及从1868年苏伊士运河开通之后就一直被外国侵略者所垂涎，后来在英国的“保护”下通过出卖古文明遗迹而获利颇丰。夺取埃及之后，英国又在近三十年的时间里把殖民战争打到了全世界。1902年，它通过三年的长期战争征服了布尔人[⑤]的德兰士瓦和奥兰治自由邦。与此同时，它还指使西西尔·罗德筹建一个巨大的非洲联邦。这个联邦国家的势力范围包括从好望角到尼罗河的广阔土地上所有还没被欧洲侵略者染指的岛屿和地区。

1885年，比利时国王利奥波德利用探险家亨利·斯坦利的探险成果建立了刚果自由国。这块广阔的土地以前是一个君主专制的大帝国。由于国王的统治极其腐败，它在1908年被比利时据为自己的殖民地，国王被赶下台。这位国王在位时对权力的使用毫无顾忌，甚至为了获取象牙和天然橡胶而放弃子民的生命。

---

① 指越南东部地区。

② 指越南北部湾，而非日本东京。

③ 即今埃塞俄比亚。

④ 阿比尼西亚国王。

⑤ 南非的荷兰移民后裔。

美国的本土已经十分广阔，因此美国人在领土扩张方面显得并不积极。然而看到西班牙人极其混乱地统治着它在西半球的最后一块殖民地古巴，华盛顿方面决定插手那里的事务。双方很快展开战争，又很快波澜不惊地结束了战斗，西班牙人战败退走，美国把古巴、波多黎各以及菲律宾群岛据为自己的殖民地。

世界格局以这样一种方式发展当然有它自己的理由。在英国、法国和德国，各种工厂的数量急剧增长，需要大量的原材料。同时随着欧洲各大工厂工人数量的增多，食品的需求量也与日俱增。几乎所有的地方利益集团都希望得到更为广阔的市场，交通更便利的煤矿、铁矿、橡胶种植园和油田，以及更多更好的粮食。

有人开始筹建维多利亚湖上的汽船航线和中国山东的铁路线。他们对欧洲大陆纯粹的政治事件毫无兴趣，尽管他们清楚地看到欧洲社会出现了一系列问题，但对此漠不关心。这种冷漠给他们的子孙留下了痛苦与仇恨。在欧洲的东南地区，数百年来骚乱与流血冲突不断。19 世纪 70 年代，塞尔维亚、保加利亚、黑山以及罗马尼亚的人民再次打响了自由保卫战，结果却被得到西欧国家支持的土耳其人残酷镇压。

1876 年，在保加利亚上演了一场残忍的大屠杀。俄罗斯人对此大为震惊，并派兵前往干预，其情形就如美国麦金莱总统派兵前往干预威利将军在哈瓦那的屠杀一般。1877 年 4 月俄罗斯军队在跨过多瑙河与什帕卡山后一举攻克普列文[①]。随后俄罗斯人又挥军南下，直逼君士坦丁堡城门。混乱中土耳其向英国发出了求救信。英国大众对政府支持土耳其苏丹大为不满，但是俄罗斯人粗暴对待犹太人的行为引起了英国首相迪士雷利的愤恨，他不顾民意大举出兵，于 1878 年逼俄罗斯人签下了《圣斯特法诺和约》。为了进一步

① 保加利亚北部城市。

解决遗留的巴尔干问题，柏林会议在同年6、7月召开。

迪士雷利一手操控着柏林会议。这个老家伙极为精干，连铁血宰相俾斯麦都要让他三分。他油头粉面、态度倨傲，恭维别人的本事倒很不小。他在柏林会议上竭力为土耳其的利益辩护。黑山、塞尔维亚、罗马尼亚被允许独立。沙皇亚历山大二世的侄子、巴滕堡的亚历山大亲王获得了对保加利亚的统治权。但是这些国家都没能得到继续发展的机会，因为英国对土耳其苏丹给予了特别照顾。在英国人看来，土耳其是对野心勃勃的俄罗斯的最好牵制。

然而在柏林会议上，原本属于土耳其的波斯尼亚、黑塞哥维那被划为奥地利哈布斯堡王朝的领地。奥地利把这两处长期得不到重视的地区治理得井井有条。然而这两块土地上居住着许多不安分的塞尔维亚人。很久以前这里属于斯蒂芬·杜山的大塞尔维亚帝国。14世纪初期，杜山把土耳其侵略军打得落花流水。而帝国首都斯科普里[①]远在哥伦布发现新大陆的一百五十年前就已成为文明的中心。塞尔维亚人对自己昔日的强大与辉煌念念不忘，他们保持着自己的传统观念，坚持认为这里应该是属于他们的领土。

1914年6月28日，一名塞尔维亚大学生在爱国热情的驱使下，在波斯尼亚首都萨拉热窝刺杀了奥地利的斐迪南亲王。

这一事件直接引发了第一次世界大战，但它并不是这场世界性灾难的唯一导火线。狂热的塞尔维亚学生并不是罪魁祸首，责任也不全在受害的奥地利一方，最早点燃战争导火线的恐怕是柏林会议。欧洲人在物质财富的诱惑下已经变得利欲熏心，哪里还看得到巴尔干半岛上一个古老民族对于文明的梦想？

① 位于南斯拉夫东南部。

第六十三章 新世界

为了建立更为美好的新世界而展开斗争

德·孔多塞侯爵是那些引爆法国大革命的热血青年中最为高尚的一位，他终其一生都在为穷苦老百姓谋幸福。他曾协助达朗贝尔、狄德罗编纂了《百科全书》，并在大革命早期担任着国民公会的温和派领袖。

后来激进派利用国王和保皇派图谋叛国的机会成功攫取了国家政权，并对自己的政治敌手展开屠杀。孔多塞侯爵虽然宽容仁爱，但革命理想极为坚定，这使他被当权的激进派宣布为非法分子。这意味着他已经成为国家的罪犯，任何一个爱国者都可以杀死他。他的许多朋友极力想要救助他，甘愿冒着风险为他提供躲避追杀的避难场所，但都被孔多塞一一谢绝了。他离开巴黎向自己的家乡逃跑。在荒山野地中奔逃了三天三夜之后，他满身血痕地走进一家路边酒店求取食物。众乡民满腹狐疑地对他搜身，结果从他口袋里搜出一本拉丁诗人贺拉斯的诗集。高贵的诗集代表他必有着高贵的出身，他出现在这样的马路上肯定极不寻常。这些乡民就把孔多塞捆住身子，塞住嘴巴，关进了乡村监狱。第二天早晨追捕孔多塞的警察赶到当地，要把他带回巴黎绞死，这才发现孔多塞已经死在了乡村监狱里。

孔多塞为了人民的幸福而奉献了他的一切，却未得善终。他是有理由对人类感到绝望的，然而事实上他没有。他为后人留下了一段箴言，现在读着还像一百三十年前那样饱满有力。我把它抄在这里，请你铭记：

“大自然把无穷的希望赐给了全人类。人类已经从愚昧的束缚中挣脱出来，坚定不移地追求着真理、美德和幸福。这对哲人而言无疑是一幅光明的、能带来安慰和希望的美丽图景。尽管这个世界上还萦绕着种种错误、罪行和不公。”

世界大战使全人类经历了一场灾变，比较之下法国大革命只是一起小冲突。战争给人类带来了如此深重的灾难，甚至把无数人民最后的希望都给泯灭了。劳动人民为人类进步做出了巨大贡献，但是在他们苦苦祈求和平之时，回报给他们的却是连续四年的战火与屠杀。他们心生疑问：“我们这样做值得吗？我们千辛万苦努力劳作，就是为了满足这些野蛮人无止境的贪欲吗？”

问题的答案只有一个。

那就是“值得”！

世界大战尽管灾难深重，但并不是世界末日。相反，它为我们开辟了一个新时代。

如果要写一部古代希腊、罗马或中世纪历史，其实并不是件很困难的事。那个舞台的一切细节早已被人们所忘却，它的演员也都不在了，我们只需把客观材料加以描述和评论即可。舞台的观众早已四散而去，任何评论都不会伤害到他们。

可是对当代事件的评述却是困难的。许多难题既让我们的同代人百思不解，也让我们感到无能为力。它带给我们的伤害或喜悦都太过强烈，以至于我们很难做到公正。而对历史写作而言，公正是必须的，除非你是在作某种意识形态宣传。尽管如此我仍然要说，我完全同意可怜的孔多塞对美好未来的坚定信念。

我已经在前面的叙述中反复向你强调，必须警惕确定的历史时期给我们带来的误解。这种历史分期法把人类历史清晰地划分为四个阶段：古代、中世纪、文艺复兴和宗教改革、现代。要注意的是，最后一个阶段的这种提法会冒一些风险。“现代”这个提法的潜台词是，公元20世纪的人们所取得的成就代表了人类文明的最高峰。五十年前的英国自由派首领格拉斯通认为，代议制民主政府在通过了第二次改革法案之后已经走向了完善，所有工人因此而和他们的雇主拥有同等的政治权利。迪士雷利及其保守派幕僚评价他们是“在黑暗中瞎搞”，自由派则回应他们说：“不是！”他们信心百倍地认为，各阶级会在团结协作中共同推动政府良性运转。但这之后发生在他们面前的事实让那些尚未离世的自由派分子意识到了自己当年的幼稚与可笑。

历史的答案从来就没有绝对的。

每一代人都得凭借自己的力量从头开始努力，不然就会重蹈史前许多动物因为没有及时改变自己而惨遭灭绝的覆辙。

这一伟大的真理将会扩大你的历史视域。然后请继续往前走，设想你正处于公元10000年你的后代子孙的位置上。他们也正在搞历史研究，他们会怎么看待我们四千年的简短记载？恐怕拿破仑会被当作与亚述征服者提格拉·帕拉萨处在同一时代，又或者被与成吉思汗、马其顿的亚历山大混淆在一起。我们的这场世界大战会被当作一次商业冲突，就像罗马同迦太基为争夺地中海的经济利益而展开一百二十八年的商业战争一样。19世纪的巴尔干冲突（塞尔维亚、保加利亚、希腊以及黑山的独立战争）会被当成大迁徙的继续。兰斯大教堂[①]战后废墟的照片在他们看来就如我们看见的雅典卫城废墟的照片一样。我们对死亡的恐惧会被当作幼稚的迷信，

① 法国大教堂，是法国历代国王举行加冕仪式的教堂之一。

因为我们直到 1692 年仍然执迷于烧死女巫。我们对现在的医院、实验室、手术室感到极为自豪，但在他们眼中只是江湖郎中手工作坊的变形而已。

导致这种情形的原因其实很简单，即我们这些所谓的现代人事实上一点都不“现代”，相反，我们还处在原始人的最后发展阶段。不久之前，我们勉强为新时代筑起了地基。人类要真正变成文明人，还必须勇于怀疑，用知识与宽容作为人类社会的建构基础。世界大战是这个新世界的“成长之痛”。

在不久后的将来，会有很多历史书来解释第一次世界大战。社会主义者会写书严厉谴责资产阶级，说他们为了争夺剩余价值而发动了侵略战争。资产阶级急忙起来反诘，说他们在战争中失去了他们心爱的孩子，并且各国银行家其实都在竭力阻止战争的爆发。法国历史学家会谴责德国的战争罪孽，攻击从查理曼大帝时期到霍亨索伦家族的威廉统治时期的历代德国政府都是罪恶滔天。德国历史学家也会奋起反击，斥责从查理曼大帝时代一直到普恩加来总统[①]执政时期的法国政府的滔天罪行。然后他们都大声宣布导致战争的责任与己无关。死了的和活着的各国政治家都会跑到打字机前解释他们是如何尽量避免战争，而罪恶的敌人又是如何逼迫他们参与进来的。

对于这些苍白的辩解，百年后的历史学家将不屑一顾，他会透过现象看清本质。他深知个人的野心或贪欲与战争爆发的原因其实并无密切联系。这一切灾难最原初的原因事实上是科学家的行为所致。科学家终日致力于创造一个由钢铁、化学与电力构成的新世界，却不曾记得人类的思想进展其实比寓言中的乌龟行路要缓慢得多，不曾记得人类整体的发展永远都要比少数英勇的文明先驱者

---

① 第一次世界大战期间的法国总统。

落后数百年。

祖鲁人[①]即使穿上西服也仍旧是祖鲁人；同样的道理，一个保持着16世纪商业思维的商人即使开起了劳斯莱斯，也还仍然是16世纪的商人。

如果你还没有彻底理解，那只好请你把以上内容再重新读一遍。当你把它记在心中之后，你会在未来的某个时刻顿悟，看清1914年至今所发生的事情的真相。

或者我再举个更普遍的例子来说明。在电影院里，会有许多有趣的解说词被映射在屏幕上[②]。你下次再去电影院时请仔细观察一下观众。他们中间有的人只需一秒钟就领会了电影的意思，有的人稍微慢一点，还有的人可能需要二十到三十秒之后才能领会。最后，还有许多可能是不学无术的人，要在别人读下一段字幕时才勉强理解上一段字幕的意思。人类历史的情况其实也是如此。

我曾经在前面说起过，即使罗马的末代皇帝已经死了，罗马帝国的观念仍然在欧洲人心里延续了一千年。这种观念导致后世建立了大量准罗马帝国。它导致罗马主教当上了教会领袖，因为罗马就是权力中心。它导致善良的蛮族人大开杀戒，因为罗马是富贵的象征。无论教皇、皇帝或者普通士兵，其实都是和我们一样的人。但是罗马的传统观念始终萦绕在他们的生活里，并在一代又一代人的记忆中鲜明活泼地传递着。他们为了这一观念而殊死斗争，而今天恐怕再没有人会这么干了。

我还曾说起过，宗教改革一个世纪之后爆发了宗教战争。把三十年战争那一章内容和涉及发明创造的章节作一比照，你就会发现那场大屠杀正发生在第一台笨重的蒸汽机在科学家的实验室里

① 非洲东南部的一支土著人。

② 作者写作本书时电影都还是没有对话、只有字幕的“默片”。

冒烟的时候。可是这台奇怪的机器并未引起世人的好奇心，大家依然沉浸在神学讨论当中。这种讨论要是出现在今天，将只会引起哈欠而不是愤怒。

事实就是如此。一千年后的历史学家在描述19世纪的欧洲时恐怕也会这么分析。他会发现，当所有人都在为民族战争而奔忙的时候，居然还有一些人埋头于实验室工作而不关心政治。他们专心致志地寻找和追问大自然的秘密，哪怕只是诸多秘密中的极少数。

你会慢慢理解我所说的意思。工程师、科学家和化学家只用了一代人的时间就使大型机器、电报、飞行器和煤焦油产品遍布欧洲、美洲及亚洲。他们真的创造出了一个让时空差距可以忽略的新世界。他们发明了许多新的工业产品和生活用品，又迫使它们的价格降到最低。这个话题我曾经讲到过，出于其重要性我再强调一遍。

工厂主要让这么多的工厂正常开工，就需要大量的原材料和煤，特别是煤。但同时大多数人的思想观念还停留在古老的16、17世纪，把国家看作是某种权力机构。这个中世纪机构虽然面临着机械化、工业化等现代问题，却仍然恪守着几个世纪前制定的处事原则。许多国家组建起陆军和海军，用来开辟海外殖民地以夺取原材料。只要那块土地还不曾有归属，那里就会在最短的时间里变成英国、法国、德国或俄国的最新殖民地。出现反抗的时候就用武力剿灭。但他们几乎没遭到什么反抗。对于原住民而言，只要钻石矿、煤矿、油田、金矿或橡胶园的开发权还在自己手中，他们就只管自己安安静静地生活，更何况还能从殖民者手中赚几个钱。

有时两个寻找原材料的国家会碰巧看中同一块土地，这时通常就爆发了战争。十五年前俄罗斯与日本展开战争的起因就是同时看中了某块中国的土地。但这毕竟属于例外，一般情况下大家都不愿意打仗。事实上，20世纪初的人认为调用大量陆军、军舰、潜水艇展开激烈战争是一件很荒谬的事情。在他们看来，武力是古代人争夺君权才用的手段。他们的报纸上登出了越来越多的发明通告，或者是英国、美国、德国的科学家们合作推动医学或天文学发展的振奋消息。他们生活的时代已被商业、贸易和工业层层包围。然而很少有人看到，国家（理想趋同的人所组成的集团）制度相对于时代已经落后了几百年了。先知先觉的人试图提醒大多数人，可这些不明就里的人还是把全副心思花在自己的事务上。

我已经打了很多比方，但请你谅解，我还想再打一个比方。埃及人、希腊人、罗马人、威尼斯人以及 17 世纪投机商人的“国家之舟”（这个古老的比喻非常贴切、形象）木质良好、船体结实，船长对船员和船性也都相当地了解，并且知道流传已久的航海技术其实非常不完善。

但现在到了钢铁与机器的新时代，古老的“国家之舟”开始不断发生变化。它的个头越来越大，风帆被蒸汽机取代，客舱被装潢一新，但大多数人只能待在锅炉舱里。虽然现在工作条件得到了改善，也常常加薪，但人们还是不喜欢，就好像以前他们不喜欢那些危险的工作一样。最后古老的木船不经意间已经变成了现代远洋客轮。但现在的问题是船长和他的助手们都没有改变，还是依据延续了千百年的古老办法来任命或选举职务，还是沿用着 15 世纪的古老航海技术。船舱里面挂的航海地图和号旗也还是属于路易十四和腓特烈大帝时代的。简言之，他们已经难以胜任了，尽管他们自己并没有过错。

国际政治这片海域其实并不很辽阔，现在这么多帝国与殖民地的大小船只都挤在里面你追我赶，难免会发生碰撞的事故。结果事故果然发生了。当你不畏风险进入那片海域时，你将清楚地看到那些沉船的残骸。

我这个小故事的寓意其实并不复杂。今天我们迫切需要一位与时俱进的领袖人物，他深谋远虑，对我们刚上路的事实有着清醒的认识，并且熟谙现代航海技术。

他需要在长期的学习中努力积累知识，需要克服万千险阻，才可能最终成为领袖群伦的人物。当他登上指挥塔时，船员们或许会在嫉妒心的驱使下发动叛乱，甚至将他杀死。但是终归有一天，会出现这位率领船员将轮船安全驶入海港的人物，他就是新时代的英雄。

第六十四章　永恒的真理

“对生活问题的深入思索使我坚信，讽喻和怜悯是我们最好的陪审团与法官，就如同作为古代埃及人死后评判者的女神伊西斯和内弗提斯一样。

“讽喻和怜悯是人类生活的最佳助手，讽喻带来的微笑能使生活充满欢乐，怜悯带来的泪水能使生活清净纯洁。

“我所仰慕的讽喻将远离残忍之神。她对爱与美从来不作讽刺。她温婉慈善，她的微笑使我们平心静气。她教我们对无赖与佞人极尽讥讽，假如不曾有她，我们或许会变得软弱，只好向他们投以蔑视和仇恨。”

临了，我就引用一位伟大法国人的这段智慧话语，作为赠言奉送给诸位。